Labrador Retriever
für Dummies

Labrador Retriever für Dummies - Schummelseite

Wie Sie einen guten Hundetrainer oder Hundeverhaltensberater finden

- ✔ Fragen Sie Freunde, Nachbarn und Verwandte, die freundliche, wohlerzogene Hunde haben, ob sie Ihnen jemanden empfehlen können.
- ✔ Fragen Sie Fachleute (also Tierärzte, Hundepfleger, Inhaber von Hundepensionen, Tierschutz- oder Tiernothilfeorganisationen) um Rat.
- ✔ Suchen Sie im Telefonbuch oder in der Zeitung nach Hundeschulen, die mit positiven Erziehungsmethoden und Klickertraining (siehe Kapitel 10) arbeiten.
- ✔ Erwarten Sie von einem guten Hundetrainer/Hundeverhaltensberater, dass er weiß, wie Hunde lernen, und Ihnen vermitteln kann, wie Sie Ihren Labrador führen und erziehen sollen.
- ✔ Fragen Sie nach, welche Referenzen und Erfahrungen er vorweisen kann, und überprüfen Sie diese auch. Ein guter Hundetrainer hat sicherlich jahrelange Erfahrung in der Ausbildung von Hunden und deren Besitzern.
- ✔ Fragen Sie nach seinen Erziehungsmethoden. Ein guter Hundetrainer/Hundeverhaltensberater rät weder zu körperlicher Bestrafung noch übt er sie aus. Er verwendet weder Würge- noch Stachelhalsbänder, er reißt nicht an der Leine und schlägt den Hund nicht.
- ✔ Die Ausbildung muss Spaß machen! Ein guter Hundetrainer/Hundeverhaltensberater vermittelt Ihnen das Gefühl, dass die Ausbildung für Sie und Ihren Labrador auch Spaß machen wird.

Gesundes Fressen, das Ihrem Labrador schmeckt

Ihr Labrador frisst für sein Leben gern. Sie müssen daher sehr darauf achten, dass er sein optimales Gewicht hält, damit er gesund bleibt. Die folgenden fünf Lebensmittel eignen sich hervorragend, um sie gelegentlich unter einen Napf voll hochwertigem Hundefutter zu mischen. (Geben Sie Eier und Öl nur sehr aktiven Labrador Retrievern, die nicht übergewichtig sind, und bieten Sie diese fetthaltigeren Optionen nicht häufiger als einmal wöchentlich an.)

- ✔ Kleine Stücke rohe oder gekochte Karotten
- ✔ Kleine Stücke rohe Äpfel
- ✔ Einen oder zwei Esslöffel fettarmen Naturjoghurt
- ✔ Ein halbes gekochtes Ei
- ✔ Einen Teelöffel Rapsöl

Labrador Retriever für Dummies – Schummelseite

Die Anatomie eines Labrador Retrievers

Schauen Sie sich die folgende Abbildung an, um sich mit den Körperteilen und den im Rassestandard verwendeten Ausdrücken vertraut zu machen.

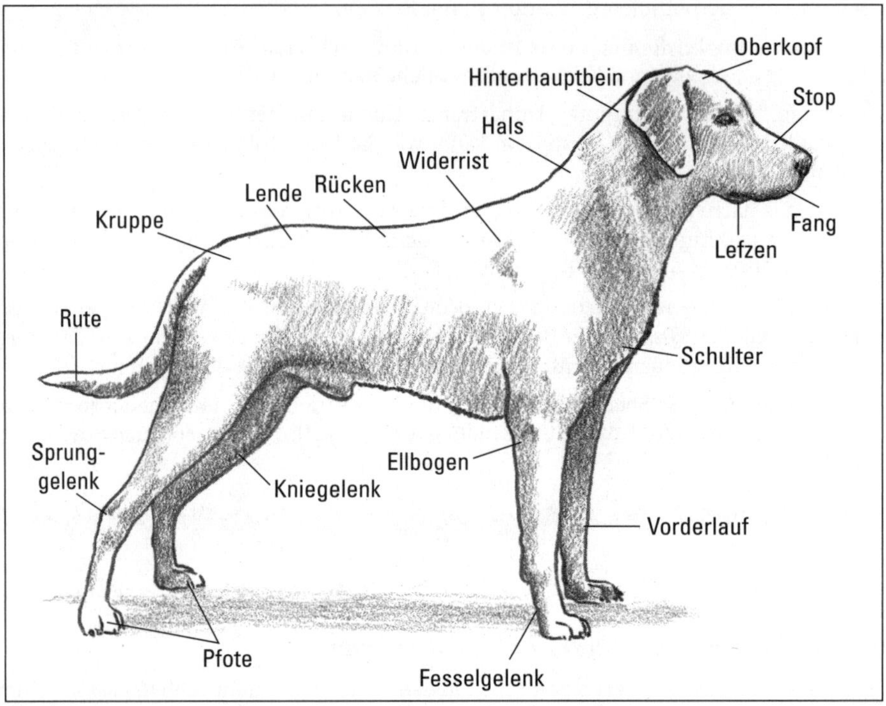

Joel Walton und Eve Adamson

Labrador Retriever für Dummies

Übersetzung aus dem Amerikanischen von Martina Hesse-Hujber

Fachkorrektur von Dr. Isabella Kraft

WILEY-VCH

WILEY-VCH Verlag GmbH & Co. KGaA

Bibliografische Information Der Deutschen Bibliothek
Die Deutsche Bibliothek verzeichnet diese Publikation
in der Deutschen Nationalbibliografie;
detaillierte bibliografische Daten sind im Internet über
http://dnb.ddb.de abrufbar.

1. Auflage

Printed in Italy

Gedruckt auf säurefreiem Papier

Korrektur Petra Heubach-Erdmann, Düsseldorf
Satz Conrad und Lieselotte Neumann, München
Druck und Bindung Legoprint S.p.A., Trento
Cover-Foto Bernd Hoffmann mit Labrador Benny

ISBN-13: 978-3-527-70219-0
ISBN-10: 3-527-70219-9

Über die Autoren

Im September 1969 zog der erste Labrador Retriever, Bart, bei **Joel Walton**, seiner Frau Janet und seinen beiden Söhnen David und Jimmy ein. Bart starb 1981. Den ersten Wurf Labradorwelpen hatten die Waltons 1983. Obwohl einige der Walton-Familienlabradore sich besonders bei Obedience-Wettbewerben, bei Jagdprüfungen, als Drogenspürhunde und bei andern sportlichen Aktivitäten hervorgetan haben, konzentrieren sich die Waltons weiterhin darauf, optimale Familienhunde zu züchten. Joel ist seit vielen Jahren Mitglied im Labrador Retriever Club of the Potomac und war an der Gründung einer Organisation für Labradore in Not (Lab Rescue of LRCP, Inc.) beteiligt, deren Vorsitzender er ist.

Karen Pryor führte Joel in die positive Hundeerziehung ein, als sie in Washington D.C. eines ihrer berühmten Seminare »Don't shot the dog« gab, dass auf ihrem gleichnamigen Buch basierte. In Deutschland ist dieses Buch unter dem Titel *Positiv bestärken, sanft erziehen* erhältlich. Im Juni 1987 besuchten Janet und Joel mit Cocoa und ihren beiden Welpen, Bear und Ginger, den allerersten Workshop für Hundefrüherziehung von Dr. Ian Dunbar. Joel übernahm sofort dessen Ködern- und Belohnungen-Methode und wendete sich gänzlich von alten Methoden ab, die das Bestrafen von Hunden beinhalteten und mit Würgehalsbändern arbeiteten, um über die Leinenführung Fehler zu korrigieren. Joel machte es viel mehr Spaß, seine Hunde für richtiges Verhalten zu belohnen.

Das Walton Family Dog Training LLC wurde 1986 gegründet. Joel hilft Familien im Bereich von Washington, D.C. bei der Erziehung ihrer Welpen und Hunde. Er bildet auch angehende Hundetrainer in seiner positiven Erziehungsmethode aus und unterhält E-Mail-Listen im Internet für Hundetrainer und Hundebesitzer. Joel und Janet Walton züchten heute noch und haben jährlich einige Würfe mit Labradorwelpen. Sie teilen sich ihr Heim mittlerweile mit 25 Labrador Retrievern und einem Rottweiler.

Eva Adamson ist freiberufliche Schriftstellerin und lebt in Iowa City im US-Bundesstaat Iowa. Sie schreibt in erster Linie über Themen, die Haustiere und ganzheitliche Medizin betreffen. Sie veröffentlicht häufig Artikel in Zeitschriften wie *Dog Fancy* und vielen anderen Haustiermagazinen. Außerdem ist sie Mitglied der US-amerikanischen Vereinigung der Hundeschriftsteller (Dog Writer's Association of America). Sie hat ein Diplom für Kreatives Schreiben der Universität von Florida und hat bereits viele Bücher als Autorin oder Ko-Autorin verfasst.

Über die Fachkorrektorin

Frau **Dr. Isabella Kraft** ist Tierärztin, züchtet zusammen mit ihrem Mann die Labradors »aus Lühlsbusch« und engagiert sich im Labrador Club Deutschland. Sie hat dankenswerterweise die Fachkorrektur der deutschen Ausgabe übernommen.

Über die Übersetzerin

Martina Hesse-Hujber übersetzt bereits seit vielen Jahren … *für Dummies*. Anfänglich waren es vornehmlich Themen aus dem Computerbereich, doch in letzter Zeit hat sie sich auch an andere Themen gewagt und zum Beispiel *Ältere Hunde für Dummies* und *Die Bibel für Dummies* übersetzt. Sie lebt mit ihrem Mann, ihren zwei Kindern und ihrer Labradorhündin Kira in der Nähe von Landshut in Niederbayern.

Widmung

Für Sie, geneigte Leserin oder geneigter Leser: Sie werden Ihrem Labrador ein besseres Frauchen oder Herrchen sein, nachdem Sie dieses Buch gelesen haben.

Danksagungen

Viele Menschen und Hunde haben dazu beigetragen, dass dieses Buch entstehen konnte. Aus diesem Grund möchten wir uns bei all diesen ganz allgemein und bei einigen anderen ganz besonders bedanken.

Ich danke meiner Frau Janet, der am härtesten arbeitenden Person, die ich kenne. Unzählige Menschen und Hunde sind dank ihrer stetigen Bemühungen glücklich geworden. Außerdem hält sie es seit 33 Jahren mit mir aus! Ich bedanke mich bei Cocoa, die mir gezeigt hat, dass man nicht alle Hunde mit Herumzerren trainieren kann, bei Ian Dunbar, der mir beigebracht hat, wie man Hunde gewaltlos erziehen kann, sowie bei Gus Viergutz, meinem Schwiegervater, der mir klar gemacht hat, dass man klüger als der Hund sein muss. Dieses Buch wäre nicht möglich gewesen ohne Dominique De Vitos Vertrauen und Eve Adamsons schriftstellerische Fähigkeiten.

Joel Walton

Ich danke meinen Kindern, Angus und Emmett, die mir tagtäglich gezeigt haben, wie sehr sich Kinder- und Hundeerziehung ähneln. Ich möchte auch meinen Eltern, Richard und Penny Watson, danken, deren großelterliche Fähigkeiten mir erlaubt haben, dieses Buch zu Ende zu bringen – ohne sie hätte ich es nie geschafft! Mein Dank geht auch an Joel für seine nette Art und sein umfassendes Wissen sowie an Madelyn Larsen, Dominique De Vito und Scott Prentzas für ihre Unterstützung und Geduld. Ich bedanke mich bei Marylou Zarbock, dass sie sich trotz ihres engen Terminplans immer Zeit genommen hat, meine Fragen zu beantworten und immer eine Antwort parat hatte. Natürlich danke ich ebenso meiner Hündin Sally, die immer unter meinem Tisch sitzt, wenn ich arbeite, und in meinem Bett liegt, wenn ich schlafe. Sie mag kein Labrador sein, aber sie ist ein großartiger Hund und eine immerwährende Inspiration. Zu guter Letzt sende ich meinen innigsten Dank und all meine Liebe an Chewdog, Whiskey, Bart, Valis, Ed und Zeke, die bereits von mir gegangen sind, die ich aber niemals vergessen werde.

Eve Adamson

Cartoons im Überblick

von Rich Tennant

»Sei vorsichtig, Herbert. Diese Rasse hat einen Riecher für Ironie.«

Seite 25

Seite 51

Seite 137

»Es REICHT, Kira! Ich werde dieses Ding nicht mehr für dich werfen!«

Seite 193

»Mit diesem Labrador muss ich noch viel arbeiten. Er macht Wiederbelebungsversuche und Herzmassage, er bringt sogar die Vögel wieder zurück ins Nest. Aber meinst du, ich könnte ihn dazu bringen, auch nur einen zu apportieren?«

Seite 215

»Mein Mann würde perfekt zu einem Retriever passen. Jedes Mal, wenn ich etwas wegwerfe, holt er es wieder aus dem Müll und sammelt es in der Garage.«

Seite 241

Fax: 001-978-546-7747
Internet: www.the5thwave.com
E-Mail: richtennant@the5thwave.com

Inhaltsverzeichnis

Einführung

Wir lieben Hunde im Allgemeinen und Labrador Retriever im Besonderen. Vermutlich geht es Ihnen ähnlich! Unsere Liebe zu dieser bemerkenswerten (und besonders beliebten) Rasse hat uns dazu bewogen, unser Wissen mit Ihnen zu teilen. Wir hoffen, dass wir Ihnen helfen können, die Fröhlichkeit und die Gesundheit Ihres Labradors zu bewahren, und dass wir künftigen Generationen von Labrador Retrievern und deren Besitzern von Nutzen sein können.

Über dieses Buch

Ob Sie nun stolzer Besitzer eines Labrador Retrievers sind, einer werden wollen oder einfach nur mehr über diese wundervolle Rasse erfahren möchten – mit diesem Buch haben Sie den richtigen Griff getan. Dieses Buch wurde von einem alten Vater und einer jungen Mutter geschrieben. Keiner von uns beiden ist allwissend auf die Welt gekommen, was Hunde im Allgemeinen und Labrador Retriever im Speziellen angeht. Wir lernen von jedem Hund und jedem Hundeliebhaber, dem wir begegnen, von Fachleuten ebenso wie von ganz normalen Hundebesitzern. In all den Jahren haben wir ziemlich viel gelernt und wollen nun einiges davon an Sie weitergeben.

Wir stellen alle möglichen Dinge mit unseren Hunden an – wir züchten, bilden aus, gehen auf Ausstellungen und spielen –, aber in erster Linie sind wir stolze Hundebesitzer. Gibt es eine bessere Aufgabe für Mensch und Hund als ein wunderbarer Begleiter für den anderen zu sein? Und welcher Hund ist besser für den Menschen geeignet als ein Labrador Retriever? Labradore sind die richtigen Hunde für Hundeliebhaber. Sie sind sanft und fröhlich und vor allem wollen sie Ihnen gefallen. Können Sie sich eine schönere Kombination vorstellen? Wer könnte schon dem freundlichen Grinsen eines Labradors widerstehen? Wir nicht!

Wenn Sie dieses Buch lesen, werden Sie sicherlich bald bemerken, dass wir darauf bedacht sind, durch gute Planung und Führung Probleme zu verhindern, anstatt sie erst dann zu beheben, wenn sie bereits aufgetreten sind. Sie wollen Ihren Labrador nicht bestrafen und Sie sollten es auch nicht tun, vor allem nicht für etwas, was er nicht wissen konnte, weil Sie es ihm nicht beigebracht haben! Auch wir meinen, dass ein Hund nicht für die Fehler seines Besitzers bestraft werden sollte.

Wir sind zudem der Meinung, dass Sie und Ihr Labrador so viel Spaß wie möglich miteinander haben sollten, und wir möchten, dass Sie eine herzliche und freundschaftliche Beziehung aufbauen können, die sich in den nächsten Jahren noch weiterentwickeln und festigen wird. Machen Sie es sich also bequem, lehnen Sie sich zurück, entspannen Sie sich und genießen Sie dieses Buch. Wir liefern Ihnen das Wissen und die Fähigkeiten, die Sie brauchen, um dem neuen Familienmitglied zu helfen, der beste Hund aller Zeiten zu werden und der beste Freund, den Sie je hatten.

Törichte Annahmen über den Leser

Wir nehmen in diesem Buch eigentlich gar nichts über Sie an. Wenn Sie sich zum ersten Mal einen Hund zulegen wollen, ist dies auf jeden Fall das richtige Buch für Sie. Und auch wenn Sie bereits seit Jahren Hunde haben – und sogar züchten oder ausbilden –, werden Sie Freude an diesem Buch haben.

Wir gehen allerdings davon aus, dass Sie nicht erwarten, dass Sie in diesem Buch Zauberformeln finden, die sofort für ein perfektes Verhalten Ihres Hundes sorgen, dass Ihnen klar ist, dass Hunde keine Menschen sind und unmöglich wissen können, was Sie wollen, bis Sie es ihnen deutlich gemacht haben, dass Sie offen für Erziehungstipps sind, bei denen weder gerissen noch gezogen oder geschlagen wird. (Niemand sollte so behandelt werden.)

Wie dieses Buch aufgebaut ist

Wir haben dieses Buch in sechs Teile aufgeteilt, damit Sie das, was Sie suchen, möglichst schnell finden.

Teil I: So sind Labrador Retriever

In diesem Teil finden Sie das Grundwissen über Labrador Retriever in einer schnell und einfach zu lesenden Zusammenfassung. Wenn Sie danach irgendeines der hier angeschnittenen Themen vertiefen wollen, schlagen Sie einfach im Inhaltsverzeichnis oder im Stichwortverzeichnis nach.

Teil II: Labrador Retriever – den richtigen finden und lieben lernen

In diesem Teil helfen wir Ihnen dabei, den Hund zu finden, der am besten zu Ihnen und Ihrer Familie passt, und geben Ihnen ein paar praktische Tipps, wie Sie mit einem Labrador Retriever glücklich leben können.

Teil III: Das FBE-Trainingssystem für Ihren Labrador Retriever

Wenn Sie noch nie etwas von Joels FBE-System (Führung – Beziehung – Erziehung) gehört haben, verpassen Sie eine großartige Möglichkeit, Ihren Labrador zu führen, eine Beziehung zu ihm aufzubauen und ihn zu erziehen. In diesem Teil werden alle drei Schritte mit einfachen Anleitungen und praktischen Tipps, die das Beste aus Ihrem Labrador herausholen, behandelt.

Teil IV: Ihr Labrador Retriever – ein Mitglied der Familie

Ihr Labrador ist ein Teil der Familie! In diesem Teil zeigen wir Ihnen, wie Sie Ihren Labrador in Ihr Leben einbeziehen, mit dem Hund auf Reisen gehen und mit ihm in Bewegung bleiben.

Teil V: Sport, Spaß und Show mit Ihrem Labrador Retriever

Labrador Retriever sind nicht nur dazu da, still zu sitzen und hübsch auszusehen. Sie können mit Ihrem Labrador arbeiten oder mit ihm auf Ausstellungen gehen und dabei viel Spaß haben. Labradore halten Sie gerne auf Trab und in diesem Teil zeigen wir Ihnen, wie Sie mit Ihrem Hund jede Menge Vergnügen haben können.

Teil VI: Der Top-Ten-Teil

Zehn ist eine schöne Zahl, deshalb haben wir beschlossen, Ihnen zehn großartige Trainingstipps zu geben, zehn Wege zu zeigen, wie Ihre Beziehung zu Ihrem Labrador täglich von Neuem bestärkt werden kann, und zehn Möglichkeiten aufzulisten, wie Ihr Labrador es schaffen kann, dass Sie die Welt mit anderen Augen sehen. Wir hätten wahrscheinlich jeweils 50 Tipps geben können, aber wir haben angenommen, dass der Verleger davon nicht begeistert gewesen wäre.

Symbole, die in diesem Buch verwendet werden

Während Sie dieses Buch lesen, sollten Sie nach den folgenden Symbolen Ausschau halten, die auf hilfreiche Tipps, interessante Tatsachen, wichtige Vorsichtsmaßnahmen und nützliche Aktivitäten hinweisen.

Hinter diesem Symbol verbergen sich Tipps, Tricks, Techniken und sonstiger nützlicher Kleinkram.

Diese Hinweise sollten Sie sich an die Pinnwand oder die Kühlschranktür heften, damit Sie sie nicht vergessen. Wenn Sie sie befolgen, können Sie sicherlich eine bessere Beziehung zwischen sich und Ihrem Hund aufbauen.

Dieses Symbol soll Sie vor Fallstricken bewahren, die im täglichen Zusammensein, Spielen oder Erziehungstraining vorkommen können.

Hinter diesem Symbol verbergen sich Checklisten, nützliche Fragen, Schritt-für-Schritt-Anleitungen und andere lustige Dinge, die Sie mit Ihrem Labrador ausprobieren können.

Wie es weitergeht

Nicht jeder mag ein Buch von vorne bis hinten durchlesen und das ist bei diesem Buch auch nicht erforderlich. (Dieses Buch wurde auch nicht in einem Rutsch geschrieben!) Sie können an jeder beliebigen Stelle beginnen, obwohl wir Ihnen raten, Teil II zu lesen, bevor Sie sich einen Labrador Retriever kaufen (falls Sie das noch nicht getan haben). Teil I bietet einen guten Überblick, wenn Sie wissen wollen, ob diese Rasse das Richtige für Sie ist. Wir hoffen natürlich auch, dass Sie sich über das FBE-System in Teil III informieren, bevor Sie mit der Erziehung Ihres Labrador Retrievers beginnen, damit Ihre Erziehungsmethodik konsistent ist. Von diesen Ausnahmen abgesehen, können Sie mit dem Lesen anfangen, wo Sie wollen. (Falls Sie aber eher der ordnungsliebende Typ sind, dann können Sie dieses Buch natürlich einfach von Anfang bis Ende lesen.)

Teil I

So sind Labrador Retriever

»Sei vorsichtig, Herbert. Diese Rasse hat einen Riecher für Ironie.«

In diesem Teil …

Sie glauben, ein Labrador wäre der richtige Hund für Sie? Nun, in diesem Teil finden Sie heraus, ob Sie der richtige Begleiter für einen Labrador Retriever sind.

Wir informieren Sie darüber, was Sie von einem Labrador erwarten können und was nicht, und erzählen Ihnen etwas über sein Äußeres (Typen, Farben, Altersstufen). Zum Schluss erhalten Sie einen kurzen Überblick über Pflege, Ausbildung und Training.

Sie und ein Labrador – die perfekte Verbindung?

1

In diesem Kapitel

- Vor- und Nachteile eines Labradors
- Sind Sie ein geeigneter Labrador-Besitzer?
- Zeit, Energie, Geld und Platz für einen Labrador – haben Sie davon genug?

Sie haben ein Bild im Kopf. Ein Bild von sich mit einem praktisch vollkommenen Hund. Sie wollten schon immer einen großen Hund haben und der perfekte Hund sollte Ihrer Ansicht nach einerseits kräftig gebaut und ausdauernd, andererseits aber auch sanft und vollständig in Einklang mit Ihren Bedürfnissen und Ihren Aktivitäten sein. Vielleicht stellen Sie sich vor, wie Sie zusammen durch den Park joggen, Ihr Hund brav bei Fuß laufend, darauf bedacht, dass Ihnen nichts passiert und sich an Ihrer Gegenwart erfreuend. Vielleicht stellen Sie sich auch vor, dass Sie auf dem Sofa liegen, Ihren Kopf auf dem weichen, schönen Hund wie auf einem Kissen gebettet. Oder aber Sie sehen sich im Geiste mit Ihrem Hund Obedience-Kurse besuchen, mit ihm Agility oder Frisbee spielen oder ihm einfache Befehle wie »Sitz«, »Bleib« und »Hol die Zeitung, bitte« beibringen.

Wie Ihr Traumhund auch aussehen mag, wir gehen davon aus, dass Sie sich zumindest mit dem Gedanken tragen, sich einen Labrador anzuschaffen, wenn Sie schon dieses Buch in der Hand halten. Labrador Retriever erfreuen sich in Deutschland immer größerer Beliebtheit. Der VDH (Verband für das deutsche Hundewesen) führt eine Welpenstatistik, nach der sich die Anzahl der Labradorwelpen seit 1997 so gut wie verdoppelt hat. Labradore sind schöne, freundliche, anpassungsfähige, einfach zu handhabende, treue, zuverlässige und intelligente Hunde. Könnte es noch besser sein?

Was ist der VDH?

Der *Verein für das deutsche Hundewesen* (VDH) ist ein gemeinnütziger Verein. Als Dachorganisation von bundesweit 160 Zuchtvereinen von Rassehunden sowie Hundesportverbänden vertritt er im Bundesgebiet über 650.000 Mitglieder. Über 250 verschiedene Hunderassen werden in den Zuchtvereinen des VDH betreut und unter strengsten Kontrollen gezüchtet. Zur täglichen Arbeit des Vereins gehört die Beratung von Hundehaltern und an Hunden interessierten Menschen. Der VDH bietet zahlreiche Ausbildungs- und Sportmöglichkeiten sowie den VDH-Hundeführerschein an.

Wie ein Labrador Ihr Leben verändern kann

Da Labrador Retriever gezüchtet wurden, um mit dem Menschen zu arbeiten und von ihm Befehle zu empfangen, kann Ihr Welpe zu einem wundervollen Begleiter heranwachsen, der zuverlässiger als mancher Mensch ist. Wenn Sie ihn vor Bösem bewahren, ihm beibringen, was er tun soll, und sein gutes Benehmen entsprechend belohnen, wird er Sie dafür mit einer jahrelangen innigen Freundschaft belohnen.

Was ein Labrador nicht kann

Viele Menschen haben ganz falsche Vorstellungen davon, was ein Hund ihrem Leben geben kann. Wenn Sie nach einer Möglichkeit suchen, Bekanntschaften zu machen, lässig aussehen wollen, ein Tier suchen, das Ihr Haus bewacht, oder gar hoffen, einen Ersatz für ein geliebtes verstorbenes Tier zu finden, dann sollten Sie noch einmal darüber nachdenken, ob Sie bereit sind, die immense Verantwortung zu übernehmen, die ein Hundehalter auf sich nimmt. Labrador Retriever brauchen Erziehung, Aufmerksamkeit, Auslauf, einen Tierarzt und ihre tägliche Routine. Sie sind aktiv, stürmisch, groß und manchmal sehr liebebedürftig.

Ein Labrador kann nicht Ihre Probleme lösen. Wenn Sie jedoch gewillt sind, sich darauf einzulassen, dass das Leben mit einem Hund ein Geben und Nehmen ist, dann geben wir gerne zu, dass Sie mit einem Labrador sehr viel glücklicher sein können. Sie haben wahrscheinlich bereits eine ganze Reihe von Gründen, warum das Bild vom perfekten Hund, das Sie im Kopf haben, so viel Ähnlichkeit mit einem Labrador hat. Sind das auch wirklich gute Gründe? Vielleicht brauchen Sie noch etwas Zeit, um Ihre Gründe zu analysieren.

Betrachten Sie die folgenden Aussagen und kreuzen Sie die an, die dem entsprechen, was Sie denken, wenn Sie über die Anschaffung eines Labrador Retrievers nachdenken. Seien Sie aufrichtig!

- ✔ Ich will einen Labrador, weil ich schon einmal einen gehabt habe und ich genau so einen Hund wieder haben möchte.
- ✔ Ich will einen Labrador, weil mein Freund/Nachbar/Kollege/Chef einen hat und ich auch so einen haben möchte.
- ✔ Alle Welt mag Labradore. Wenn ich mir also einen zulege, wird man mich auch mögen!
- ✔ Ich will einen großen Hund, der mich beschützt.
- ✔ Ich will einen guten Jagdhund.
- ✔ Labradore sind einfach zu handhaben. Ich brauche nicht viel Zeit in ihre Erziehung zu investieren, weil sie ganz schnell begreifen, was sie tun sollen.
- ✔ Ich finde sie einfach süß!

✔ Ich fühle mich zu dieser Rasse hingezogen und bin bereit, die Zeit und Energie aufzubringen, die notwendig ist, um meinen Hund aufzuziehen und auszubilden, damit er ein Freund und Begleiter fürs Leben wird.

Trifft die eine oder andere Aussage auf Sie zu? Ja? Aber wissen Sie was? Nur eine Aussage aus der obigen Liste ist ein guter Grund, warum Sie einen Labrador Retriever in Ihr Leben holen sollten. Sie haben es erraten, es ist der letzte Punkt. Wenn Sie aus irgendeinem der anderen Gründe einen Labrador haben wollen, zeigen Ihnen die folgenden Abschnitte, warum Sie sich dann etwas vormachen.

Ein Labrador ist nicht wie der andere

Egal, wie viele Labradore Sie schon kennen gelernt, bewundert oder geliebt haben, der Labrador, den Sie sich anschaffen, wird nicht identisch sein. Hunde sind, ebenso wie Menschen, Individuen und auch wenn die einzelnen Rassen bestimmte allgemeine Merkmale haben, so kann ihre Persönlichkeit doch so verschieden sein wie weiß und schwarz (oder wie schwarz, gelb und schokoladenbraun). Sie würden ja wohl auch nicht behaupten, dass alle Rheinländer immer fröhlich sind und alle Friesen lange Strandspaziergänge lieben. Warum sollten also alle Labrador Retriever gleich sein? Sie sollten es nicht und sie sind es nicht.

Es ist unfair, wenn Sie von einem Hund erwarten, dass er genau dem Bild entspricht, das Sie von einem Hund haben, oder so ist wie ein Hund, den Sie einmal hatten. Sie müssen Ihren Hund kennen lernen und ihn so lieben, wie er ist.

Ein Labrador macht Sie nicht beliebt

Ein Labrador ist kein Freifahrtschein für Beliebtheit. Auch wenn viele Menschen Labradore mögen, manche mögen sie nicht. Außerdem wird ein Hund die Menschen nicht dazu bringen, ihre Meinung über Sie zu ändern. Wenn Sie ein guter Mensch und ein guter Hundebesitzer sind, dann haben Ihre Mitmenschen vielleicht deswegen eine bessere Meinung von Ihnen. Wenn Sie aber meistens gereizt, ungeduldig oder unfreundlich (vielleicht sogar ein Tierhasser) sind, dann können Sie mit einem Hund auch niemanden blenden, insbesondere wenn Ihre Mitmenschen spüren, dass Ihr Hund Angst vor Ihnen hat oder Ihnen misstraut.

Ein Labrador ist nicht gerade ein Superwachhund

Auch wenn einige Hunde bessere Wachhunde sind als andere, so ist es schlecht, wenn Sie sich nur aus diesem Grund einen zulegen wollen. Hunde sind mitfühlende Lebewesen, die es verdienen, mehr als nur als Wachhunde ihr Dasein zu fristen. Sie verdienen es, Familienmitglieder zu sein und sie brauchen unsere Zeit, Energie und Liebe. Darüber hinaus haben Labrador Retriever überhaupt keinen Wachsamkeitsinstinkt.

Wenn Sie jedoch die richtigen Gründe für die Anschaffung eines Labradors haben und trotzdem etwas für Ihren Schutz tun wollen, dann schaffen Sie sich einen dunklen, also einen schwarzen oder schokoladenbraunen, Labrador an. Anscheinend wirken dunkle Hunde abschreckender als helle. Die meisten Leute fragen, ob der Hund brav ist, wenn sie einen schwarzen oder schokoladenbraunen Labrador treffen. Bei den gelben gehen die meisten davon aus, dass sie von Haus aus freundlich sind. Fragen Sie uns nicht warum.

Labrador Retriever gibt es in drei Farben: einfarbig schwarz, gelb oder leberfarben/schokoladenbraun. Gemäß dem Rassestandard der F.C.I. (der *Fédération Cynologique Internationale*) ist ein kleiner weißer Brustfleck gestattet.

Ein Labrador kommt nicht wohlerzogen auf die Welt

Labrador Retriever sind intelligent und wollen ihren Besitzern Freude machen, aber kein Hund erzieht sich selbst. Alle Hunde brauchen Zeit, Energie und Beharrlichkeit des Besitzers, wenn aus ihnen gut erzogene Hunde werden sollen. Da ist auch ein Labrador keine Ausnahme. Wenn Sie Ihren Labrador nicht erziehen, wird er sich nicht so benehmen, wie Sie es sich vorgestellt haben. Es kann sogar sein, dass Sie das Gefühl haben, dass Sie mit dem Hund nicht fertig werden und sich professionelles Hilfe suchen müssen.

Ein Labrador ist mehr als ein Jagdhund

Wir können nicht bestreiten, dass Labrador Retriever ausgezeichnete Apportierhunde für Jagdzwecke sind; wenn sie aber nicht gleichzeitig liebevoll in die Familie aufgenommen werden, werden Sie nie alle Qualitäten Ihres Labrador Retrievers kennen lernen.

Ein Labrador ist niedlich – aber er braucht Ihre ganze Aufmerksamkeit

Sicherlich, Labrador Retriever sind süß. Wir würden sogar sagen, dass sie wunderschön sind. Aber das ist kein Grund, einen Hund zu kaufen. Oder fühlen Sie sich vielleicht zu dieser Rasse hingezogen und sind bereit, die notwendige Zeit und Energie aufzubringen, um einen Labrador aufzuziehen und auszubilden, damit er ein Freund und Begleiter fürs Leben wird? Ah, jetzt sind wir uns einig!

Herausfinden, ob der Labrador Sie mag

Sie sind sich vielleicht sicher, dass Sie bereit sind für einen Hund, aber ist ein Labrador auch der richtige Hund für Sie? Sicher, die Rasse ist sehr beliebt. Viele Leute haben einen. Aber nur wenige sollten einen Labrador Retriever besitzen und können das Beste aus ihm herausholen. Sie können einer dieser wenigen wertvollen Menschen sein. Vielleicht haben Sie zumindest das Potenzial in sich. (Menschen brauchen in der Regel auch etwas Übung!)

Schwierige Fragen

Machen Sie den folgenden Test und finden Sie heraus, ob Sie für einen Labrador Retriever geschaffen sind:

1. Wie würden Sie Ihren Lebensstil bezeichnen?
   a) Ich bin gerne am Wochenende unterwegs.
   b) Ich fühle mich zu Hause am wohlsten.
   c) Ich verbringe viel Zeit am Schreibtisch.
   d) Ich lasse keine Party aus.
   e) Ich lege am liebsten die Füße hoch und sehe fern.
2. Wie viel Energie haben Sie?
   a) Volleyball? Betriebssportgruppe? Jogging? Fehlt noch was?
   b) Ziemlich viel, aber es muss Spaß machen. Lange Spaziergänge in der näheren Umgebung oder im Park an sonnigen Tagen sind das Richtige für mich.
   c) Ich halte mich durch Sport fit, aber Spaß macht es mir nicht. Vielleicht hätte ich mehr Spaß daran, wenn ein Hund mich begleiten würde.
   d) Fußball? Tennis? Handball? Auf welchem Fernsehkanal? Oder noch besser: Welche Gaststätte hat eine Großleinwand und überträgt das Spiel?
   e) Ich lese bei diesem Buch, wie bei jedem anderen Buch, jede Seite zwei Mal, weil mir immer die Augen zufallen.
3. Was halten Sie davon, wenn Sie immer wieder von einem großen, wedelnden Schwanz geschlagen werden oder einen Stoß in die Kniekehle bekommen, weil ein energiegeladener Hund an Ihnen vorbeistürmt?
   a) Kein Problem! Hört sich nach einem Hund an, mit dem man prima joggen und Frisbee spielen kann.
   b) Je mehr er mit dem Schwanz wedelt, umso besser. Dann weiß ich, dass mein Hund glücklich ist.
   c) Ich denke, ein paar Monate lang könnte ich das aushalten, bis mein Hund aus dem Gröbsten raus ist und erzogen werden kann.
   d) Mein Labrador würde das niemals tun.
   e) Hmm. Ich bin nicht sicher, ob ich dann nicht aus dem Gleichgewicht käme. Gibt es auch Labrador Retriever, die die meiste Zeit schlafen?

4. Wie oft ist bei Ihnen jemand zu Hause?
   a) Ich arbeite zu Hause und bin die meiste Zeit da.
   b) Ich arbeite zwar, kann aber mittags nach Hause kommen. Auch abends und am Wochenende habe ich ausreichend Zeit, mich um einen Hund zu kümmern.
   c) Ich bin unter der Woche mindestens zehn Stunden weg. Wenn ich dann nach Hause komme, esse ich schnell und breche dann vorm Fernseher auf der Couch zusammen.
   d) Ich treffe mich nach der Arbeit häufig mit Kollegen zum Sport oder zum gemütlichen Beisammensein. Auch am Wochenende bin ich viel mit Bekannten unterwegs.
   e) Ich arbeite sehr viel und bin selten zu Hause. Wenn ich nach Hause komme, gehe ich meistens direkt ins Bett.
5. Wo wohnen Sie?
   a) Auf dem Land auf einem großen eingezäunten Grundstück – ein Hundeparadies!
   b) In der Stadt in einem Haus mit großem Garten
   c) In der Stadt in einer Wohnung oder einem Haus mit kleinem Garten
   d) In der Stadt in einer Wohnung oder einer Wohnanlage ohne Garten
   e) An einem Ort, wo keine Hunde erlaubt sind, aber irgendwie schmuggle ich den schon hinein.
6. Wie wird sich Ihr Leben in den nächsten zehn Jahren verändern?
   a) Ich habe einen guten Job, viele Freunde und viele Verpflichtungen. Daran wird sich nicht viel ändern.
   b) Ich ziehe vielleicht um, heirate oder wechsle die Arbeitsstelle. Aber ein Leben ohne Hund kann ich mir nicht vorstellen und ich würde auch niemals irgendwo hinziehen, wo der Hund unerwünscht ist oder keinen Auslauf hat.
   c) Ich hoffe, bald den richtigen Partner zu finden, zu heiraten und vielleicht eine Familie zu gründen. Natürlich will ich beruflich auch weiterkommen. Ob ein Hund dann noch in mein Leben passt? Darüber mache ich mir Gedanken, wenn es so weit ist.
   d) Meine Arbeit ist mein Leben. Wenn ich deswegen umziehen muss, dann ziehe ich eben um.
   e) Ich plane nicht gerne so weit im Voraus. Ich warte ab, was auf mich zukommt.
7. Wie ist Ihre finanzielle Situation?
   a) Ich habe ein gutes Auskommen. Wenn der Hund zum Tierarzt muss, werde ich nicht aufs Geld schauen.
   b) Ich verbrauche das Geld, das ich verdiene, fast vollständig. Etwas Geld lege ich für Notfälle zurück.
   c) Momentan nicht so rosig, aber ein Hund ist doch nicht so teuer, oder?

d) Ich gebe mit Sicherheit nicht mehr als 50 Euro beim Tierarzt aus. Es ist schließlich nur ein Hund.

e) Ich hoffe, dass nächste Woche das Telefon wieder freigeschaltet wird. So lange habe ich auf jeden Fall Ruhe vor meinen Gläubigern.

8. Wie verbringen Sie Ihre Freizeit?

a) Ich treibe sehr viel Sport: Wandern, Radfahren, Schwimmen, Jogging, kurzum alles, was man an der frischen Luft so machen kann.

b) Ich fahre gerne an Orte, die ich noch nicht kenne und probiere neue Dinge aus. Ich liege gern am Strand, entdecke eine neue Stadt, mache Ausflüge mit dem Auto und vieles mehr.

c) Ich versuche, Haus und Haushalt in Ordnung zu halten, gleiche mein Schlafdefizit aus oder sehe mir die Fernsehserien an, die ich unter der Woche verpasst habe.

d) Wenn ich nicht arbeite, gehe ich aus und feiere mit meinen Freunden.

e) Freizeit? Welche Freizeit?

9. Welchen Platz wird ein Hund in Ihrem Leben haben?

a) Freund und Begleiter bei vielen Abenteuern

b) Vertrauter, bester Freund, Familienmitglied, immer dabei, wenn ich spazieren gehe oder ein Nickerchen mache

c) Ein Haustier, das mir Gesellschaft leistet, mit dem ich mich sicher fühle und das die Atmosphäre in unserem Haus bereichert

d) Schutz und Sicherheit für Haus und Hof

e) Ein Hund ist ein Hund. Hunde halten sich im Garten auf und fressen Hundefutter. Was soll ich sonst noch sagen?

10. Was ist das Wichtigste, was man vor der Anschaffung eines Hundes wissen muss?

a) Welche Bedürfnisse ein Hund hat – sowohl körperlich als auch seelisch.

b) Wie das Wesen und das Aussehen der Rasse ist.

c) Was der Hund frisst und welche tierärztliche Versorgung notwendig ist.

d) Welcher Hund am wenigsten Arbeit macht.

e) Wo Hunde kostenlos abgegeben werden.

Auswertung des Fragebogens

Sind Sie der ideale Begleiter für einen Labrador Retriever? Werten Sie Ihre Antworten aus und sehen Sie sich Ihr Profil an.

- Wenn Sie vorwiegend a) und b) angekreuzt haben, dann können wir Ihnen gratulieren. Sie werden sicherlich ein hervorragender Labrador-Halter. Sie bringen sehr viel Energie mit und können Ihrem Hund die Aktivitäten bieten, die er braucht. Für Sie sind Hunde Familienmitglieder, Sie sind an den Bedürfnissen des Hundes interessiert und wollen diese auch erfüllen. Ob Sie nun sehr gerne Sport treiben oder eher der häusliche Typ sind, Sie sind sich darüber im Klaren, dass die Anschaffung eines Hundes kein Spontankauf ist, sondern eine langfristige Verpflichtung, der Sie sich stellen wollen. Sicherlich heißt das nicht, dass Sie bereits alles wissen. Legen Sie dieses Buch also noch nicht aus den Händen. Es gibt noch mehr über Ihren neuen Begleiter zu erfahren.
- Wenn Sie sich überwiegend für c) entschieden haben, dann sind Ihre Fähigkeiten durchaus ausbaufähig, aber es gibt einige Unklarheiten hinsichtlich der Meinung über Labrador Retriever und/oder Tierhaltung. Sie sind unter Umständen nicht aktiv genug oder zu selten zu Hause, um der ideale Hundebesitzer zu sein. Sie sind sich vielleicht nicht völlig darüber im Klaren, welche Verantwortung Sie da übernehmen. Vielleicht haben Sie als Kind einen Hund gehabt, aber Ihre Eltern haben sich darum gekümmert. Für Sie ist ein Hund ein Haustier, das Sie gerne um sich hätten, aber das nicht zu viel Arbeit machen sollte. Sie mögen Hunde und wenn Sie bereit sind, ein paar Änderungen in Ihrem Leben vorzunehmen, dann kann ein Hund ein wertvolles und geliebtes Familienmitglied werden. Eventuell wäre es das Beste für Sie, wenn Sie einen älteren Hund zu sich nehmen würden, der bereits etwas ruhiger und schon gut erzogen ist. Sie müssen sich allerdings noch besser über Labrador Retriever informieren, damit Sie für diese aktiven, energiegeladenen Hunde bereit sind, die Ihre Liebe und ständige Aufmerksamkeit brauchen.
- Sollten Sie vorwiegend d) und e) gewählt haben, dann sollten Sie die Entscheidung, einen Labrador Retriever bei sich einziehen zu lassen, noch einmal überdenken. Wir sagen nicht, dass Sie sich keinen zulegen sollten, aber Ihr Lebensstil ist nicht gerade ideal für einen Hund. Auch Ihre Vorstellungen über Hundehaltung sollten Sie noch einmal überdenken. Dabei kann Ihnen dieses Buch helfen.

Der Zeitaspekt

Sie sind bereit, die Verantwortung für einen Hund zu übernehmen, aber Sie wissen unter Umständen nicht, wie viel Zeit ein Labrador – oder ein anderes Tier, das unsere Gesellschaft braucht – beansprucht. Ihr Labrador braucht seine tägliche Bewegung, eine ausreichende Umweltsozialisation als Welpe und viel Zeit, in der er mit Ihnen zusammen ist. Sie und Ihr Labrador müssen eine Beziehung zueinander aufbauen und das braucht seine Zeit. Wenn Sie häufig nicht zu Hause sind oder zu viel zu tun haben, wenn Sie zu Hause sind, dann erfreuen Sie sich lieber ab und zu an dem Labrador eines Freundes oder Bekannten. Legen Sie sich keinen Labrador zu, bis Sie jede Menge Zeit für das neue Familienmitglied aufbringen können. Sie würden auch kein Kind in die Welt setzen, wenn Sie nicht genug Zeit hätten, um es richtig zu erziehen, oder? Diese Einstellung gilt auch für Hunde.

Der Energieaspekt

Anders als andere Hunde erfordern Labrador Retriever ebenso viel Zeit wie Energie. Wenn Sie eher der Faulenzertyp sind, wird sich Ihr Labrador sicherlich anpassen, aber inaktive Hunde (wie inaktive Menschen) sind gesundheitlich anfälliger. Außerdem können Labrador Retriever, die kein Ventil für ihre aufgestaute Energie haben (Ball spielen wie in Abbildung 1.1 zum Beispiel), zerstörerische Kräfte entwickeln. Labrador Retriever sind keine kleinen Hunde und der Auslauf im Wohnzimmer reicht vielleicht einem Chihuahua. (Wenn Ihr Labrador auf diese Art und Weise seinen Auslauf bekommt, brauchen Sie sicherlich bald neue Möbel.)

Abbildung 1.1: Labrador Retriever haben eine größere Ausdauer beim Fangenspielen als Menschen.

Gut erzogene Labrador Retriever, die ausreichend Bewegung haben, sollten nicht hyperaktiv sein und können sich sicherlich auch an verschiedene Aktivitäten anpassen. Sie müssen aber mindestens dreimal am Tag mit Ihrem Hund spazieren gehen, ihm ab und zu die Möglichkeit geben, zu schwimmen, und ihn möglichst oft apportieren lassen, weil das seine Lieblingsbeschäftigung ist. Wenn Sie körperlich nicht fit genug sind, sollten Sie sich lieber einen weniger aktiven oder kleineren Hund, vielleicht sogar eine Katze, anschaffen.

Obwohl Labrador Retriever aktive Hunde sind, können sie sehr leicht übergewichtig werden. Überfütterung und das Füttern von Essensresten können leicht zu Übergewicht führen. Laut Tierärzten ist Übergewicht das größte Gesundheitsproblem bei Hunden. Füttern Sie lieber halbe Babykarotten oder kleine Brokkoliröschen als

Leckerchen statt Hundekuchen, die viel zu kalorienreich sind, um sie täglich zu verfüttern.

Der Platzaspekt

Wenn Sie nicht genug Platz für einen großen Hund haben, sollten Sie sich keinen Labrador Retriever anschaffen. Ideal ist ein Einfamilienhaus mit großem Garten und hundefreundlichen Nachbarn oder ein Haus auf dem Land mit sehr viel umzäuntem Auslauf. Andere Wohnsituationen sind auch denkbar, vorausgesetzt, Sie gehen mit Ihrem Labrador regelmäßig spazieren und erziehen ihn gut. Wenn bei Ihnen jedoch Hundehaltung verboten ist oder die Wände dünn wie Papier sind, wenn Sie in einer winzigen Wohnung ohne Garten leben und Ihren Hund nicht täglich ausführen können oder wenn Sie Ihr Haus gerne blitzblank haben und Ihre Sammlung von Keramikfiguren, Kristallglas oder antiken chinesischen Vasen Ihr Ein und Alles ist, dann sollten Sie sich lieber für einen anderen Hund entscheiden. Labrador Retriever brauchen sehr viel Auslauf, Welpen können in der Nacht recht laut sein und der Schwanz eines Labradors hat zerstörerische Wirkung, wenn Ihr Haus nicht hundesicher ist.

Der Geldaspekt

Wenn Sie einen Labrador Retriever bei einem Züchter kaufen, zahlen Sie zwischen 1000 und 1300 Euro (und noch mehr, wenn Sie mit Ihrem Labrador erfolgreich auf Hundeausstellungen gehen wollen oder einen ausgebildeten Jagdhund suchen). Wenn Sie einen Labrador aus einem Tierheim oder von einer Hilfsorganisation zu sich holen, sind Sie vielleicht der Meinung, dass der Hund billig, eventuell sogar umsonst ist. Ordentliche Tierschutzvereine verlangen eine Schutzgebühr. Damit können sie einen Teil ihrer Unkosten decken. Aber die Anschaffungskosten eines Hundes sind nichts im Vergleich zu den Kosten, die Sie aufbringen müssen, um einen Hund gesund und wohlerzogen durchs Leben zu bringen.

Die Kosten für die Gesundheitsvorsorge, also für Impfungen, Wurmkuren, Parasitenchecks und regelmäßige Untersuchungen, sowie für hochwertiges Futter, eine Hundekiste oder eine Hundebox, Kauspielzeuge, Hundeschule oder Kosten bei medizinischen Notfällen, die Behandlung von ernsthaften Erkrankungen oder bei Unfällen können sich zu einer beachtlichen Summe addieren. Wenn Sie also bereits jetzt nur mit Mühe über die Runden kommen, sollten Sie sich keinen Hund anschaffen, und zwar weder einen Labrador noch einen anderen Hund. Warten Sie, bis sich Ihre finanzielle Situation gebessert hat.

Den Labrador fürs Leben finden

2

In diesem Kapitel

- Unterscheidung zwischen Showlinie und Arbeitslinie
- Die drei Farben: Schwarz, Schokoladenbraun und Gelb
- Unterschiede zwischen den zwei Geschlechtern
- Die verschiedenen Altersgruppen

Sie haben sich also für einen Labrador Retriever entschieden. Sie sind sich ganz sicher. Keinen Zweifel. Dann wollen wir Ihnen gratulieren. Doch halt, sachte! Laufen Sie noch nicht gleich los, um einen Labrador zu erstehen. Sie müssen zuvor noch ein paar Entscheidungen treffen. Nicht alle Labrador Retriever sind gleich. Sie sollten überlegen, welchen Typ Sie wollen, welche Farbe und welches Geschlecht er haben sollte und wie alt der Hund sein soll, den Sie sich ins Haus holen. Dieses Kapitel hilft Ihnen, diese wichtigen Details für sich zu entscheiden.

Zwei Arten von Labrador Retrievern

Mit steigender Popularität der Labrador Retriever deuteten sich bald Tendenzen hinsichtlich einer »Aufspaltung« der Rasse in Show- und Arbeitslinie an. Diese Aufspaltung ging zwar fließend vor sich, aber mit der steigenden Popularität des Labradors als Ausstellungs- und Familienhund kam es auch zu veränderten Zuchtzielen der einzelnen Züchter.

Heute gibt es zwei Arten von Labrador Retrievern: die Showlinie, bei der das äußere Erscheinungsbild maßgebend ist, und die Arbeitslinie (Field-Trial-Linie), bei der vor allem auf Arbeitsleistung, Arbeitswillen und Temperament geachtet wird. Dies ist keine offizielle Unterscheidung, es gibt aber gewisse Unterschiede, die bei der Zucht zum Tragen kommen.

- ✔ Zur *Showlinie* gehören aktive Welpen, die mit guter, positiv besetzter Erziehung großartige Familienhunde sind. Diese Hunde werden für Hundeausstellungen gezüchtet, wobei der Formwert und das Wesen erstrangig sind.
- ✔ Labrador Retriever der *Arbeitslinie* haben eine ganze Reihe an Arbeitstiteln in ihrem Stammbaum und sind in der Regel sehr aktiv. Die auch in Deutschland immer beliebter werdende Linie wurde vor allem gezüchtet, um die Qualitäten zu erhalten, die für einen erfolgreichen Jagdhund erforderlich sind: nicht enden wollende Energie und eine größere Ausdauer als mancher Familie lieb ist. Field-Trial-Champions sind wie Hochleistungssportler. Doch ein zu viel an Aktivität ist bei einem Familienhund nicht immer erwünscht, es

sei denn, Sie wollen mit Ihrem Hund arbeiten und schwierige Aufgaben ausführen (beispielsweise ihn als Sport- oder Rettungshund ausbilden).

- Da die Überbetonung eines Merkmals (insbesondere wenn es um so ein subjektives wie Schönheit geht) auch Gefahren für die typischen Anlagen und Wesensmerkmale eines Hundes in sich birgt, haben sich einige wenige Züchter gefunden, die auch so genannte *Dual-Purpose-Typen* im Bestand haben, so dass es heute auch noch schöne und gleichzeitig leistungsfähige Tiere des ursprünglichen Labradortyps gibt.

Eine *Ahnentafel* ist eine schriftliche Urkunde über die Abstammung des Hundes und muss mindestens drei Generationen zurückgehen. Sie enthält außerdem die Röntgenuntersuchungsergebnisse, eventuelle Schautitel oder Arbeitsleistungen aller aufgeführten Hunde. Aus dem Stammbaum eines zukünftigen Ausstellungshundes sollte hervorgehen, dass er von Hunden abstammt, die Champions auf Hundeausstellungen geworden sind. Lesen Sie Kapitel 17, wenn Sie mehr über Labrador Retriever und Hundeausstellungen erfahren wollen.

Sie wollen wissen, welcher Labradortyp zu Ihnen passt. Dann prüfen Sie, welche Merkmale in der folgenden Liste auf Sie zutreffen oder welche Sie bei einem Hund wichtig finden:

- Ich möchte einen Hund aus einer Showlinie, mit dem ich auf Ausstellungen fahren und züchten kann.
- Ich möchte einen Hund aus einer Showlinie, um damit anzugeben.
- Ich möchte einen Hund, der nicht aktiver ist, als ich aushalten kann.
- Ich möchte einen Hund, den ich zu einem angenehmen Begleiter erziehen kann.
- Ich möchte einen Gebrauchshund für die Jagd.
- Ich möchte einen Hund, mit dem ich eine Dummy-Prüfung ablegen kann (das ist eine Apportierprüfung – mehr dazu in Kapitel 11).
- Ich möchte einen Hund, den ich zu einem Familienhund erziehen kann, mit dem ich aber auch Obedience-Kurse besuchen kann. (Lesen Sie in Kapitel 15 nach, was es mit diesen Kursen, bei denen es um das Ausführen bestimmter Übungen von Besitzer und Hund geht, auf sich hat.)

Wenn Sie eine der ersten vier Aussagen mit Ja beantwortet haben, ist die Showlinie wahrscheinlich das Richtige für Sie. Wenn Sie eine der letzten Aussagen mit Ja beantwortet haben, sollten Sie sich nach einem Labrador aus einer Arbeitslinie umsehen, obwohl auch die Labrador Retriever aus der Showlinie für Gehorsamkeitsprüfungen geeignet sind.

Wenn Sie nach einem sanften, netten Familienhund Ausschau halten, der Sie auf gemütlichen Spaziergängen um den Häuserblock begleitet, sollten Sie sich keinen Welpen aussuchen, dessen Vorfahren Auszeichnungen als Apportier- und Arbeitshunde gewonnen haben. Wurde Ihr Hund gezüchtet, um Hochleistungen zu erbringen, und sind Sie nicht gewillt, mit dem Hund entsprechend zu arbeiten, damit er seine Energie kanalisieren kann, dann werden Sie über kurz oder lang ein großes Problem haben. Suchen Sie sich lieber einen gesunden Hund, der gezüchtet wurde, um ein Superwelpe zu sein.

Labrador Retriever aus der Showlinie

Auch wenn die Showlinie keine Zuchtform des Labrador Retrievers ist, so hat diese Linie für Hundekenner doch Bedeutung. Man bezeichnet hiermit einen Labrador, der in seiner Ahnentafel Ausstellungshunde nachweisen kann. Wenn ein Hund bei Ausstellungen Titel gewonnen hat, wird dies in der Ahnentafel aufgeführt.

Mit oder ohne Titel

Wenn Sie sich mit Ihrem Labrador, egal aus welcher Linie, bei einem Obedience-Kurs anmelden, ist dies die ideale Möglichkeit, eine enge Beziehung zu Ihrem Hund aufzubauen und ihn gleichzeitig dazu zu bringen, seine Energie zielgerichtet einzusetzen, sich gut zu benehmen und Spaß zu haben. Die meisten Hunde lernen diese Gehorsamkeitsübungen mühelos. Wenn Sie jedoch der Ehrgeiz packt und Sie einen sehr energiegeladenen Hund haben, dann machen Sie mit dem Training weiter und melden Sie sich in den nächstschwierigeren Obedience-Klassen an. Aktive Hunde brauchen Beschäftigung und wenn sie entsprechend ausgebildet werden, haben sie ein zielgerichtetes Ventil für ihre Energie. Außerdem finden sie es schön, den Tag mit Ihnen zu verbringen. Lesen Sie Kapitel 15, wenn Sie mehr zu diesem Thema erfahren wollen.

Sie dürfen natürlich auch nicht vergessen, dass Labrador Retriever ausgezeichnete Jagdhunde sind. Der Labrador kann an Jagdgebrauchsprüfungen teilnehmen, die die Jagdeigenschaften des Hundes beurteilen. Lesen Sie hierüber mehr in Kapitel 16.

Für manche speziell auf die Bedürfnisse und die Leistungsfähigkeit von Labrador Retrievern abgestimmte Ausbildungen oder bestimmte Lehrgänge, die von Retriever-Vereinen angeboten werden, sind nur Hunde zugelassen, die von der F.C.I. oder vom VDH anerkannte Ahnentafeln besitzen.

Wenn Hundeausstellungen eine Leidenschaft von Ihnen sind (mehr dazu in Kapitel 17), sollten Sie sich einen Labrador aus der Showlinie zulegen. Am besten werden Sie Mitglied in einem Labrador-Retriever-Club (Adressen finden Sie im Anhang). Nachdem Sie sich ausreichend informiert haben, lassen Sie sich auf eine Warteliste setzen, damit Sie einen besonderen Welpen bekommen, der das Potenzial zu einem Ausstellungssieger hat. Wenn Sie mit Ihrem Labrador züchten wollen (vergewissern Sie sich aber mit den Informationen in Kapitel 6, ob Sie das wirklich wollen), knüpfen Sie Kontakte zu einem oder mehreren hervorragenden Züchtern und bringen Sie so viel wie möglich in Erfahrung. Achten Sie auf jeden

Fall darauf, dass Ihr Hund von einem Züchter kommt, der seine Tiere auf die bei Labrador Retrievern gängigen Gesundheitsprobleme testen lässt (mehr hierzu in Kapitel 4). Finden Sie dann heraus, wie Sie mit einem Ausstellungshund umzugehen haben, oder engagieren Sie einen professionellen Trainer, der Ihren Hund im Ring präsentiert. Wenn Sie diese Aufgabe selbst übernehmen wollen, brauchen Sie dazu Übung. Gehen Sie auf Hundeausstellungen und lesen Sie mehr zu diesem Thema (der Anhang enthält eine Reihe nützlicher Informationen).

Ein guter Familienhund muss natürlich kein Champion sein und noch nicht einmal den Zuchtanforderungen hinsichtlich seines Aussehens entsprechen (er sollte allerdings dem Rassestandard hinsichtlich seines Wesens und seines Temperaments entsprechen). Wenn Sie einen Labrador als neues Familienmitglied suchen, ist Ihnen ein Hund mit Leistungsnachweisen wahrscheinlich ebenso recht wie einer mit mehreren Champions in der Ahnentafel. Wenn Sie gerne einen Hund hätten, dessen Vorfahren bei Ausstellungen Preise gewonnen haben, ist das vollkommen in Ordnung (es ist schließlich Ihr Geld). Sie sollten jedoch ganz sicher sein, dass dies nicht der einzige Grund ist, warum Sie einen Hund wollen. Hunde sind kein Statussymbol, sie sind Lebewesen, die geliebt und umsorgt werden wollen.

Labrador Retriever aus der Arbeitslinie

Die Arbeitslinie, die auch als jagdliche oder Leistungslinie bezeichnet wird, ist keine offizielle Zuchtform, sondern nur eine Beschreibung dessen, wofür der Hund ursprünglich gezüchtet wurde. Sie ist die richtige Wahl für jeden, der mit seinem Hund aktiv an Apportier- oder Jagdgebrauchsprüfungen teilnehmen will und der viel Zeit und Geld in dieses Hobby stecken kann. Besuchen Sie einmal solche Veranstaltungen, damit Sie sehen, worum es dabei überhaupt geht. Wenn es Ihnen gefällt, dann sehen Sie sich nach einem Züchter um, der bereits Zuchterfolge in dieser Linie aufzuweisen hat. Danach können Sie Ihre Zeit mit nachforschen, lernen und üben verbringen.

Drei Farben und zwei Geschlechter

Nachdem Sie sich für eine Linie entschieden haben, brauchen Sie jetzt nur noch zwei kleinere Entscheidungen zu treffen. Farbe und Geschlecht sind zwei Themen, denen die meisten zu viel Bedeutung beimessen. Zumindest ist das unsere Meinung. Wir finden, Sie sollten sich auf den einzelnen Welpen oder die Persönlichkeit und die Energie eines Hundes konzentrieren. Wenn diese Themen für Sie jedoch wichtig sind (oder auch nicht), dann lesen Sie weiter.

Wählen Sie eine Farbe

Labrador Retriever gibt es in drei Färbungen: gelb (von hellcreme bis fuchsrot), leber- oder schokoladenfarben und schwarz. Abbildung 2.1 ist leider schwarzweiß, aber im Mittelteil finden

Sie Farbfotos von Labrador Retrievern in allen Farben. Gemäß dem Rassestandard ist ein kleiner weißer Brustfleck statthaft. Vielleicht bevorzugen Sie eine bestimmte Farbe, aber glauben Sie niemandem, der Ihnen erzählen will, dass bestimmte Wesenszüge oder Krankheitsbilder mit einer bestimmten Fellfarbe verbunden sind. Und noch einmal: Wesensmerkmale und Krankheiten sind nicht mit der Fellfarbe des Labrador Retrievers verknüpft.

Schwarze Labrador Retriever sind nicht gefährlicher. Gelbe sind nicht umgänglicher. Egal, was Sie in dieser Richtung gehört haben: Es stimmt nicht. Das heißt natürlich nicht, dass die Leute nicht glauben, dass ein schwarzer Labrador eher ein Wachhund oder ein gelber Labrador der freundlichste Hund überhaupt ist. Wenn Sie also nach einem Hund Ausschau halten, der die Menschen eher einschüchtert, dann wählen Sie einen dunkelfarbigen Labrador. Wenn Sie einen Hund wollen, der niemanden verängstigt und den Sie entsprechend sozialisieren wollen, damit Fremde ihn jederzeit streicheln können, dann sollten Sie eher eine hellere Farbe wählen. Es ist allein Ihre Entscheidung. Die Farbe ändert nichts daran, wie sich Ihr Hund verhalten wird. Es ist besser, wenn Sie Ihre Entscheidung aufgrund der Gesundheit, des Temperaments, der Energie des Hundes und anderer Faktoren fällen. (Wie Sie den richtigen Welpen aussuchen, steht in Kapitel 4.)

Abbildung 2.1: Es ist Ihre persönliche Entscheidung, welche Farbe Sie wählen. Egal ob schwarz, gelb oder schokoladenbraun, alle Labrador Retriever haben dieselben äußeren Erscheinungsmerkmale und Wesenszüge.

Warum ist ein Labrador so einzigartig?

Sie wissen sicherlich, dass Labrador Retriever nicht die einzigen Retriever sind. Es gibt noch die Golden Retriever, die Chesapeake Bay Retriever, die Curly-Coated Retriever und die Flat-Coated Retriever, und alle sind vom VDH anerkannte Retrieverrassen. Was unterscheidet nun die Labrador Retriever von diesen anderen?

Viele Retriever haben Neufundländer in ihrem Stammbaum und alle wurden gezüchtet, um Jägern beim Apportieren der Beute zu helfen. Labrador Retriever sind jedoch einzigartig, weil sie zuerst in Neufundland entdeckt wurden, wo das Klima kälter und eisiger ist als auf den Britischen Inseln, wo die meisten anderen Retriever gezüchtet wurden (mit Ausnahme des Chesapeake Bay Retriever, der ein amerikanisches Original ist). Der Labrador hat ein kürzeres Fell als einige der anderen Retriever, damit sich keine Eiszapfen an seinem Fell bilden können, wenn er aus dem Wasser kommt.

Alle Retriever sollten freundlich, aufmerksam, hilfsbereit und lernfähig sein und ein großes Bedürfnis haben, seinem Besitzer Freude zu machen. Doch nicht ohne Grund steigt der Labrador Retriever Jahr für Jahr in der Beliebtheit. Sie sind besonders gutmütig, leichtführig und bewegungsfreudig und tun alles für Ihren Besitzer. Der Labrador ist definitiv ein Charmeur und auf vielerlei Art der ideale mittelgroße Hund (natürlich nur, wenn er gut erzogen ist).

Sie glauben, dass Sie etwas Besonderes entdeckt haben, wenn ein Züchter Ihnen einen »seltenen« weißen, silberfarbenen oder goldenen Labrador anbietet? Denken Sie noch einmal nach. Goldener Labrador Retriever ist nur ein anderer Name für gelber Labrador (allerdings ist die Bezeichnung nicht korrekt). Manchmal wird damit auch ein Mischling aus gelbem Labrador und einem Golden Retriever bezeichnet, was dann kein reinrassiger Hund ist. Die so genannten weißen Labradore haben ein sehr helles Gelb und »silberne« Labrador Retriever sind einfach nur Geldschneiderei, denn wahrscheinlich handelt es sich lediglich um sehr helle schokoladenfarbene Labradore oder eine Kreuzung mit einem Weimaraner. Silberfarben ist keine Farbe, die dem Rassestandard entspricht. Wenn jemand für diese Farbvariationen sehr viel Geld verlangt, ist das Betrug. Ein Labrador aus einer guten VDH-Zucht sollte zwischen 1000 und 1300 Euro kosten, nicht mehr und nicht weniger.

Männlein oder Weiblein

Es sind viele merkwürdige Ansichten im Umlauf über die Unterschiede zwischen Rüden und Hündinnen. Sind Sie auch schon einigen Ammenmärchen auf den Leim gegangen? Um das herauszufinden, lesen Sie die folgenden Behauptungen und entscheiden dann, ob Sie sie für richtig oder für falsch halten.

- ✔ Rüden neigen eher zum Streunen als Hündinnen.
- ✔ Hündinnen sind viel anhänglicher als Rüden.
- ✔ Rüden werden nicht so leicht stubenrein wie Hündinnen.
- ✔ Hündinnen sind bessere Familienhunde als Rüden.
- ✔ Rüden sind aggressiver als Hündinnen.
- ✔ Hündinnen haben einen größeren Beschützerinstinkt als Rüden.

Wenn Sie irgendeine dieser Behauptungen für bare Münze genommen haben, haben Sie vielleicht einmal einen Hund kennen gelernt, auf den diese Beschreibung passt. In den meisten Fällen sind diese Behauptungen aber nicht zutreffend. Eine läufige Hündin streunt ebenso herum wie ein Rüde, der auf der Suche nach einer läufigen Hündin ist. Rüden können sehr anhänglich und alles andere als aggressiv sein, und auch mit der Stubenreinheit muss es keine Probleme geben. Hündinnen können abweisend sein, mit der Sauberkeit Probleme machen und genauso aggressiv wie Rüden sein. Rüden können sogar einen extremen Beschützerinstinkt entwickeln.

Laut Statistiken, die Tierheime aufstellen, neigen jedoch unkastrierte Rüden eher zum Streunen.

Wie sich ein Hund letztendlich verhält, ist das Resultat vieler ineinander greifender Faktoren. Hier fließen auch die Aufzucht, die Sozialisierung, die Erziehung, die Umwelt und die Gesundheit mit ein. Das Geschlecht spielt hierbei keine Rolle.

Die Kastration ist bei Hündinnen sehr viel komplizierter als bei Rüden. Wenn Sie Bedenken haben, Ihren Hund einer größeren Operation auszusetzen oder aus Versehen mit einem ungewollten Wurf kleiner Welpen dazustehen, sollten Sie lieber einen Rüden kaufen. Doch nur weil Rüden nicht in der Lage sind, Junge zu bekommen, bedeutet das nicht, dass sie nicht welche zeugen können. Also tun Sie etwas gegen unerwünschte Hundebabys und lassen Sie Ihren Hund kastrieren.

Die verschiedenen Altersstufen

Sehr viel wichtiger als die Farbe oder das Geschlecht ist das Alter des Hundes, der Ihr neues Familienmitglied werden soll. Es liegen Welten zwischen einem Welpen und einem erwachsenen Hund oder einem Junghund und einem älteren Hund. Das Alter Ihres Hundes bestimmt in erster Linie, wie viel Zeit Sie aufbringen müssen, um ihn zu erziehen und zu sozialisieren (obschon auch andere Faktoren wie die Vorgeschichte eines Hundes hier mitspielen können).

Vom St. John's Hund zum Labrador Retriever

1949 wurden Neufundland und Labrador die östlichsten Provinzen Kanadas und erhielten den gemeinsamen Namen »Neufundland und Labrador« (so steht es auf den Autokennzeichen). Neufundland ist eigentlich eine Insel vor der Küste von Labrador und Labrador ist Teil des kanadischen Festlands. Beide Regionen sind sich hinsichtlich der Geografie, der Fauna und des Klimas sehr ähnlich. In beiden gibt es viele Flüsse, Seen und eine zerklüftete Küste. Bis zum 20. Jahrhundert waren beide Provinzen fast vollständig auf den Export ihrer Fischprodukte angewiesen.

Es wird davon ausgegangen, dass der erste Vorfahre des Labrador Retrievers auf der Insel Neufundland und nicht auf dem Festland Labrador beobachtet wurde. Es herrschte ein kaltes Klima und das Leben war hart. Die Arbeitsstunden für Männer, Frauen und Hunde waren lang und unbarmherzig.

Die Siedler von Neufundland waren vorwiegend Fischer und brauchten Hunde für die Jagd (man kann schließlich nicht jeden Tag Fisch essen) und als Helfer auf den Booten. Es dauerte lange, bis der eher kleine, kurzhaarige, arbeitswillige Hund, der seinem Besitzer so gerne eine Freude bereitete und hervorragend apportieren konnte, einen Namen bekam, der zu ihm passte. Sie wurden »Kleiner Neufundländer« (im Gegensatz zu den großwüchsigen Vorfahren des heutigen Neufundländers), St. John's Hund (nach der größten Stadt auf Neufundland) oder einfach nur Retriever (= Apportierer) genannt. Diese Hunde waren ausgezeichnete Jäger und passten auch in kleine Fischerboote. (Einer von Joels Lieblingslabradoren apportierte am liebsten Fisch aus Flüssen und Teichen – die Vorfahren lassen sich eben nicht leugnen).

1662 wurde der »Kleine St. John's Hund« in den Aufzeichnungen von W. E. Cormack beschrieben, einem Einheimischen aus St. John, der durch Neufundland wanderte. Engländer, die diese Gegend erforschten, registrierten die vielen Fähigkeiten dieser Rasse und bald wurden auf Jagdgesellschaften die Pointer und Setter durch Labrador Retriever ersetzt. Im 19. Jahrhundert gelangten die Hunde auf die Britischen Inseln und bereicherten die Jagdgesellschaften der englischen Aristokratie. Heute geht man davon aus, dass diese von den Aristokraten gehaltenen St. John's Hunde ohne Einkreuzung anderer Hunderassen reingezüchtet wurden und so die Labradorzucht begründeten.

Der jüngere Welpe

Sauberkeitstraining, Sauberkeitstraining und noch mal Sauberkeitstraining! Sie werden kaum an etwas anders denken, wenn Sie Ihren kleinen Labrador mit acht Wochen nach Hause bringen. Sicherlich, er ist total nett. Sie können ihn knuddeln, ihm beibringen, an der Leine zu gehen, und mit ihm im Garten spielen. Aber wissen Sie, was passiert, wenn Sie ihn wieder mit ins Haus nehmen? Oder nach jeder Mahlzeit? Und mitten in der Nacht? Das Sauberkeitstraining und die Übungen mit Belohnungsleckerchen nehmen sehr viel Zeit in Anspruch, wenn ein Welpe ins Haus kommt. Vielleicht glauben Sie bald, dass Sie dem Ganzen nicht gewachsen sind. Wenn Sie jedoch konsequent bleiben und fleißig üben (siehe Kapitel 10), ist Ihr Welpe bald stubenrein und in gar nicht so ferner Zukunft gehen Sie mit ihm zum Erziehungstraining, machen Spaziergänge im Park und kuscheln sich abends auf dem Sofa zusammen, ohne dass ein Malheur passiert.

Der ältere Welpe

Ältere Welpen (drei bis sechs Monate) werden in der Regel schon schneller stubenrein, da sie körperlich weiter entwickelt sind und ihre Körperfunktionen besser kontrollieren können. Als Ausgleich für die verpassten frühen Wochen oder Monate ist es wichtig, dass Sie darauf achten, mit einem älteren Welpen (wie in Abbildung 2.2 gezeigt) sehr viel Zeit mit Erziehung (mit positiver Bestärkung) zu verbringen und sein Sozialverhalten zu schulen.

Abbildung 2.2: Auch ältere Welpen bedeuten noch viel Arbeit.

Der Junghund

Einen Junghund (sechs Monate bis zwei Jahre) aufzunehmen, ist auch nicht ganz problemlos. Sie sehen zwar erwachsen aus, aber sie fühlen sich noch immer wie Kleinkinder. (Können Sie sich noch an Ihre Teenagerzeit erinnern? Dann wissen Sie, was wir meinen!) Junghunde befinden sich in einer Übergangsphase. Sie fühlen sich in ihrem großen Körper noch nicht recht wohl und machen manchmal einen recht unbeholfenen Eindruck. Sie sind außerdem energiegeladen und lebhaft. Ein 35-Kilo-Hund, der zudem etwas tollpatschig ist, kann durchaus eine Herausforderung sein. Junghunde müssen konsequent mit positiver Bestärkung erzogen werden und das erfordert Geduld. Aber Sie schaffen das schon! Die Mühe wird sich auf jeden Fall auszahlen. Um das Sauberkeitstraining brauchen Sie sich zumindest keine Sorgen mehr zu machen, auch wenn es sein kann, dass ein angenommener Junghund genauso stubenrein werden muss wie ein Welpe.

Der erwachsene Hund

Einen erwachsenen Labrador (zwei bis acht Jahre) kaufen Sie wie gesehen. Genetisch bedingte Gesundheitsprobleme, die beim Welpen noch nicht sichtbar waren, kämen in diesem Alter zum Vorschein, ebenso wie die Folgen der Erziehung, die der Hund bis jetzt genossen oder nicht genossen hat. Wenn er nicht richtig sozialisiert wurde, ist ein erwachsener Labrador beispielsweise gegenüber Fremden überaus ängstlich und nervös. Wenn er jedoch gut erzogen wurde, ist er freundlich, folgsam und willig.

Sich einen erwachsenen Hund anzuschaffen, kann ein Risiko sein, es sei denn, Sie lassen sich ausreichend Zeit, um den Hund kennen zu lernen. Doch selbst dann sind Sie vor Überraschungen nicht immer gefeit. Aber nur Mut! Die meisten Erziehungsprobleme können durch ein gutes, konsequentes Training mit viel positiver Bestärkung und Liebe behoben werden. Es kann jedoch durchaus sein, dass Sie einen ausgewachsenen Labrador zu sich nehmen, der gut erzogen ist, weiß, wie man sich in Haus und Hof benimmt, und Ihre Möbel in Ruhe lässt.

Wenn ein erwachsener Hund missbraucht oder schlecht behandelt wurde, wird der Vorbesitzer Ihnen das sicherlich nicht erzählen und die Verhaltensstörungen müssen nicht auf den ersten Blick sichtbar sein. Lassen Sie sich deswegen jedoch nicht davon abbringen, einen erwachsenen Hund aus einer zuverlässigen Quelle aufzunehmen. Das ist viel einfacher, als sich einen Welpen ins Haus zu holen.

Der alternde Hund

Der ältere Labrador (älter als acht Jahre) ist eine Möglichkeit, die viele Menschen gar nicht in Betracht ziehen. Warum sollten Sie einen Hund kennen und lieben lernen, wenn Sie nur noch wenige Jahre mit ihm verbringen können? Ältere Labrador Retriever können die wunderbarsten Hunde sein. Bereits gut erzogen, mit den Jahren ruhiger geworden, durch Erfahrung gereift – ein älterer Labrador kann ein wundervolles Haustier sein und die Regeln, die in Ihrem Haus gelten, auch dann verstehen, wenn er in seinem alten Zuhause mit ganz anderen Regeln aufgewachsen ist.

Das Wichtigste über Labrador Retriever

3

In diesem Kapitel

- Ein bisschen Pflege und viel Liebe
- Erziehungstipps und Übungen, die Spaß machen
- Der Labrador als ständiger Begleiter

Sie haben endlich Ihren Labrador Retriever gefunden. Und jetzt? Wie pflegen, erziehen und versorgen Sie ihn? Wie spielen Sie mit ihm? Wie haben Sie und Ihr Labrador den meisten Spaß zusammen? Dieses Kapitel enthält in Kürze das Wichtigste. (Die restlichen Kapitel dieses Buches gehen dann ins Detail – sehen Sie im Inhaltsverzeichnis oder im Stichwortverzeichnis nach, wenn Sie Informationen zu einem bestimmten Thema suchen.)

Da Labrador Retriever sehr soziale Wesen sind, die gerne mit Menschen zusammen sind, wird ein Labrador, der jeden Tag stundenlang sich selbst überlassen ist, versuchen, Reißaus zu nehmen, oder destruktives Verhalten zeigen, um der Langeweile zu entkommen. Schaffen Sie sich keinen Labrador an, wenn Sie ihm nicht ausreichend Zeit widmen können.

Grundlegende Pflegetipps

Wenn Sie Ihren Hund nicht stundenlang bürsten und kämmen wollen, haben Sie sich die richtige Rasse ausgesucht. Und hier die Pflegeliste für einen Labrador:

- ✔ Einmal in der Woche muss der Hund gebürstet werden, damit sein Fell glänzt und sauber bleibt.
- ✔ Falls er es nicht schafft, die Nägel abzulaufen, müssen Sie sie ihm schneiden. Wenn möglich, gewöhnen Sie ihn bereits als Welpen daran.
- ✔ Die Ohren müssen mit einem feuchten Wattebausch gesäubert werden (nicht in den Ohrkanal kommen!).
- ✔ Einmal in der Woche sollten die Zähne mit einer speziellen Hundezahnpasta geputzt werden.
- ✔ Einmal im Jahr sollte der Hund vom Tierarzt untersucht werden, die Impfungen aufgefrischt und eine Wurmkur gemacht werden. Falls Flöhe oder Zecken ein Problem in Ihrer Gegend sind, sollten Sie regelmäßig ein entsprechendes Mittel auftragen.

- ✔ Ihr Labrador sollte nur erstklassiges Futter erhalten. Vielleicht hat Ihr Tierarzt einen Tipp.
- ✔ Viel Bewegung hilft Ihrem Hund (und Ihnen), in Form zu bleiben.

So, das war's! Wenn Sie es ein bisschen ausführlicher wollen, dann lesen Sie Kapitel 5.

Grundlegende Erziehungstipps

Mit Joels FBE-System ist Erziehung ein Kinderspiel und absolut notwendig, wenn Sie wollen, dass Ihr Labrador ein guter Begleiter wird. Einen Labrador zu führen heißt, ihn vor Schaden zu bewahren, nach dem Motto: »Vorbeugen ist die beste Medizin«. Verbessern Sie die Beziehung zu Ihrem Hund, indem Sie viel Zeit miteinander verbringen und stets daran denken, dass Ihr Hund nicht weiß, was Sie von ihm wollen, wenn Sie es ihm nicht deutlich beibringen. Erziehen Sie Ihren Labrador, indem Sie ihm beibringen, was er tun soll, und – besonders wichtig – belohnen Sie ihn überschwänglich, wenn er es richtig macht. Teil III enthält jede Menge Informationen über das FBE-System.

Sanfte Erziehung durch positive Bestärkung

Die gewaltfreie Erziehung wird seit vielen Jahren von fortschrittlichen Trainern angewendet, um Welpen und Hunden einfache Befehle beizubringen. Wenn Sie sich damit nicht auskennen, finden Sie sicherlich in Ihrer Nähe eine Hundeschule, die damit Erfahrung hat. Am besten sprechen Sie mit anderen Hundebesitzern.

Züchter, die mit positiver Bestärkung arbeiten, haben in der Regel sehr lernwillige Welpen. Bei dieser Methode, die viele Trainer für die effektivste halten, wird ein gewünschtes Verhalten immer dann gebührend belohnt (mit Lob, Streicheleinheiten, Leckerchen), wenn ein Welpe sich gegenüber verschiedenen Umweltreizen sicher und gelassen verhält. Diese sanfte Art der Erziehung hat weitaus größere Erfolgschancen als die Erziehung durch Strafen oder durch negative Bestärkung, bei der Würge- oder Stachelhalsbänder eingesetzt werden, um den Hund Gehorsam zu lehren.

Der Familienhund

Ein guter Familienhund wird einem nicht in den Schoß gelegt. Sie können Ihrem Labrador helfen, ein erstklassiger Familienhund zu werden, indem Sie ihn in alle Familienaktivitäten einbeziehen, bei denen Hunde zugelassen sind. Nehmen Sie Ihren Hund mit zum Einkaufen (aber lassen Sie ihn niemals bei Hitze im Auto), mit den Kindern in den Park, zum Fußballspiel, an den See, zum Zelten oder sogar mit in den Urlaub. Und vergessen Sie nicht, jeden Tag ein paar Minuten lang mit ihm zu trainieren.

Show, Arbeit und Wettbewerb

Wir wissen zwar nicht, wo Sie wohnen, aber vielleicht gibt es in Ihrer Nähe jede Menge Möglichkeiten für Hundeaktivitäten, angefangen bei Begleithundekursen bis hin zu Hundesportarten wie Agility und Flyball. Begleithundetraining unterstützt Sie dabei, aus Ihrem Labrador einen prima Begleiter zu machen (mehr dazu in Kapitel 11). Agility (eine Art Hindernisparcours für Hunde), Flyball (eine Art Staffellauf) und Dog Dancing (Tanzen mit dem Hund) sind Hundeaktivitäten, die ein großer Spaß für Hund und Besitzer sind (mehr dazu in Kapitel 15).

Wenn Sie mit Ihrem Labrador arbeiten wollen, werden Sie die jagdlichen Wettbewerbe interessieren, vor allem dann, wenn Ihr Hund sehr gerne apportiert. In Kapitel 16 erfahren Sie mehr über diese Aktivitäten. Sie können Ihren Labrador auch zu einem Therapiehund, der in Altersheimen und Krankenhäuser eingesetzt wird, zu einem Begleithund für Behinderte oder sogar zu einem Spür- oder Rettungshund ausbilden. Über diese Aktivitäten und Ausbildungsmöglichkeiten finden Sie mehr in Kapitel 20.

Teil II

Labrador Retriever – den richtigen finden und lieben lernen

In diesem Teil …

In diesem Teil geben wir Ihnen ein paar Tipps, wie Sie einen guten Züchter finden können und sich um die Gesundheit Ihres Labradorwelpen kümmern. (Wir zeigen Ihnen auch verschiedene Möglichkeiten für den Kauf eines Welpen und wie Sie einen erwachsenen Labrador vorm Tierheim retten können.)

Der kleine Welpe strotzt wahrscheinlich vor Gesundheit, aber diese zu erhalten, erfordert Sorgfalt und Pflege, vorbeugende Maßnahmen und jede Menge Vorbereitung. Wir helfen Ihnen, den perfekten Tierarzt zu finden und machen sogar Vorschläge, welche anderen Fachleute Sie noch im Labrador-Pflegeteam aufnehmen können. Auch wenn die Suche nach dem richtigen Tierarzt mehr bedeutet als in den Gelben Seiten nachzuschlagen, ist es die Mühe wert und wird sich über die Jahre auszahlen. Wir empfehlen Ihnen außerdem einige vorbeugende Maßnahmen zur Gesunderhaltung Ihres Labradors, angefangen vom geeigneten Impfplan, über die richtige Kost bis hin zu jeder Menge sportlicher Aktivitäten. Wir helfen Ihnen auch, sich auf Notfälle vorzubereiten, indem wir Ihnen zeigen, wie Sie Ihre eigene Notfallapotheke für Hunde zusammenstellen.

Falls Ihr Leben sich drastisch verändert, wie es nun mal vorkommen kann, dann zeigen wir Ihnen, wie Sie Ihrem Hund diese Phase des Umbruchs erleichtern, egal ob es sich dabei nun um die Ankunft eines Babys, um ein neues Haustier, um eine Scheidung oder um den Tod eines Familienmitglieds handelt. Wenn Sie für Ihren Labrador da sind, wird auch er für Sie da sein.

Den besten Freund auswählen

4

In diesem Kapitel

- Die beste Adresse für Ihren Welpen finden
- Gute Züchter von schlechten unterscheiden
- Mit dem Welpenfrüherziehungsprogramm beginnen
- Einen Labrador aus einem Tierheim zu sich nehmen
- Einen Welpen über die Zeitung kaufen

Sie haben wahrscheinlich eine ziemlich klare Vorstellung davon, wie der Labrador aussehen soll, den Sie wollen. Was hindert Sie daran, loszuziehen und sich einen zu kaufen? Jede Menge! Den perfekten Labrador findet man nicht, indem man in den Gelben Seiten unter »Labrador Retriever« nachschlägt. Es gibt jede Menge Möglichkeiten, aber auch jede Menge Einschränkungen, wenn Sie den richtigen Hund finden wollen.

Der Züchter

Wenn Sie einen Hund von einem angesehenen und verantwortungsbewussten Züchter kaufen, können Sie ziemlich sicher sein, dass Ihr Welpe gesund ist, ein angenehmes Wesen hat und sein Aussehen dem Rassestandard entspricht. Wahrscheinlich ist es die sicherste Methode, sich den perfekten Hund beim Züchter auszusuchen – dann wissen Sie wenigstens, was Sie bekommen.

Nun müssen Sie nur noch einen guten Züchter finden. Doch was für andere ein guter Züchter ist, muss noch lange keine guter Züchter für Sie sein. Die Kapitel 1 und 2 liefern Ihnen einen Eindruck von den Qualitäten, die Sie bei einem Labrador suchen. Aber wie finden Sie den Züchter, der genau die von Ihnen gesuchten Eigenschaften züchtet?

Einen guten Züchter finden

Machen Sie sich also auf die Suche! Verschiedene Züchter haben unterschiedliche Prioritäten. Einige Züchter streben vielleicht danach, Welpen zu züchten, deren äußerliche Merkmale hervorstechen, andere züchten eher Arbeitshunde. Sie wollen sichergehen, dass diese Züchter auch ein großes Interesse daran haben, Welpen zu züchten, die herausragende Familienhunde werden.

Züchtersuche via Internet

Das Internet ist eine großartige Quelle, um erste Kontakte zu Züchtern aufzunehmen. Auf der Website des Labrador Club Deutschland e.V. unter `www.labrador.de` finden Sie Listen mit Welpen aktueller und erwarteter Würfe sowie älteren Hunden. Die Angebote lassen sich nach Postleitzahlenbereichen ordnen, damit Sie auch einen Züchter in Ihrer Nähe finden können. Außerdem bietet diese Seite jede Menge Informationen für den richtigen Kauf eines Welpen.

Sie können auf ein paar Dinge achten, die Ihnen helfen, die guten von den weniger guten Züchtern zu trennen. Ein guter Züchter wird Ihnen die Hunde zeigen wollen, die zu den Welpen gehören (also die Eltern), und natürlich die Welpen selbst, allerdings erst, nachdem er Ihnen jede Menge wichtige Informationen geliefert hat. Ein guter Züchter wird auch Sie befragen, um sicherzugehen, dass Sie für einen seiner Welpen geeignet sind! Hören Sie aufmerksam zu und machen Sie sich Notizen. Nehmen Sie sich einen Stift und die Züchter-Checkliste aus dem folgenden Abschnitt mit. Die Liste wird Ihnen bei der Suche behilflich sein. Sie können viel über einen Züchter erfahren, wenn Sie sowohl die erwachsenen Hunde als auch den Ort anschauen, wo die Welpen aufgezogen werden.

Fragen Sie die Züchter, die Sie besuchen, wie ihre Prioritäten hinsichtlich der verschiedenen Linien sind. Wenn ein Züchter beispielsweise Labradore aus einer jagdlich geführten Linie züchtet, dann sind seine Hunde unter Umständen viel zu energiegeladen, um als Familienhunde ihre Erfüllung zu finden. Der ideale Züchter für jemanden, der einen Familienhund sucht, ist ein Züchter, dessen oberstes Ziel gesunde und wesensstarke Hunde sind.

Züchter-Checkliste

Verwenden Sie die folgende Checkliste, wenn Sie einen Züchter besuchen.

✔ **Wo sind die Welpen?** Wenn sie im Haus in der Familie aufwachsen, ist das ein gutes Zeichen. Wenn sie in sauberen, ordentlichen Zwingern aufgezogen werden, ist das auch in Ordnung, solange die Welpen entsprechend sozialisiert werden. Wenn die Zwinger heruntergekommen und dreckig sind (ein paar »Häufchen« hier und da deuten nicht auf einen dreckigen Zwinger hin, denn Welpen koten ständig) oder wenn die Hunde den Eindruck erwecken, als ob sie selten ein menschliches Wesen zu Gesicht bekämen und sich Ihnen gegenüber ängstlich verhalten, dann ist das ein alarmierendes Zeichen.

✔ **Wie sehen die Welpen aus?** Ist ihr Fell sauber oder dreckverklebt? Haben sie Kotreste am After? Haben sie strahlende Augen, sind sie lebhaft oder sehen sie eher krank und müde aus? Ist ihr Fell dicht und glänzend oder haben sie kahle Stellen? Sind die Nägel geschnitten oder zu lang? Haben sie Flöhe oder Zecken?

- ✔ **Zeigt der Züchter Interesse daran, wie Sie den Welpen auf- und erziehen werden, oder versucht er nur, Ihnen einen Welpen aufzudrängen?** Haben Sie den Eindruck, dass Sie dem Züchter vertrauen können, sowohl was Hundepflege als auch was das Geschäftliche angeht? Beteuert der Züchter ausdrücklich, dass Sie ihn jederzeit telefonisch um Rat fragen können, wenn Sie den Welpen zu Hause haben?
- ✔ **Wie benehmen sich die Hunde in der Nähe des Züchters?** Springen sie vor Freude, ihn zu sehen, an ihm hoch? Verkriechen sie sich vor ihm oder benehmen sie sich gleichgültig? Letztere Verhaltensweisen sind deutliche Alarmzeichen.
- ✔ **Können Sie sich zumindest einen Elternteil ansehen?** In Abbildung 4.1 sehen Sie eine gelbe Labradorhündin mit ihren gelben und schwarzen Welpen. Wenn Sie keinen der Eltern zu sehen kriegen, sollten Sie sich fragen, ob Sie wirklich wissen, was Sie bekommen.

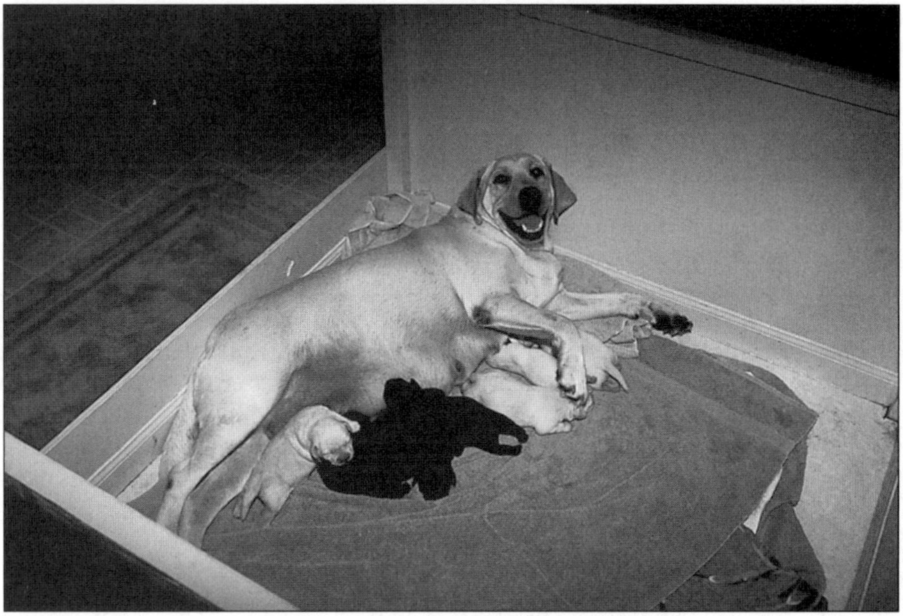

Abbildung 4.1: Eine gelbe Labradorhündin mit ihren gelben und schwarzen Welpen

Wenn Sie zu einem Züchter fahren, nehmen Sie am besten die ganze Familie mit. Ein guter Züchter möchte alle Familienmitglieder kennen lernen und beobachten, wie sie miteinander und den Welpen umgehen, um sicherzustellen, dass die Welpen auch ein optimales Zuhause finden.

Fragen an den Züchter

Nachdem Sie sich auf dem Gelände umgesehen haben, sollten Sie sich Zeit nehmen und ein paar schlaue Fragen stellen. Gute Züchter erwarten diese Befragung und eines der besten Zeichen für einen guten Züchter ist, wenn diese Befragung auf Gegenseitigkeit beruht. Verantwortungsvolle Züchter sind genauso daran interessiert, einen guten Platz für ihre Welpen zu finden, wie Sie, dass Sie den richtigen Hund in Ihr Haus holen.

Der Kauf eines Hundes ist keine Entscheidung, die auf die leichte Schulter genommen werden sollte. Schnelle Spontankäufe sind hier nicht gefragt! Lassen Sie sich vor allem nicht von einem Züchter zum Kauf drängen, wenn Sie sich nicht ganz sicher fühlen. Letztendlich muss es dann der Welpe ausbaden, wenn Sie beide nicht zusammenpassen.

Was sollten Sie den Züchter fragen? Wir haben für Sie eine Liste zusammengestellt. (Gute Züchter geben Ihnen diese Informationen wahrscheinlich, ohne dass Sie danach fragen müssen, was das Ganze sehr viel einfacher macht.) Wir sagen Ihnen auch, welche Antworten Sie hören wollen und bei welchen die Alarmglocken läuten sollten.

- **Was können Sie mir über die Rasse und über Ihre Labrador Retriever im Besonderen sagen?** Gute Züchter kennen sich mit ihrer Rasse aus. Sie sollten in der Lage sein, Ihnen etwas über die typischen Merkmale der Rasse zu erzählen, und zwar sowohl was das äußere Erscheinungsbild als auch das Wesen angeht. Ein Züchter sollte sich auch mit Besonderheiten der Linie auskennen, die er züchtet, denn diese Informationen sind genauer als die Merkmale des Rassestandards. Werden beispielsweise Labradore für den Jagdgebrauch gezüchtet? Dann werden diese Welpen sicherlich sehr aktiv sein und unter Umständen einen Hundebesitzer mehr beanspruchen als normal. Legt der Züchter Wert auf das Äußere und befinden sich in der Ahnentafel des Welpen Show-Champions? Findet der Züchter, dass die Welpen, die den Ansprüchen für Ausstellungshunde nicht genügen, sich gut als Familienhunde eignen, oder achtet er beim Züchten in erster Linie darauf, dass das Wesen und die Gesundheit der Hunde stimmen, und meint er, dass dies entscheidend für einen guten Familienhund ist?

  Jeder Züchter, der sich um seine Welpen sorgt, weist auch auf die negative Seite der Rasse hin (denn keine Rasse ist perfekt). Ein Züchter, der seine Rasse und seine Zuchtlinie nur in höchsten Tönen anpreist, erzählt nur die halbe Wahrheit. Züchter sollten Ihnen nicht verschweigen, dass das Halten eines Hundes auch negative Seiten hat, um sicherzugehen, dass Sie wissen, worauf Sie sich einlassen.

- **Wie lange züchten Sie schon und wie viele Würfe hatten Sie schon?** Auch wenn ein Züchter, der gerade erst mit der Zucht angefangen hat, kein schlechter Züchter sein muss, so sind Züchter mit jahrelanger Erfahrung doch meistens eine sicherere Adresse. Erfahrene Züchter haben bereits mehrere Linien gezüchtet und wissen, wie sie noch bessere Hunde hervorbringen können. Unverantwortliche Züchter – in der Zucht und/oder im Geschäft – halten meist nicht lange durch. Wenn ein Züchter jedoch bereits 25 Jahre lang erfolgreich im Geschäft ist, können Sie darauf bis zu einem gewissen Grad vertrauen.

Die Anzahl der Würfe ist ebenfalls ausschlaggebend. Wenn ein Züchter seit 25 Jahren züchtet, aber nur ein paar Würfe hatte, dann hat er nicht viel Erfahrung. Wenn ein Züchter andererseits erst seit ein paar Jahren züchtet, aber bereits 25 Würfe hatte, ist dies auch ein alarmierendes Zeichen. Dieser Züchter versucht wahrscheinlich nur, auf die Schnelle mit seinen Welpen Geld zu machen, ohne dabei auf die Gesundheit, das Wesen und mögliche genetisch bedingte Probleme bei seinen Züchtungen zu achten.

✔ **Können Sie mir Referenzen geben?** Was Referenzen angeht, so werden Sie sicherlich nur die Adressen von Leuten erhalten, die mit ihren Hunden zufrieden sind. Aber was ist daran so falsch? Ein alarmierendes Zeichen ist es nur, wenn der Züchter Ihnen gar keine Namen nennen kann oder will. Entweder sind dann nur sehr wenige mit seinen Hunden zufrieden oder der Züchter hat Angst, dass Sie etwas herausfinden könnten, was nicht an die Öffentlichkeit dringen soll. Es ist schwierig herauszufinden, ob ein Züchter einen schlechten Ruf hat, wenn man sich nicht in »Hundekreisen« bewegt, aber mit ein paar Empfehlungen kann man sich wenigstens ein Bild machen. Auf der Homepage des Labrador Club Deutschland e.V. finden Sie alle Daten der dort aktiven Zuchthunde in der Datenbank, beispielsweise auch über die bisherige Nachzucht der Elterntiere oder über frühere Würfe des Züchters.

✔ **Können Sie mir Garantien geben?** Einige Züchter bieten schriftliche Garantien an, die es Ihnen ermöglichen, einen Welpen zurückzugeben, wenn er genetisch bedingte Probleme entwickelt, und dafür einen anderen zu bekommen oder den Welpen zu behalten und dafür Ihr Geld zurückzubekommen. Diese Garantie wird Sie beruhigen, denn sie zeigt, dass der Züchter seine Arbeit gut macht und sich ziemlich sicher ist, dass genetische Probleme bei seinen Hunden kein Thema sind. Doch manchmal treten Probleme trotz ernsthafter Bemühungen des Züchters auf. Und bedenken Sie außerdem: Würden Sie ein Familienmitglied zurückgeben, nur weil es nicht perfekt ist? (Wer ist das schon?)

Alle Lebewesen haben defekte Gene in sich. Einige sind sichtbar, andere nicht. Sie suchen einen Züchter, der alles in seiner Macht Stehende unternimmt, um Welpen zu bekommen, die gesund und lebensfähig sind. (Es ist ein gutes Zeichen, wenn ein Züchter sehr alte Hunde hat.) Langlebigkeit ist sehr wichtig. Es ist bereits vorgekommen, dass Leute gezüchtet haben, ohne dabei die erforderlichen Gesundheitsuntersuchungen (HD für Hüftgelenk-Dysplasie und ED für Ellenbogengelenk-Dysplasie) durchgeführt zu haben, und trotzdem eine Garantie gegeben haben. Wenn sie nicht wissen, was sie tun, werden sie dann überhaupt noch greifbar sein, wenn der Welpe älter ist? Wahrscheinlich nicht. Ihre Garantie ist dann nicht das Papier wert, auf dem es steht.

Gute Züchter sprechen offen über mögliche genetisch bedingte Erkrankungen, die auftreten können, und wie sie behandelt werden. Solche Züchter werden Ihnen ihre Hilfe anbieten, falls es bei Ihrem Hund zu Problemen kommt. Ein anerkannter Züchter will wissen, ob seine Hunde erblich bedingte Krankheiten entwickeln, weil diese Information für seine weitere Zucht ausschlaggebend ist.

Führen Sie ein offenes Gespräch mit dem Züchter und nehmen Sie sich Zeit bei Ihrer Entscheidung – das ist wahrscheinlich noch wichtiger als irgendwelche Garantien für die Gesundheit des Hundes.

Trotzdem sollte ein guter Züchter bereit sein, einen Welpen zurückzunehmen und das Geld zu erstatten, wenn ein Tierarzt bescheinigt, dass der Welpe erhebliche Gesundheitsprobleme hat. Gehen Sie mit Ihrem Welpen also möglichst bald zum Tierarzt, vielleicht sogar gleich vom Züchter aus, bevor Sie sich zu sehr an ihn gewöhnen. Manche Züchter wollen, dass Sie den Welpen spätestens 72 Stunden nach dem Kauf zu einem Tierarzt bringen. (Eine oberflächliche Untersuchung drei Monate nach dem Kauf zeigt, dass Sie sich nicht ausreichend um die Gesundheit Ihres Hundes kümmern.) Ein Tierarzt ist der einzige, der Ihnen sagen kann, ob Sie einen gesunden Welpen gekauft haben.

Nehmen Sie unter keinen Umständen eine schriftliche Garantie und/oder die große Zuneigung zu einem Welpen als Entschuldigung, Ihren Verpflichtungen nicht nachzukommen. Welchen Verpflichtungen? Einen guten Züchter daran zu erkennen, dass er gründliche Gesundheitschecks durchführt, die Welpen in familiärer Atmosphäre aufwachsen lässt und Sie gründlich auf Ihre Eignung hin prüft.

- **Wann kann ich den Hund mit nach Hause nehmen?** Die Zuchtordnungen sehen vor, dass Hunde nicht unter einem bestimmten Alter verkauft werden dürfen, in der Regel sind dies acht Wochen. Manche Züchter finden, dass man die Welpen frühestens mit acht Wochen von der Mutter trennen sollte. Die Welpen müssen Gelegenheit haben, von ihrer Mutter und den Geschwistern zu lernen, da dies ein erster Schritt zu ihrer Sozialisierung ist. Wenn ein Züchter Ihnen ein kleines, kränklich aussehendes vier Wochen altes Bündel mitgeben will, dann machen Sie sich schnellstmöglich aus dem Staub. (Bevor Sie das Kleine zu sehr ins Herz geschlossen haben.)

  Nehmen Sie sich auch vor Bauernfängern in Acht. Wenn ein Züchter Ihnen am Telefon sagt, dass er genau den Welpen hat, nach dem Sie suchen, und verspricht, ihn für Sie zu reservieren, aber bei Ihrem Eintreffen sagt: »Es tut mir schrecklich Leid! Ich habe gerade eben diesen Welpen verkauft, aber ich habe hier noch einen anderen, der Ihnen sicherlich genauso gefällt. Er sieht ein bisschen klein aus, aber …«, wollte er Sie wahrscheinlich nur zu sich locken, in der Hoffnung, dass Sie schon in die Falle gehen werden, wenn Sie erst einmal die kleinen Welpen sehen und mögliche Probleme nicht erkennen.

- **Was unternehmen Sie, damit Ihre Hunde gesund und glücklich sind?** Fragen Sie den Züchter, was er macht, damit es seinen Hunden gut geht. Diese allgemeine Frage gibt dem Züchter Gelegenheit, freiwillig zusätzliche Informationen über die Art, wie er mit seinen Hunden umgeht, preiszugeben. Gute Züchter können dann ungezwungen mit der Qualität ihrer Hunde angeben, wie sie die Hunde sozialisieren, wie es mit dem Familienanschluss geregelt wird, wie viel Vorsorge und tierärztliche Versorgung sie den Tieren zukommen lassen etc. Lassen Sie den Züchter ruhig angeben. Sie können daraus lernen, wie Sie Ihren Welpen in Zukunft gesund erhalten. Ihre Alarmglocken sollten allerdings läuten, wenn der Züchter auf diese Frage keine Antwort weiß.

Fragen an Sie als künftigen Hundebesitzer

Einen Moment – die Befragung ist noch nicht zu Ende. Bevor Sie dem Züchter alle Ihre Fragen haben stellen können, stellt dieser Ihnen vielleicht welche (er sollte es sogar). Wenn ein Züchter Sie nicht fragt, wo Sie denn den Hund unterbringen wollen, warum Sie sich überhaupt einen Hund zulegen wollen, wie viel Sie über Labrador Retriever wissen und andere Fragen, die erkennen lassen, ob die Welpen aus dieser Zucht auch zu Ihnen und Ihrer Familie passen, dann sollten Sie sich überlegen, ob dies der richtige Züchter für Sie ist. Ein Züchter, der sich nicht darum kümmert, in welche Umgebung seine Welpen kommen, der wird sie wohl auch nicht zurücknehmen, wenn es Gesundheitsprobleme gibt, und ist wahrscheinlich auch nicht so gewissenhaft wie andere Züchter, denen das Wohlergehen ihrer Hunde wichtiger ist als das Geld.

Der Züchter wird Ihnen wahrscheinlich folgende Fragen stellen (falls Sie Züchter sind und dieses Buch lesen, dann merken Sie auf):

- ✔ **Warum wollen Sie sich einen Hund anschaffen?** Dies ist die Möglichkeit für den Züchter zu erfahren, ob Sie sich einen Labrador aus den richtigen Gründen anschaffen wollen. Ein guter Züchter möchte beispielsweise die Leute herausfiltern, die nur nach einem Wachhund suchen, der Haus und Hof beschützt. Er will auch sicher sein, dass Sie wissen, welche langfristige Verpflichtung mit einem Hund auf Sie zukommt, und dass Sie einen Hund für die Familie suchen. Wenn Sie Interesse an der Zucht oder an Hundeausstellungen haben, dann möchte der Züchter sicherstellen, dass Sie wissen, was Sie tun und, insbesondere beim Züchten, dass Sie verantwortungsvoll vorgehen und im besten Interesse der Rasse handeln werden.

- ✔ **Wollen Sie den Welpen kastrieren lassen?** Einige Züchter verlangen von Ihnen, je nachdem, welchen Welpen Sie erwerben, die Unterzeichnung einer Kastrationsvereinbarung, in der Sie zusichern, dass Sie Ihren Hund kastrieren lassen und mit ihm nicht züchten werden. Die meisten Züchter wollen diese Vereinbarung bei Hunden, mit denen ihrer Meinung nach nicht gezüchtet werden sollte, entweder weil sie nicht dem Rassestandard entsprechen oder weil sie genetische Probleme haben.

  Andere Züchter verlassen sich darauf, dass Sie sich mit Ihrem Tierarzt in Verbindung setzen, um den richtigen Zeitpunkt für die Kastration Ihres Welpen festzulegen. Ein Tierarzt kann Sie beraten, welche gesundheitlichen Vorteile die Kastration hat (siehe auch Kapitel 6). Wenn Sie natürlich einen Welpen kaufen, mit dem Sie züchten wollen, sollte Ihr Züchter dies wissen, um Sie entsprechend zu beraten. In diesem Fall kommt eine Kastration natürlich nicht in Frage.

- ✔ **Wo wird der Welpe seinen Platz bei Ihnen haben?** Züchter wollen wissen, ob ihr geliebter Welpe ein Dasein als Hinterhofpflanze fristen muss, zehn Stunden lang in einem Zwinger eingesperrt sein wird, während Sie in der Arbeit sind, oder neben jemandem auf der Couch liegen kann, der zu Hause arbeitet oder viel Zeit zu Hause verbringt. Sicher, nur weil Sie arbeiten müssen (was die meisten müssen), heißt das nicht, dass ein Züchter es nicht zulässt, dass Sie diesen perfekten Welpen mit nach Hause nehmen. Der Züchter will einfach wissen, wie Sie sich den Tagesablauf so vorstellen.

- Kommen Sie mittags heim, um den Welpen auszuführen?
- Ist eine andere Person die meiste Zeit über zu Hause, die bereit ist, sich um das neue Haustier zu kümmern?
- Haben Sie eventuell überlegt, einen Hundesitter zu engagieren, der mittags mit dem Hund spazieren geht und ihn füttert? Wenn Sie in einer Großstadt wohnen, gibt es in Ihrer Nähe vielleicht sogar ein Tagesheim für Hunde, die in letzter Zeit ja immer beliebter werden.

✔ **Können Sie sich einen Hund leisten?** Wir reden hier jetzt nicht über die Anschaffungskosten für den Hund. Hunde sind eine ständige Kostenquelle, die Ihnen auf der Tasche liegen wird. Was passiert, wenn Ihr Hund krank wird? Was, wenn er sich verletzt? Nicht zu vergessen die Impfungen, Entwurmungstabletten, Floh- und Zeckenmittel, erstklassiges Futter, Kosten für Hundeschule und Zubehör – die Liste ist unendlich. Ein verantwortungsvoller Züchter denkt zwei Mal darüber nach, ob er einen Hund an jemanden verkauft, der sich gerade so eben den Preis für den Hund leisten kann, der versucht, über den Preis zu verhandeln, oder den Eindruck vermittelt, dass unerwartete Tierarztkosten das Haushaltsbudget sprengen würden.

✔ **Wie wichtig ist es Ihnen, ein guter Hundebesitzer zu werden?** Manche Menschen, die einen Züchter besuchen, sind ganz offensichtliche Hundeliebhaber. Sie haben bereits Hunde besessen und lieben sie oder sie haben einen ganz natürlichen Umgang mit den Welpen. Diese Menschen gehen in die Hocke, rufen die Welpen zu sich und fangen an, mit ihnen zu spielen. Unerfahrene Hundebesitzer oder Menschen, die sich im Umgang mit Hunden nicht besonders wohl fühlen, setzen sich meistens hin und warten, dass ein Hund auf sie zukommt. Ein Züchter beobachtet Sie und die Art, wie Sie sich gegenüber den Welpen benehmen, ebenso genau, wie Sie ihn beobachten. Der Züchter wird auch wissen wollen, ob Sie sich der zeitlichen, finanziellen und eventuell sogar emotionalen Verpflichtung gegenüber einem Hund gewachsen fühlen.

✔ **Stimmt die Chemie zwischen Ihnen und dem Welpen?** Selbst bei Hundeliebhabern gibt es Beziehungen zwischen Hund und Mensch, die nicht funktionieren. Andere wiederum haben sich gesucht und gefunden. Ein Züchter weiß, wie er diese wundervollen Bindungen erkennen kann. Sie haben sich vielleicht eingebildet, dass Sie unbedingt diese gelbe Labradorhündin haben wollen, aber der schokoladenbraune Rüde versucht so sehr, Ihre Aufmerksamkeit zu erringen, weil Sie für ihn einfach der beste Mensch sind, den er bis jetzt getroffen hat. Ignorieren Sie ihn nicht!

Nachdem Sie und der Züchter ihre Gespräche beendet haben, kann es weitergehen. Noch ist einiges zu erledigen!

Gesundheitstests und Garantien

Gute Züchter sichern Ihnen die Gesundheit ihrer Welpen zu und sollten einen Welpen auch zurücknehmen und Ihnen Ihr Geld zurückerstatten, wenn etwas mit dem Welpen nicht in Ordnung ist. Wenn Sie feststellen wollen, ob mit dem Welpen alles in Ordnung ist, fahren Sie mit ihm direkt vom Züchter zu einem Tierarzt. Manche Züchter verlangen sogar, dass Sie 72 Stunden nach dem Kauf zu einem Tierarzt fahren. Fragen Sie den Tierarzt, auf welche möglichen Probleme Sie achten sollen, die erst auftreten können, wenn der Welpe älter wird.

Um sicherzugehen, sollten Sie Unterlagen erhalten, dass bei beiden Eltern die Hüften und Ellbogen geröntgt wurden und ihnen bescheinigt wurde, dass sie HD-frei und ED-frei sind, also keine Hüftgelenk- bzw. Ellbogen-Dysplasie aufweisen. Meistens finden Sie diesen Vermerk in der Ahnentafel. Sie werden auch einen Nachweis wollen, dass bei beiden Eltern die Augen untersucht wurden, um das Risiko zu minimieren, dass Ihr Welpe erblich bedingte Augenerkrankungen hat, wie Progressive Retina-Atrophie (PRA), die zur Erblindung führen kann. Glücklicherweise können diese krank machenden Erbanlagen mittlerweile durch eine DNA-Analyse erkannt werden, so dass Anlagenträger von seriösen Züchtern nur in speziellen Fällen zur Zucht eingesetzt werden.

Stellen Sie auch sicher, dass Sie einen vom Tierarzt ausgestellten Impfpass bekommen, aus dem hervorgeht, wie viele Impfungen beim Züchter dem Welpen bereits verabreicht wurden. Außerdem sollte der Welpe bereits mindestens drei Mal entwurmt sein.

Die Gesundheit Ihres Welpen liegt natürlich nicht allein in den Händen des Züchters. Sobald Ihr Welpe bei Ihnen eingezogen ist, sind Sie für ihn verantwortlich, selbst wenn viele Züchter einen Welpen zurücknehmen, falls Sie ihn vernachlässigen oder er krank wird. Wenn die Krankheit jedoch nicht genetisch bedingt ist, können Sie nicht davon ausgehen, dass Sie Ihr Geld zurückbekommen. Wenn Sie nicht bereit sind, für die medizinische Versorgung des Welpen aufzukommen, würden viele Züchter den Welpen natürlich lieber zurücknehmen, als dass er im Tierheim landet oder ausgesetzt wird (manche Züchter verlangen sogar schriftlich, dass Sie den Hund an sie zurückgeben). Züchter, die aus Liebe zum Labrador in diesem Geschäft sind, werden jedoch versuchen zu vermeiden, ihre Welpen an Menschen zu verkaufen, die sie vernachlässigen.

Wenn Ihr Welpe später eine erblich bedingte Krankheit bekommt (beispielsweise eine Hüftgelenk-Dysplasie), möchte Ihr Züchter darüber in Kenntnis gesetzt werden.

Was immer der Züchter gewillt ist oder nicht gewillt ist zu tun, sollte schriftlich festgehalten werden, bevor Welpen und Euros die Besitzer wechseln. Nachdem alles vereinbart wurde, verlangen Sie nicht, dass der Züchter mehr tut, als er versprochen hat. Vertrag ist Vertrag. Achten Sie darauf, dass es ein fairer Vertrag für beide Seiten ist.

Selbst wenn Sie alle Vorsichtsmaßnahmen getroffen haben, können genetisch bedingte Probleme unerwartet bei Welpen auftreten (genauso wie bei Menschen). Einige der häufigsten Erbkrankheiten sind die Hüftgelenk-Dysplasie (die häufig bei großen Hunden wie Labrador Retrievern vorkommt), Herzerkrankungen, Entropium (eine Einwärtsrollung des Augenlids), Ektropium (eine Auswärtsrollung des Augenlids), Grauer Star, Progressive Retina-Atrophie (PRA), Retina-Dysplasie (RD) (eine Ablösung der Netzhaut vom Augenhintergrund), Taubheit oder Nierenerkrankungen.

Lassen Sie sich vom Züchter helfen

Und was ist, wenn alle Welpen in dem Wurf des Züchters aussehen wie aus dem Bilderbuch? Was, wenn alle positiv auf Sie ansprechen? Wie sollen Sie da den richtigen auswählen?

Fragen Sie den Züchter! Ein guter Züchter kann mehr als nur zur Erschaffung dieser wunderbaren kleinen Welpen beitragen. Er beobachtet auch jeden Welpen genau und versucht, seine angeborenen Wesenszüge, seine Energie, seine Persönlichkeit und seine Gesundheit zu bestimmen. Der Züchter kennt diese Welpen sehr viel besser, als Sie es bei einem oder zwei Besuchen vermögen, also nutzen Sie sein Wissen. Erzählen Sie dem Züchter möglichst viel über sich, Ihre Lebenssituation und welche Eigenschaften Sie bei einem Hund suchen. Der Züchter wird Ihnen dann bei der Auswahl des Welpen behilflich sein, der am besten zu Ihnen (und Sie zu ihm) passt.

Der Züchter wird einen Welpen aussuchen, der eine besondere Bindung zu Ihnen zu haben scheint. Vertrauen Sie dem Züchter bei der Suche nach dem besten Partner, auch wenn Sie sich nicht sicher sind, welcher zu Ihnen passt. Der folgende Abschnitt enthält weitere Informationen über die Auswahl des perfekten Welpen aus einem perfekten Wurf.

Ihren Welpen auswählen

Sie sind beim Züchter, im Tierheim oder im Begriff, sich mit einem Mitarbeiter einer Tierhilfeorganisation zu treffen. Sie werden wahrscheinlich auf mehrere Labrador Retriever treffen, egal ob Welpen oder erwachsene Hunde. Wie finden Sie nun heraus, welches der perfekte Labrador für Sie ist? Um Ihren speziellen Welpen auszuwählen, müssen Sie eine Kombination aus drei Faktoren berücksichtigen: Sie müssen erforschen, testen und sehen, ob die Chemie stimmt.

Die Erwartungen klar definieren

Der erste Schritt bei der Auswahl eines bestimmten Welpen ist eine klare Vorstellung von dem, was Sie wollen. Die Kapitel 1 und 2 können Ihnen dabei helfen, Ihre persönlichen Anforderungen an einen Welpen herauszufinden. Nun können Sie Ihren Labrador-Wunschzettel etwas genauer definieren. Wir helfen Ihnen dabei! Beantworten Sie die folgenden Fragen so vollständig wie möglich:

- ✔ Glauben Sie, dass Sie einen jungen Welpen, einen älteren Welpen, einen Junghund oder einen älteren Hund möchten?

- ✔ Welche positiven Verhaltensweisen sind für Sie bei Ihrem neuen Hund vorrangig?

- ✔ Welche negativen Verhaltensweisen möchten Sie unbedingt vermeiden?

- ✔ Beschreiben Sie das Verhältnis, das Sie zu Ihrem Hund haben möchten.

- ✔ Erläutern Sie, wie Sie Ihren Hund erziehen wollen. Werden Sie den Hund selbst erziehen? Werden Sie mit ihm in die Hundeschule gehen? Wollen Sie einen professionellen Trainer um Rat fragen? Oder vielleicht eine Kombination aus diesen Möglichkeiten in Betracht ziehen (eine Option, die wir empfehlen)? Ein Plan für die Hundeerziehung ist wichtig, bevor Sie den Hund in Ihr Haus holen. Sie sollten wissen, wie Sie Ihren Hund erziehen wollen, damit er weiß, wie er sich benehmen soll. (Wir geben Ihnen extra viel Platz, damit Sie diese wichtigste aller Fragen beantworten können.)

Schon mal über ein Kuscheltier nachgedacht?

Wenn Ihre einzige Anforderung an einen Hund darin besteht, dass er möglichst wenig Arbeit macht, dann schlagen wir unbedingt vor, dass Sie sich in einem Kaufhaus Ihrer Wahl die riesige Sammlung an Plüschhunden ansehen. Jeder echte Hund braucht und verdient eine gute Erziehung, Zeit und jede Menge Liebe.

Sehen Sie sich Ihre Antworten an. Sie wollen einen Welpen, der bereits stubenrein ist, nicht mehr im Spiel zubeißt, die Möbel nicht mehr anknabbert, auf Sie hört und macht, was Sie ihm sagen? Dann machen Sie sich darauf gefasst, Zeit in die Erziehung Ihres Welpen stecken zu müssen.

Sie wollen einen großartigen Familienhund. Was meinen Sie damit? Einen Hund, der auf der Couch liegt und mit Ihnen fernsieht, einen Hund, der jeden Morgen mit Ihnen joggt, oder einen Hund, der Sie auf Ihren Jagdausflügen begleitet?

Sie wollen einen leicht zu erziehenden Welpen? Suchen Sie einen Züchter, der ein Welpenfrüherziehungsprogramm (mehr dazu im nächsten Abschnitt) oder etwas Ähnliches durchführt. Sie wollen einen Jagd- oder Obedience-Champion? Dann suchen Sie einen Züchter, der bereits erfolgreich Hunde für diese Einsatzbereiche gezüchtet hat, aber achten Sie gleichzeitig darauf, dass dieser Züchter auch auf die erforderlichen Qualitäten für einen Familienhund achtet.

Haben Sie jetzt ein klareres, realistischeres Bild vor Augen als das, was Sie hatten, bevor Sie dieses Buch in die Hand genommen haben? Vielleicht sieht das Bild noch genauso aus. In jedem Fall ist es nur fair gegenüber sich selbst und dem Hund, die Erwartungen zu definieren und sie zu realisieren.

Den Welpen testen und auswählen

Hier sind sie nun – ein Knäuel süßer kleiner Labrador-Retriever-Welpen, die herumtollen und spielen oder in der Wurfkiste vor Ihnen schlafen (siehe Abbildung 4.2). Sie sind alle so niedlich! Sie sehen alle so gesund aus! Welchen sollen Sie nur auswählen?

Als Erstes sollten Sie den Züchter fragen, ob er mit den Welpen bereits irgendwelche Übungen macht. Wenn die Frage verneint wird, bitten Sie darum, die Welpen sehen zu dürfen, wenn sie relativ hungrig sind, damit Sie versuchen können, Joels Welpenfrüherziehungsprogramm auszuprobieren. Wenn der Züchter damit oder mit einem ähnlichen Programm bereits begonnen hat, bitten Sie ihn um eine kleine Demonstration.

Abbildung 4.2: Diese süßen Welpen strotzen vor Gesundheit.

Erste Übungen für Welpen

Joel hat ein Welpenfrüherziehungsprogramm entwickelt, das eine Alternative zu den Methoden bietet, die viele Züchter, Hundetrainer und -ausbilder derzeit anwenden, um die Persönlichkeit eines Welpen zu bestimmen. Wenn ein Züchter die Arbeit mit den Welpen beginnt, sobald sie in der Lage sind, feste Nahrung zu sich zu nehmen, werden sie gleich an diese sanfte Erziehungsmethode, die mit Belohnung arbeitet, gewöhnt. Doch auch wenn Ihr Welpe hiervon noch keine Ahnung hat, ist es noch nicht zu spät. Probieren Sie Joels Programm direkt beim Züchter aus und beobachten Sie, wie die Welpen reagieren. Vielleicht stellt sich heraus, dass einer der Welpen besonders auf Ihre Bemühungen reagiert, dann könnte dies der richtige für Sie sein.

Nehmen Sie eine kleine Hand voll Trockenfutter und legen Sie ein Stückchen in Ihre Hand. Führen Sie den Welpen an eine Stelle, an der er von seinen Geschwistern getrennt ist (aber nicht an eine unbekannte Stelle, sonst fühlt er sich unwohl und ist ängstlich). Stellen Sie sich vor ihn und heben Sie das Trockenfutterkügelchen langsam in einem Bogen nach oben, so dass das Hinterteil des Welpen automatisch auf dem Boden landet, wenn er dem Futter mit seiner Nase folgt. Hat dieser acht Wochen alte Welpe nicht gerade »Sitz« gemacht? Es sieht ganz so aus! Belohnen Sie ihn, indem Sie ihm das Futter geben.

Während der Welpe noch sitzt, nehmen Sie ein weiteres Stückchen Futter und führen Sie es langsam von ihm auf Nasenhöhe weg, bis er aufstehen muss, um es zu bekommen. Hat der Welpe nicht gerade »Auf« gemacht? Scheint so zu sein! Belohnen Sie ihn, indem Sie ihm das Futter geben.

Nachdem Sie die »Sitz/Auf«-Übung mehrmals wiederholt haben, nehmen Sie wiederum ein Stückchen Futter und führen es langsam von der Nase des Welpen weg auf den Boden. Wenn der Welpe dem Futter folgt, wird er »Platz« machen. Braver Hund! Das ist sicherlich genug für eine erste Übungsstunde. Wenn Sie Ihren Hund endlich zu Hause haben, können Sie anfangen, »Sitz« zu sagen, bevor Sie den Welpen mit dem Futter in die gewünschte Position locken. Nachdem er sitzt, sagen Sie »Ja« oder »Brav« und bieten ihm die Belohnung an. Ihr Welpe wird lernen, sich auf eine freundliche Bitte und ein Zeichen hin zu setzen. Dies gilt gleichermaßen für »Auf« und »Platz«.

Versuchen Sie diese Methode bei verschiedenen Welpen und jeder wird verschieden reagieren. Manche ignorieren Sie unter Umständen. Der Test funktioniert mitunter nicht, wenn der Welpe nicht hungrig ist. Letztendlich ist er ja auch noch ein Baby und braucht etwas Zeit, um sich daran zu gewöhnen, was Sie von ihm wollen. Manche Welpen bleiben vielleicht eine oder zwei Minuten bei der Sache, verlieren dann das Interesse und gehen zurück zu ihren Geschwistern, um mit ihnen herumzutollen. Doch dann gibt es einen Welpen, der Ihnen in die Augen schaut und genau das tut, was Sie wollen. Aha! Kann es sein, dass Sie gerade Ihren perfekten Welpen gefunden haben?

Achtung bei Spontankäufen

Jeder hat große Erwartungen an ein neues Haustier, aber allzu oft verwandeln sich diese Erwartungen in Enttäuschung. Doch warum? Weil es nicht einfach ist, einen neuen Hund in die Familie zu bringen. Es ist Arbeit. Jeder, der mit einem neugeborenen Baby aus dem Krankenhaus nach Hause kam, weiß, dass Babys nicht frisch gefüttert, gewickelt und gebadet ausgeliefert werden. Eigentlich können Neugeborene überhaupt noch nicht sehr viel. Erwarten Sie also auch nicht zu viel von Ihrem jungen Welpen. Selbst wenn Sie einen älteren Hund kaufen, der bereits die Grundlagen der Hundeerziehung beherrscht, kann es durchaus sein, dass er sich Dinge angewöhnt hat, die Sie so nicht akzeptieren wollen oder können.

Bevor Sie sich einen Labrador Retriever oder einen anderen Hund ins Haus holen, machen Sie sich klar, was diese Entscheidung bedeutet. Sie müssen bereit sein, sich ernsthaft zu verpflichten, für den Hund zu sorgen, ihn zu erziehen und eine Beziehung zu ihm aufzubauen. Ansonsten werden Sie einen Hund haben, der mehr Probleme als Freude macht, und der arme Hund wird wahrscheinlich entweder zu lebenslanger Einsamkeit im Garten oder zum Leben im Tierheim verdammt sein.

Kaufen Sie sich also nicht aus einer Laune heraus einen Labrador! Labradore sind groß, energiegeladen und manchmal recht ungestüm (vor allem als Welpen) und sie können nicht für sich selbst sorgen. Sie brauchen Sie. Also legen Sie sich nur einen Hund zu, wenn Sie gewillt sind, gebraucht zu werden.

Der Persönlichkeitstest

Joels Welpenfrüherziehungsprogramm bei verschiedenen Welpen auszuprobieren, ist eine gute Idee, um sich einen Eindruck von dem Persönlichkeitspotenzial eines Welpen zu verschaffen. Ein Welpe, der nicht gleich beim ersten Mal versteht, was Sie von ihm wollen, kann trotzdem außergewöhnlich intelligent sein, aber zu dem Zeitpunkt gerade abgelenkt. Der Hund, der besonderes bemüht ist, es richtig zu machen, und versteht, was Sie von ihm wollen, kann genau die Persönlichkeit haben, die Sie wollen.

Wenn Sie mit Joels Programm die Persönlichkeit eines Welpen testen, dann denken Sie an Ihre Liste mit den Erwartungen und beurteilen Sie anhand dieser die Aktionen und Reaktionen des Welpen. Macht er den Eindruck, als könnte er ein guter Jäger werden? Ist er besonders interessiert daran, Tricks zu lernen? Ist er ein bisschen weniger aktiv? Betrachten Sie insbesondere die folgenden Eigenschaften eines Welpen:

- ✔ Aktiv
- ✔ Schüchtern oder forsch
- ✔ Interessiert an meiner Person
- ✔ Interessiert am Training
- ✔ Appetit (hängt von der letzten Mahlzeit ab)
- ✔ Spielerisches Beißen (normales Verhalten bei den meisten Welpen)
- ✔ Leicht ablenkbar (bei manchen Welpen mehr, bei anderen weniger)
- ✔ Allgemeiner Gesundheitszustand

Falls es Ihnen hilft, machen Sie sich Notizen: »Der Schwarze ist nicht lange genug sitzen geblieben, um festzustellen, ob ich Futter in meiner Hand habe. Der Gelbe hat die ganze Zeit geschlafen. Der Schokofarbene liebt mich!« Nun haben Sie eine gewisse Vorstellung davon, mit wem Sie es zu tun haben.

Der Gesunder-Welpe-Test

Sie wollen herausfinden – zumindest soweit Sie es beurteilen können –, wie gesund die Welpen sind, von denen Sie sich einen aussuchen wollen. Sie sind wahrscheinlich kein Tierarzt, also müssen Sie Ihren Welpen schnellstmöglich zu einem Tierarzt bringen. Es gibt jedoch ein paar Dinge, an denen Sie deutlich erkennen können, ob das Tier krank oder gesund ist. Nehmen Sie die folgende Checkliste einfach mit.

- ✔ **Sehen Sie dem Welpen in die Augen.** Sind sie klar, strahlend und sauber oder tränen sie, sind sie gerötet und verklebt?
- ✔ **Sehen Sie dem Welpen in die Ohren.** Sind sie außen und innen sauber, haben sie keine Zecken oder kahle Stellen?

- **Sehen Sie dem Welpen ins Maul.** Sind sein Zahnfleisch und seine Zähne sauber, stimmt die Farbe, gibt es weder Entzündungen noch Beläge oder Futterreste? Sehen Sie sich auch den Gaumen an – ist er sauber und ohne Entzündungen? Ist die Zunge sauber? Riecht der Atem nach süßer Milch oder eher faulig?
- **Sehen Sie sich das Fell des Welpen an.** Ist es verfilzt, verschmutzt und verklebt, insbesondere rund um den After? Oder ist es weich und sauber? Hat es kahle Stellen? (Möglicher Hinweis auf eine Hautinfektion) Hat der Welpe Zecken oder Flöhe? (Kleine schwarze Punkte und/oder rote Erhebungen sind Anzeichen von Flöhen. Zecken sind leichter zu sehen, allerdings können sie sowohl so klein wie ein Stecknadelkopf als auch so groß wie eine Murmel sein.) Riecht das Fell schlecht?
- **Sehen Sie sich die Pfoten des Welpen an.** Sind sie sauber und sind die Krallen geschnitten? Hängt nichts zwischen den Ballen? Sind die Ballen sauber und glatt oder spröde? Läuft der Welpe normal oder hinkt er?
- **Sehen Sie sich den Welpen insgesamt an.** Ist er lebhaft, neugierig, interessiert an Ihnen und frisst er gut? Oder ist er eher lethargisch, will nicht fressen, hat Probleme beim Stuhlgang oder bemerkt er Sie nicht, selbst wenn Sie seine Aufmerksamkeit auf sich lenken wollen?

Wenn der Welpe, in den Sie sich gerade verlieben, sauber ist, angenehm riecht, kein Ungeziefer und keine Anzeichen von Hauterkrankungen hat, wenn er lebhaft, neugierig, hungrig und fasziniert von Ihrer Gegenwart ist, dann haben Sie Ihren Welpen gefunden!

Gute Züchter bringen den gesamten Wurf zum Tierarzt, damit er alle gründlich untersucht, bevor Sie Ihren Welpen mitnehmen.

Die Chemie muss stimmen

Auch wenn wir Ihnen raten, Ihren Welpen sehr sorgfältig auszuwählen, indem Sie eine ganze Reihe von Dingen hinsichtlich des Züchters in Betracht ziehen, so wollen wir aber auf gar keinen Fall abstreiten, dass auch die Chemie zwischen Ihnen und dem Welpen stimmen muss. Manchmal passt's einfach gut zusammen. Und auch die anderen Faktoren sind ideal. Aber wenn Sie sich einen Wurf gesunder, aktiver und lebendiger Welpen ansehen, die alle brav Ihre Übungen mitgemacht haben und Sie anhimmeln, dann ist die Chemie das letzte Kriterium, das Ihnen bei der Entscheidung helfen kann.

Welcher Hund zieht Ihre Aufmerksamkeit immer wieder auf sich? Welcher Hund scheint von Ihnen besonders fasziniert zu sein? Welcher sieht Ihnen direkt in die Augen, als ob er sagen wollte: »Ich kenne dich. Du bist der, auf den ich schon gewartet habe!« Das ist der Moment, in dem Sie merken, dass es Liebe auf den ersten Blick ist. Lassen Sie dies nicht zu, bevor Sie ganz objektiv einige Welpen, die aus anderen Gründen keine so gute Wahl gewesen wären, ausgeschlossen haben. Wenn es Sie jedoch zum richtigen Zeitpunkt trifft, dann verlieben Sie sich in Ihren Welpen. Genau darum geht es nämlich, wenn man einen Hund hat. Das ist der Spaß, die Belohnung, das angenehme positive Gefühl!

»Er hat mich doch ausgesucht!«

Auf bestimmte Fallen bei der Welpenauswahl nicht hereinzufallen, ist genauso wichtig, wie daran zu denken, alles richtig zu machen. Es ist einer der größten Fehler, den angehende Hundebesitzer machen, wenn sie dem Hund die Auswahl überlassen. Ob aktiv oder passiv, Welpen können Ihre Entscheidung beeinflussen. Ist dieser süße, gelbe Labrador nicht direkt auf Sie zugelaufen, als Sie das Zimmer betreten haben? Und auch wenn seine Augen ein bisschen getränt haben, wollte er sich nicht einfach nur in Ihre Arme kuscheln und schlafen? Wenn Sie glauben, dass ein Hund Sie darum bittet, ihn zu retten, oder dass er Sie gewählt hat, auch wenn andere Anzeichen darauf hindeuten, dass er vielleicht nicht gesund oder verantwortungsvoll gezüchtet wurde, dann wird dies Ihnen das Herz brechen. Seien Sie realistisch, wenn Sie einen Hund auswählen.

»Aber mein Freund hat gesagt, ich sollte niemals ...«

Die Welt ist voll von Leuten, die glauben, alles zu wissen, und die glücklich sind, wenn sie ihre Allwissenheit bei Ihnen abladen können. Sicherlich bekommen Sie manchmal einen guten Ratschlag, aber dann wiederum wiederholen Sie nur, was sie von anderen schlauen Ratgebern gehört haben. Lassen Sie sich von niemandem außer den Mitgliedern Ihrer Familie und dem Züchter (oder einem Hundetrainer, dem Sie vertrauen) beeinflussen, vor allem dann nicht, wenn Sie eine der folgenden Aussagen hören:

- ✔ **Märchen:** Große Hunde machen nichts als Ärger.

  Wahrheit: Ein großer, gut erzogener Hund ist ein Vergnügen!

- ✔ **Märchen:** Reinrassige Hunde haben meistens größere Gesundheitsprobleme.

  Wahrheit: Wenn ein Hund verantwortungsvoll gezüchtet wurde und die Gesundheit dabei im Vordergrund stand, stehen die Chancen gut, dass Ihr Hund vor Gesundheit strotzen wird.

- ✔ **Märchen:** Ein älterer Hund wird niemals ein enge Beziehung mit Ihnen eingehen, weil er die bereits mit seinem Vorbesitzer eingegangen ist.

  Wahrheit: Lächerlich! Ältere Hunde sind hervorragende Begleiter, die endlos dankbar dafür sind, dass man sie liebt. Labradore sind da besonders anpassungsfähig.

- ✔ **Märchen:** Im Endeffekt werden Sie den Welpen wieder zurückgeben, weil er zu viel Arbeit macht.

  Wahrheit: Natürlich machen Welpen viel Arbeit, aber ein überzeugter und liebevoller Hundebesitzer hat schnell den Bogen raus, wie er seinen Welpen erzieht.

- **Märchen:** Jetzt sind Sie Ihr Leben lang angebunden!

  Wahrheit: Wenn man einen Hund hat, muss man natürlich planen, wenn man in Urlaub fahren will oder längere Zeit abwesend ist, aber es bedeutet nicht, dass Sie nie mehr das Haus verlassen können. Nehmen Sie den Hund mit, engagieren Sie einen Hundesitter oder bringen Sie Ihren Hund in einer guten Pension unter. Lesen Sie Kapitel 13, in dem es um das Reisen mit dem Hund geht.

Mit anderen Worten: Jeder Hund ist anders und jede Familie ist anders. Niemand kennt Sie so, wie Sie sich selbst, und niemand kennt Ihren Hund so gut wie der Züchter. Arbeiten Sie zusammen und Sie sind das perfekte Team. Sie brauchen keinen Rat von außen (auch wenn wir uns freuen, dass Sie dieses Buch lesen)!

Schluss mit den Märchen über Labrador Retriever

Wir haben hier ein paar Aussagen zusammengestellt, die Ihnen vielleicht zu Ohren kommen, wenn Sie sich mit dem Gedanken tragen, einen Labrador anzuschaffen. Bitte ignorieren Sie sie alle!

- Gelbe Labradore sind dümmer. (Niemals)
- Schwarze Labradore sind aggressiver. (Falsch)
- Schokofarbene Labradore sind intelligenter. (Stimmt nicht)
- Gelbe Labradore sind aktiver. (Nicht wirklich)
- Schwarze Labradore werden häufiger krank. (Blödsinn)
- Schokofarbene Labradore hören schlechter. (Gar nicht wahr)

Alle drei Fellfarben können in einem Wurf vorkommen und es gibt keine Untersuchung, die belegt, dass man Unterschiede im Verhalten oder bei der Gesundheit an der Fellfarbe eines Labradors festmachen kann.

Gewissensbisse vermeiden

Planung und Vorbereitung sind die entscheidenden Faktoren, mit denen sich Gewissensbisse vermeiden lassen. Wenn Sie genau wissen, worauf Sie sich einlassen und wie viel Zeit, Mühe und Geld Sie investieren müssen, werden Sie auch keine unangenehmen Überraschungen erleben. Sie haben realistische Erwartungen und Sie sind in der Lage, eine liebevolle Umgebung für den neuen Freund zu schaffen.

Das heißt natürlich nicht, dass Sie nicht ab und zu frustriert sein werden. Welpen können eine Herausforderung sein und wenn Sie zum vierten Mal hintereinander mitten in der Nacht in Ihrem Vorgarten stehen, während Ihr Welpe durchs Gras tollt und keine Anstalten macht, in den nächsten paar Minuten sein Geschäft zu machen, dann werden Sie sich sicherlich fragen, was

Sie geritten hat. Aber erinnern Sie sich in diesem Moment einfach daran, dass Sie Ihrem Hund ein ausgezeichneter Freund sein wollen und entschlossen sind, aus Ihrem Labrador Retriever den besten Hund aller Zeiten zu machen. Und bevor Sie sich versehen, schläft Ihr Welpe nachts durch, ohne sein Geschäft machen zu müssen. Also warum genießen Sie es nicht, solange es anhält? Wie oft ergibt sich schon die Gelegenheit, morgens um 3 senkrecht zu sein?

Die Option mit der Adoption

Vielleicht schwirrt ein Gedanke in Ihrem Hinterkopf. Könnte es sein, dass Sie nicht ganz vergessen können, wie viele Hunde jedes Jahr ausgesetzt und eingeschläfert werden? Und könnte es sein, dass viele dieser Hunde eventuell Labrador Retriever oder Labradormischlinge sind? Es könnte sein.

Für viele Menschen ist der Kauf eines Hundes beim Züchter einfach nicht der richtige Weg, auch wenn man dort eher weiß, was man bekommt. Vielleicht wollen Sie Ihren Teil dazu beitragen, wenigstens einem von diesen Hunderttausenden von Hunden, die jährlich ausgesetzt werden, zu helfen. Ein paar wenige Glückliche erhalten eine zweite Chance, werden von Tierhilfeorganisationen gerettet und in ein gutes Zuhause vermittelt. Viele dieser haben sehr schlechte Vermittlungschancen. Könnte so ein Labrador nicht auch das perfekte Haustier für Sie sein?

Vielleicht wollen Sie unbedingt einen Welpen haben, aber vergessen Sie nicht, dass ein älterer Labrador der ideale Hund für Sie sein kann. Ältere Labradore machen in der Regel sehr viel weniger Arbeit als Welpen und sind meistens schon gut erzogen. Ein älterer Labrador lebt natürlich nicht mehr so lange wie ein Welpe, aber die Jahre, die noch vor Ihnen liegen, können für Sie beide voller Freude sein. Ziehen Sie also ruhig die Möglichkeit in Betracht, einen älteren Labrador zu sich zu nehmen, der sein Zuhause verloren hat.

Einen Hund von einer Tierhilfeorganisation anzunehmen, könnte die beste Entscheidung sein, die Sie jemals in Sachen Hunde getroffen haben. Es könnte aber auch sein, dass es als Katastrophe endet. Alles hängt davon ab, wie gut Sie alles vorbereiten (und ein bisschen Glück gehört auch dazu). Viele wunderbare, freundliche, gut erzogene und treue Hunde werden an Tierhilfeorganisationen abgegeben, aus Gründen, die nichts mit dem Hund zu tun haben. Dies kann eine Scheidung oder ein berufsbedingter Umzug in eine Umgebung sein, in der Hunde nicht erlaubt sind. Eine Familie kann todunglücklich sein, dass sie ihren geliebten Hund abgeben muss, und hofft inständig, dass die Organisation für ihn einen Platz in einer neuen Familie findet, wo er genauso geliebt wird.

Andere Hunde wiederum werden im Tierheim abgegeben, weil sie Verhaltensstörungen oder Gesundheitsprobleme haben oder weil ihre Besitzer weder Zeit noch das notwendige Geld aufbringen wollen, um für ein Tier zu sorgen, das sie sich niemals hätten anschaffen sollen. Diese Leute sind meistens gegenüber den Hilfsorganisationen nicht aufrichtig, was ihren Hund angeht, und die Mitarbeiter dieser Organisationen versuchen dann ihr Bestes, um das Wesen und die Gesundheit des Tieres einzuschätzen. Doch die Auswirkungen von Misshandlung oder Vernachlässigung sind nicht immer sofort zu erkennen. Aber selbst aus diesen Hunden können über kurz oder lang wunderbare Begleiter werden. Wenn Sie bereit sind, etwas Zeit, Energie und Liebe in solch einen Hund zu investieren, werden Sie dies mit Zins und Zinseszins zurückbekommen, denn er wird Ihnen seine Dankbarkeit sicherlich täglich zeigen.

Viele dieser Hunde sind bereits erwachsen oder schon älter. Sie können eine gute Alternative für jemanden sein, der keine Lust auf Sauberkeitstraining und die ganzen anderen Mühen rund um die Aufzucht von Welpen hat. Wenn Sie geduldig, liebevoll, verständnisvoll, sanft und konsequent sind, könnte ein Labrador Retriever aus einem Heim der perfekte Hund für Sie sein.

Bevor Sie einen Labrador aus einem Tierheim zu sich nehmen, verbringen Sie einige Zeit mit ihm, um ihn kennen zu lernen. Sprechen Sie mit den Mitarbeitern der Organisation, um herauszufinden, ob Sie und Ihr möglicher neuer Hund auch gut zusammenpassen. Wenn der Hund schwerwiegende Probleme zu haben scheint, dann ziehen Sie einen guten Tiertherapeuten zu Rate. Seien Sie hartnäckig. Eine sofortige Zuneigung kann ein gutes Zeichen für die Lösung von Problemen sein. Viele Problemhunde haben sich rasch zu perfekten Hunden entwickelt, sobald sie den richtigen menschlichen Partner gefunden haben.

Sehen Sie sich auch Labradormischlinge an

Weil Labrador Retriever sehr beliebte Hunde sind, weil viele Hundebesitzer ihre Hunde nicht unter Kontrolle haben und weil viele ihre Hunde nicht kastrieren lassen, gibt es viele Labradormischlinge. Am häufigsten sind Labrador/Schäferhund-Mischlinge, Labrador/Rottweiler-Mischlinge, Labrador/Jagdhund-Mischlinge und Labrador/Dogge-Mischlinge (wir haben auch schon einen Labrador/Dackel-Mischling gesehen – ein ausgewachsener Labrador auf kurzen Beinen), ganz zu schweigen von den Mischlingen zwischen Labrador und anderen Retrievern. Leider sind die meisten Labradormischlinge ungewollte »Unfälle« und landen oft im Tierheim. Dabei können diese Mischlinge wunderbare, intelligente, ja nahezu perfekte Hunde sein, die nichts für die Nachlässigkeit der Besitzer ihrer Eltern können. Wenn Sie sich überlegen, einen Labrador aus einem Heim zu holen, sollten Sie sich auch die Mischlinge ansehen. Vielleicht passt einer perfekt zu Ihnen.

Labrador Retriever und Tierhilfeorganisationen

Tierhilfeorganisationen werden von Menschen geleitet, die Hunde lieben und sich verpflichtet fühlen, ein geeignetes Heim für Hunde zu finden, die verlassen wurden. Doch diese Arbeit kann sehr anstrengend sein. Täglich gehen viele Schreiben und Anrufe von Menschen ein, die ihre Hunde abgeben müssen. Auch wenn es viele gibt, die ihr Leben der Rettung von Hunden verschrieben haben und dies bereits seit Jahren ehrenamtlich tun, so starten viele dieser Helfer mit jeder Menge guter Absichten, geben dann aber angesichts der vielen Arbeit wieder auf. Aus diesem Grund enthält dieses Buch auch keine Liste dieser Organisationen, weil sie viel zu schnell veralten würde.

Wenn Sie eine gute Hilfsorganisation in Ihrer Nähe suchen, wenden Sie sich doch an Retriever in Not e.V. (die Kontaktadresse finden Sie im Anhang). Oder machen Sie sich im Internet auf die Suche und geben Sie Stichwörter wie `Retriever in Not` ein. Sie werden erstaunt sein, was Sie da alles finden.

Fragen Sie auch bei Tierärzten, Hundeschulen, Tierheimen oder Tiergeschäften (solche, die keine Tiere verkaufen) nach. Auch der Züchter vor Ort könnte eine gute Adresse sein.

Tierheime

Eine andere Möglichkeit ist, einen Labrador oder einen Labradormischling in einem Tierheim zu suchen. Die Qualität von Tierheimen ist nicht immer gleich, aber sie werden meistens aus Mitgliedsbeiträgen und Spenden finanziert und gehören dem Tierschutzverein an. Tierheime haben genaue Vorschriften, an wen sie ihre Tiere abgeben. Sie wollen schließlich nicht, dass die Tiere gleich wieder im Heim landen. Manche verlangen eine Bescheinigung des Vermieters, dass Hundehaltung im Haus erlaubt ist. Andere wollen ein Gespräch mit Ihnen führen und verlangen eine Selbstauskunft. Auf jeden Fall müssen Sie sich schriftlich verpflichten, den Hund artgerecht zu halten und damit rechnen, dass das Tierheim Sie und Ihren Hund besuchen kommt.

Wenn Sie einen Hund aus einem Tierheim adoptieren, so birgt dies in etwa dieselben Risiken wie bei einer Tierhilfeorganisation. Auch wenn sich die Mitarbeiter im Tierheim alle Mühe geben, das Wesen der verschiedenen Hunde einzuschätzen, so sind sie doch oft überarbeitet und überlastet und haben mehr Tiere zu versorgen, als sie beobachten können. Mit etwas Zeit, Mühe und auch Geld (dazu gehört auch ein guter Hundetrainer und eine Hundeschule) können jedoch viele Hunde aus Tierheimen, selbst solche mit einer kritischen Vergangenheit, wieder erfolgreich in liebevolle Familienhunde verwandelt werden.

Labrador Retriever von Freunden oder Nachbarn

Vielleicht ist Ihr Nachbar ein Züchter. Und vielleicht haben Sie Glück und er ist ein guter Züchter. Aber viele (natürlich nicht alle) züchten Hunde, ohne dabei bestimmte Ziele wie Gesundheit oder Wesensmerkmale im Hinterkopf zu haben. Hunde von solchen Züchtern haben häufig eher erblich bedingte Krankheiten oder Verhaltensprobleme, und auch wenn sie vielleicht billiger sind, so können sie im Endeffekt ganz schön teuer kommen. Sie werden vielleicht einwerfen, dass Ihre Freunde ganz nette Menschen sind. Natürlich. Trinken Sie ruhig weiterhin jeden Mittwochnachmittag Kaffee mit ihnen. Plaudern Sie mit ihnen über den Zaun hinweg, tauschen Sie Rezepte aus oder leihen Sie sich die Heckenschere. Aber Ihren Hund sollten Sie aus einer zuverlässigeren Quelle kaufen.

Wenn nun der Labrador Ihrer Nachbarin einen ungewollten Wurf kleiner Welpen hat, dann werden Sie versucht sein, sich eines dieser Babys anzunehmen, damit sie nicht eingeschläfert werden. Sie nehmen allerdings ein Risiko auf sich, wenn Sie die Gesundheit, das Wesen oder das Aussehen oder die Rasse des Vaters nicht kennen. Wenn Sie diesen Hund von klein auf gut erziehen, es Ihnen egal ist, wie er aussehen oder wie groß er werden wird, können Sie einen perfekten Hund bekommen. Außerdem können Sie Ihr Gewissen beruhigen, dass Sie einen Labrador oder einen Labradormischling vor dem Tod bewahrt haben. Allerdings sollten Sie sich auf Überraschungen gefasst machen, vor allem was unerwartete gesundheitliche Probleme angeht.

Labrador Retriever aus der Zeitung

Viele Züchter inserieren im Anzeigenteil von Zeitungen und Zeitschriften, so dass Sie auf diese Weise einen Züchter in Ihrer Gegend finden können; die seriösen VDH-Züchter haben das aber nicht nötig. Die Annonce bedeutet nicht, dass der Züchter gut und seriös ist. Rufen Sie ruhig die angegebene Telefonnummer an und stellen Sie dem Züchter bereits am Telefon einige der Fragen, die Sie ihn auch in einem persönlichen Gespräch fragen würden (mehr dazu weiter vorn in diesem Kapitel im Abschnitt *Fragen an den Züchter*). Wenn er Ihnen nicht die richtigen Antworten geben kann, dann sparen Sie sich einen Besuch bei ihm. Auch der Züchter sollte sich am Telefon nach Ihnen erkundigen. Tut er es nicht, scheint er nicht daran interessiert zu sein, wohin seine Welpen kommen.

Die Zeitung ist auch eine Möglichkeit, einen Hund zu finden, dessen Besitzer ihn nicht mehr behalten kann. Vielleicht ist der Hund ein wundervolles Tier und der Besitzer möchte es nicht in ein Tierheim bringen. Andererseits kann der Hund aber auch große Probleme haben und der alte Besitzer hat nicht die Absicht, Ihnen zu erzählen, dass sein 45 Kilo schwerer Labrador Skippy ein neues Zuhause braucht, weil er jeden Garten in der Nachbarschaft unsicher macht. Der Zusatz »kostenlos in gute Hände abzugeben« kann sehr kostspielig werden. Verbringen Sie genügend Zeit mit dem Hund und seinem Besitzer, um ein Gefühl für den wirklichen Abgabegrund zu bekommen, und treffen Sie erst dann Ihre Entscheidung.

Die Pflege Ihres Labrador Retrievers

5

In diesem Kapitel

- Die Anatomie des Labrador Retrievers
- Genetisch bedingte Probleme
- Das richtige Futter
- Körperpflege und Fitness

Nachdem Sie Ihren perfekten Welpen zu Hause haben, wollen Sie natürlich für seine Gesundheit sorgen. Es ist relativ einfach, einen Labrador Retriever gesund zu erhalten, vor allem wenn Sie einige vorbeugende Maßnahmen treffen. Gesundheitliche Probleme ebenso wie Verhaltensprobleme sind viel einfacher zu verhindern als zu beheben.

Labrador Retriever sind eine besonders gesunde und robuste Rasse mit nur wenigen genetisch bedingten Abnormalitäten (auch wenn sich gelegentlich in jeder Rasse genetische Probleme häufen können). Sie sind der Prototyp des mittelgroßen Hundes und werden in Büchern, Zeitschriften und anderen Veröffentlichungen häufig abgebildet, wenn es darum geht, einen typischen Hund darzustellen. Selbstverständlich ist Ihr Labrador alles andere als »der typische Hund« – er ist etwas Besonderes. Deshalb wollen Sie ja auch mehr über ihn erfahren.

Es ist wichtig, einen Züchter zu finden, für den die Gesundheit der Rasse das oberste Gebot beim Züchten ist. Woran erkennen Sie, ob ein Züchter aus einer gesunden Linie züchtet? Fragen Sie den Tierarzt. Wenn der Tierarzt bestätigt, dass der Züchter in der Regel gesunde Welpen hat, die nur zu Vorsorgeuntersuchungen (also zum Impfen und Entwurmen) zum Tierarzt müssen, dann haben Sie ein besseres Gefühl, was die Aussichten auf eine robuste Gesundheit Ihres Welpen angeht. In Kapitel 4 finden Sie Informationen zur Wahl des richtigen Züchters.

Labrador Retriever auf einen Blick

Wenn Sie sich Ihren Labrador ansehen, was sehen Sie dann? Sie sehen diese treuen Augen und den verspielten Ausdruck, aber woran erkennen Sie, ob er gesund ist? Kennen Sie sich mit der Anatomie des Hundes aus? Und wissen Sie, wie sich die Gene Ihres Hundes auf seine Gesundheit auswirken können? Sie können sich besser um die Gesunderhaltung Ihres Hundes kümmern, wenn Sie wissen, womit Sie rechnen müssen, wie ein Normalzustand aussieht oder sich anfühlt und welche Anzeichen auf mögliche Probleme hinweisen können.

Jeden Tag, wenn Sie Ihren Hund bürsten, sollten Sie mit Ihren Händen über sein Fell streichen. Machen Sie sich damit vertraut, wie sich Ihr Labrador anfühlt. Wenn Sie wissen, wie der

Normalzustand ist, dann erkennen Sie auch Veränderungen, beispielsweise Knoten, Schwellungen, trockene Hautstellen, Haarausfall, Gewichtsverlust, Gewichtszunahme oder Wunden. Je eher Sie Ihren Tierarzt auf solche Dinge aufmerksam machen können, umso besser können Probleme gelöst werden.

Die Anatomie des Labrador Retrievers

Wenn Sie Ihren Hund allmählich immer besser kennen lernen, werden Sie bald an den Punkt kommen, an dem Sie wissen wollen, wie die Körperteile des Hundes benannt werden. Es ist ganz nützlich, ein bisschen über die Anatomie des Hundes zu wissen, weil man dann auch gegenüber dem Tierarzt mit fachsprachlichen Ausdrücken glänzen kann und den Arzt (vielleicht) auch versteht.

Wissen Sie, was der Fang ist? Kennen Sie den Unterschied zwischen Kruppe und Widerrist? Sehen Sie sich Abbildung 5.1 an, in der die Körperteile des Labrador Retrievers benannt sind.

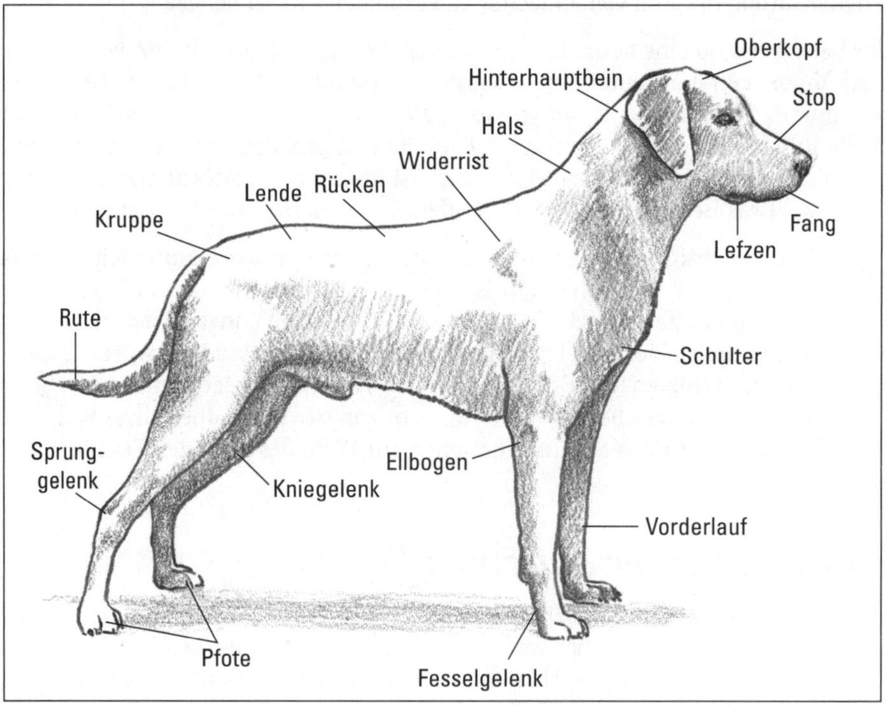

Abbildung 5.1: Die Anatomie des Labrador Retrievers

- ✔ Der *Oberkopf* macht etwa 50 Prozent des Hundekopfes aus.
- ✔ Das *Hinterhauptbein* ist die Schädelbasis.
- ✔ Der *Hals* ist der Bereich zwischen Kopf und Schultern.
- ✔ Der *Widerrist* ist der höchste Punkt der Schulterblätter.
- ✔ Der *Rücken* ist die lange gerade Fläche zwischen den Schulterblättern und den Hüften.
- ✔ Die *Lende* ist der Bereich zwischen dem Rücken und dem unteren Rippenbogen sowie der Kruppe.
- ✔ Die *Kruppe* ist der Körperteil oberhalb der Hinterläufe, der sich von den Lenden bis zum Schwanzansatz und dem Hinterteil erstreckt.
- ✔ Als *Rute* wird der Schwanz eines Hundes bezeichnet.
- ✔ Das *Sprunggelenk* ist das untere Gelenk des Hinterlaufs zwischen Unterschenkel und Fesselgelenk.
- ✔ Das *Kniegelenk* sitzt zwischen dem Ober- und Unterschenkel.
- ✔ Das *Ellbogengelenk* verbindet den unteren Vorderlauf mit dem oberen Vorderlauf.
- ✔ Die *Daumenkralle* ist eine verkümmerte Kralle am Fesselgelenk des Vorderlaufs.
- ✔ Das *Fesselgelenk* befindet sich oberhalb der Vorderpfote.
- ✔ Der *Vorderlauf* ist der Bereich zwischen Ellbogen und Fesselgelenk.
- ✔ Die *Schulter* umfasst das Schulterblatt und die dazugehörigen Muskeln.
- ✔ Als *Fang* wird der Vorderkopf oder der vordere Bereich des Unter- und Oberkiefers sowie der Nasenbereich bezeichnet.
- ✔ Der *Stop* ist die Trennlinie zwischen dem Fang und dem Oberkopf. Sie markiert eine Änderung der Profillinie.
- ✔ Die *Lefzen* sind sozusagen die Lippen des Hundes.

Größe ist nicht ausschlaggebend

Labrador Retriever gibt es in allen Größen, manche sind sehr klein (etwa 18 Kilo) andere sehr groß (über 50 Kilo). Obwohl der Rassestandard (der Standard, der zur Beurteilung von reinrassigen Zuchthunden gilt) als ideale Schulterhöhe zwischen 54 und 57 cm angibt, heißt das nicht, dass Ihr Labrador diesem Standard entsprechen muss. Die meisten Züchter stimmen wohl darin überein, dass die Form der Funktion folgt, und da Labrador Retriever so viele unterschiedliche Aufgaben haben, ist es nur natürlich, dass es sie in vielen verschiedenen Größen gibt. Ein freundlicher, lebhafter und intelligenter Hund zu sein, ist bei einem Labrador weitaus wichtiger als seine Größe.

Die Gesundheit des Labrador Retrievers in Kürze

Da es so viele Labrador Retriever gibt, können sich die Züchter aus einem großen Genpool bedienen, was zu gesünderen Hunden führt. Gewissenhafte Züchter lassen ihre Hunde untersuchen und tun alles, um genetische Defekte auszuschließen. Doch weil Züchten nicht nur eine relativ neue Wissenschaft, ja sogar eine Kunst ist, ist es nicht möglich, alle möglichen genetischen Probleme vollständig zu eliminieren. Die Wissenschaft entwickelt immer bessere Tests zur Bestimmung genetischer Defekte, bevor sie überhaupt beim Hund sichtbar werden. Jedoch gibt es auf diesem Gebiet immer noch jede Menge zu tun.

Obwohl Labrador Retriever in der Regel gesunde Hunde sind, kommen gelegentlich genetische Defekte vor. Die folgenden genetisch bedingten Erkrankungen können bei einem Labrador Retriever auftreten:

- ✔ **Hüftgelenk-Dysplasie:** Dies ist die häufigste Gelenkerkrankung bei Labrador Retrievern (und vielen anderen großen Hunden). Auch wenn dies keine angeborene Erkrankung ist, so ist die Hüftgelenk-Dysplasie wahrscheinlich eine Kombination aus genetischer Disposition und Umweltfaktoren. Wenn Ihr Hund eine Hüftgelenk-Dysplasie entwickelt (was auf dem Röntgenbild sichtbar wird), muss er keine Symptome aufweisen. Manche Labrador Retriever brauchen überhaupt keine Behandlung, doch wenn bei Ihrem Hund Beschwerden auftreten, bestehen hervorragende Behandlungsmöglichkeiten (auch Operation).
- ✔ **Progressive Retina-Atrophie (PRA):** Diese degenerative Augenerkrankung führt letztendlich zur Erblindung des Hundes. Spezielle Tieraugenärzte können die Augen des Hundes untersuchen, falls Sie das Gefühl haben, dass der Hund Probleme mit dem Sehen hat. PRA ist ein genetisches Problem, das auf einem rezessiven Gen beruht. Wenn ein Welpe dieses Gen von einem Elternteil erbt, wird er dadurch zum Träger und sollte nicht mit einem anderen Labrador, der ebenfalls Träger dieses Gens ist, gekreuzt werden. Das für PRA verantwortliche Gen konnte beim Labrador bestimmt werden. Es wurde ein Bluttest entwickelt, mit dem festgestellt werden kann, ob ein Labrador erkrankt ist, das Gen in sich trägt oder PRA-frei ist. Wenn Sie Ihren Labrador bei einem Züchter gekauft haben, der seine Hunde mit dem Gentest untersuchen lässt, sollte Ihr Welpe keine PRA haben.
- ✔ **Epilepsie:** Wenn Ihr Labrador Epilepsie hat, bedeutet das, dass er Krampfanfälle bekommt. Epilepsie kann aufgrund von Umwelteinflüssen oder genetischen Faktoren auftreten und wird sich, falls es vererbt wurde, bereits relativ früh (meist mit ein bis zwei Jahren) zeigen. Krampfanfälle sind für Sie und Ihren Hund erschreckend. Das Wichtigste, was Sie für Ihren Hund während eines Anfalls tun können, ist zu verhindern, dass er sich verletzt. Sprechen Sie mit Ihrem Tierarzt, wie Sie am besten mit Krampfanfällen umgehen sollen. Abhängig von der Häufigkeit und Stärke der Anfälle wird er Ihnen auch Medikamente empfehlen.

Das Futter für den Labrador

Eine der häufigsten Fragen frischgebackener Hundebesitzer an ihre Tierärzte ist die Frage nach dem Hundefutter. Wenn Sie die Gänge in der Tierhandlung oder im Supermarkt entlanggehen, wird Sie dieses Thema noch mehr verwirren. Die Auswahl ist schier endlos und die Preisspanne erheblich. Ist ein einfaches, günstiges Futter gut genug? Sind so genannte Premium-Futter ihren Preis wert? Können Sie Ihrem Hund nicht einfach einen Knochen hinwerfen?

Heutzutage ist die Tierfutterbranche ein riesiger Industriezweig und es zahlt sich aus, zu wissen, welche Informationen wirklich wichtig sind und was reine Werbung ist. Auch wenn die Wissenschaft ständig Neuerungen herausbringt und die Presseerklärungen der verschiedenen großen Hundefutterhersteller schonungslos verwirrend sind, liefern wir Ihnen in diesem Abschnitt nur unsere bodenständige Ansicht zu diesem Thema.

Etiketten lesen

Der Name des Hundefutters, der Ruf der Herstellerfirma und die nett aufgemachte Verpackung beeinflussen häufig, welche Marke die Menschen kaufen. Sie sollten sich jedoch nur von einer Sache beeinflussen lassen, nämlich den Inhaltsstoffen. Egal wie hoch oder niedrig der Preis ist, wie niedlich oder clever die Fernsehwerbung und egal was die Freunde oder Nachbarn empfehlen, das Etikett mit den Inhaltsstoffen ist das Einzige, was zählt. Hier steht, wie gut das Hundefutter wirklich ist.

Worauf sollten Sie achten? Viele Hundefutter werden von Tierärzten und Ernährungswissenschaftlern empfohlen, aber eine Aussage über die Ausgewogenheit des Futters ist das noch lange nicht.

Hundefutter selber kochen

Sollten Sie Ihrem Hund das Fressen selbst zubereiten? Selbst gemachtes Futter eignet sich für solche Hunde, die das kommerzielle Futter nicht vertragen, weil sie Allergien haben oder auf bestimmte Inhaltsstoffe empfindlich reagieren. Allerdings muss selbst zubereitetes Hundefutter sehr sorgfältig zusammengestellt werden und Sie müssen genau wissen, was Sie tun. Sie brauchen hierfür sehr viel mehr Zeit für die Vorbereitung und wenn Ihrem Futter wichtige Vitamine, Mineralien oder andere Zusatzstoffe fehlen, wirkt sich das negativ auf die Gesundheit des Hundes aus. Ihr Hund kann beispielsweise von einer reinen Fleischkost ernsthaft krank werden. Falls Sie das Futter für Ihren Hund gerne selbst kochen würden, dann informieren Sie sich umfassend und sparen Sie nicht an den Zutaten.

Aber Sie wollen ja ein Futter, das ausgewogen ist. Sie wollen ein Futter, das gut ist und das Ihren Hund lange gesund erhält. Manche Unternehmen stecken viel Geld in die Forschung, um herauszufinden, wie sie das Futter so zubereiten können, dass die Hunde davon am meisten profitieren.

Sehen Sie sich die Zähne Ihres Hundes an. Fällt Ihnen ein Unterschied zu Ihren eigenen Zähnen auf? Dumme Frage! Hunde sind ja Fleischfresser. Sicherlich fressen sie auch Getreide und Gemüse. (In der Wildnis fressen sie ganze Tiere, also auch den Mageninhalt des Beutetieres und der enthält Getreide und Gemüse.) Hunde brauchen jedoch ein höherwertiges Protein als Menschen. Auch wenn dieses Protein in Getreide und Gemüse vorhanden ist, so kann es nicht so gut verdaut werden wie das im Fleisch enthaltene. Aus diesem Grund empfehlen wir, dass Sie ein Futter aussuchen, das mindestens zwei Sorten Fleisch unter den ersten fünf Inhaltsstoffen hat.

Viele Hundefutter führen bei den ersten fünf Inhaltsstoffen auch einige Getreidearten auf. Das ist vollkommen in Ordnung. Getreide ist eine Proteinquelle, obschon einige Hunde Allergien auf bestimmte Getreidearten entwickeln. (Probieren Sie Lamm mit Reis oder ein anderes antiallergisches Hundefutter, wenn Ihr Hund Probleme mit der Verdauung hat.) Achten Sie nur darauf, dass das Getreide nicht die einzige Proteinquelle ist. Getreide enthält sehr viele Kohlehydrate und Hunde können diese nicht so gut abbauen wie Menschen. Zu viel von manchen Getreidearten kann auch die Aufnahme bestimmter anderer wichtiger Nährstoffe behindern. Die Aufnahme von Eisen wird beispielsweise durch Futter mit einem hohen Anteil an Sojaproteinen verhindert.

Eine ganze Reihe von Vitaminen und Mineralstoffen gehört ebenfalls zu den Inhaltsstoffen. Achten Sie auch darauf, wie das Futter konserviert wird. Die meisten Futtermittel werden heutzutage mit Vitamin E und manchmal auch mit Vitamin C konserviert. Chemische Konservierungsstoffe können die Gesundheit des Hundes beeinträchtigen und sollten vermieden werden.

Nachdem Sie ein Futter gefunden haben, das diesen grundlegenden Anforderungen entspricht, liegt es an Ihnen. Es gibt jede Menge Futtersorten. Manche haben interessant klingende Inhaltsstoffe, viel Gemüse, Kräuter, verschiedene Öle und hochwertige pflanzliche Proteine. Andere sind eher schlicht. Solange das von Ihnen gewählte Futter den Anforderungen entspricht, die wir oben erwähnt haben, ist das für Ihren Hund in Ordnung.

Der letzte und wahrscheinlich wichtigste Punkt: Ihr Hund sollte das Futter, das Sie ihm geben, lecker finden! Wenn Ihr Hund das Futter, das Sie für ihn ausgewählt haben, gerne frisst (und die meisten Labradore fressen eigentlich alles gerne!), dann haben Sie das richtige Futter gefunden.

Verweigert Ihr Hund sein Futter, könnte er auch krank sein oder das Futter ist verdorben. Wenn es nach ranzigem Fett riecht, werfen Sie es weg. Prüfen Sie stets das Haltbarkeitsdatum des Futters und sehen Sie nach, ob Ungeziefer im Futter ist. Verfüttern Sie solches Futter nicht mehr. Um eine Verunreinigung zu vermeiden, sollten Sie das Futter luftdicht in einem Behälter aufbewahren und nicht mehr als einen Monatsvorrat im Voraus kaufen.

Auch wenn manche Leute raten, Hunden rohe Fleischknochen zu geben, so empfehlen wir dies nicht für Labrador Retriever. Labradore haben außergewöhnlich starke Kieferknochen und selbst große Knochen können leicht zersplittern. Knochensplitter können wiederum zu inneren Verletzungen führen. Verzichten Sie daher auf rohe Knochen für Ihren Labrador und bleiben Sie lieber bei strapazierfähigem Kauspielzeug.

Welpen füttern

Welpen fressen Welpenfutter, oder nicht? Es überrascht Sie vielleicht, dass wir Ihnen kein Welpenfutter für Ihren Labradorwelpen empfehlen. Welpenfutter eignet sich hervorragend für kleine Hunde, doch der hohe Protein- und Fettgehalt dieses Futters kann dazu führen, dass der Labrador zu schnell wächst. Mehrere Studien aus den frühen 90er-Jahren haben ergeben, dass größere Rassen (und dazu zählen auch Labrador Retriever), die als Welpen zu schnell wachsen, im Alter einem höheren Risiko bei Gelenkerkrankungen ausgesetzt sind.

Ein hochwertiges Futter für erwachsene Hunde ist jedoch für den Labradorwelpen durchaus geeignet. Einige Hersteller produzieren auch spezielles Welpenfutter für größere Rassen. Achten Sie darauf, dem Labrador genug, aber nicht zu viel zu füttern. Der Welpe sollte stetig wachsen, schlank und muskulös sein und jede Menge Energie haben. (Der Zustand Ihres Hundes ist ein besserer Indikator für die Futtermenge als die Richtwerte, die auf der Packung angegeben sind.)

Wie oft sollten Sie Ihren kleinen hungrigen Welpen füttern? Wir empfehlen, dem Hund nicht den ganzen Tag freien Zugang zum Fressnapf zu verschaffen. Labradore fressen für ihr Leben gern und selbst bei einer ausgewogenen Kost könnte Ihr Welpe übergewichtig werden. Füttern Sie Ihren Welpen lieber dreimal täglich während der ersten drei oder vier Monate. Danach können Sie auf den normalen Rhythmus von zwei Fütterungen pro Tag umstellen.

Sie sollten Ihren Labrador, auch wenn er erwachsen ist, nicht nur einmal am Tag füttern. Labradore fressen einfach gerne, also gönnen Sie ihnen die Freude zwei Mal am Tag. Sie sollten nur darauf achten, die Portionen auch entsprechend anzupassen, damit Ihr Labrador nicht zu dick wird. Untersuchungen haben ergeben, dass tiefbrüstige Hunde wie Labrador Retriever eher zu Magenerweiterungen oder Magendrehungen, einer sehr schmerzhaften und lebensbedrohlichen Erkrankung, neigen, wenn sie nur ein Mal pro Tag gefüttert werden. Wird der Hund nur einmal täglich gefüttert, frisst er schneller und hektischer, was zu einer Magenerweiterung führen kann.

Wie viel sollte Ihr Welpe fressen? Das hängt natürlich auch davon ab, wie aktiv er ist, ob er viel bei kaltem Wetter draußen ist und wie alt er ist. Die Angaben auf den Verpackungen müssen nicht auf Ihren Hund zutreffen. Suchen Sie sich als Messbecher eine Plastik- oder Metallschüssel, die etwa 250 ml fasst. Wir empfehlen, einem Welpen dreimal täglich einen Messbecher voll Trockenfutter zu geben. Nehmen Sie das Futter nach 15 Minuten weg. Wenn Ihr Hund die

Portion nicht schafft, reduzieren Sie die tägliche Ration um etwa ein Viertel. Wenn Ihr Welpe noch sehr hungrig zu sein scheint, erhöhen Sie die Tagesration um ein Viertel.

Nehmen Sie sich Zeit zum Ausprobieren. Überfüttern Sie Ihren Welpen nicht, aber lassen Sie ihn auch nicht hungern. Wenn Ihr Labrador lebhaft ist, gesund aussieht, glänzende Augen und ein glänzendes Fell hat und mit Appetit isst (also nicht so, als ob er kurz vor dem Verhungern wäre), dann stimmt die Menge. Sie können auch einmal im Monat den Rippentest machen. Wenn Sie die Rippen des Hundes sehen können, könnte er zu dünn sein. Wenn Sie die Rippen nicht fühlen können, wenn Sie mit der Hand über seinen Brustkorb fahren, könnte er zu dick sein. Wenn Sie die Rippen unter einer dünnen Schicht spüren können, ist Ihr Hund wahrscheinlich weder zu dick noch zu dünn.

Erwachsene Labrador Retriever füttern

Wenn Sie Ihren Welpen mit einem hochwertigen Futter für erwachsene Hunde gefüttert haben, brauchen Sie nicht auf ein anderes Futter umzustellen. Labrador Retriever wachsen in der Regel zwei Jahre lang, allerdings im zweiten Jahr nicht so stark wie im ersten. Wenn Ihr Welpe ein Jahr alt wird, können Sie seine Tagesration etwas verringern. Aber auch hier gilt, dass Sie das Verhalten Ihres Hundes beobachten und je nach Energiebedarf die Futtermenge anpassen sollten.

Ältere Labrador Retriever füttern

Nur weil Ihr Hund älter wird, heißt das nicht, dass er kränker und langsamer wird oder weniger Hunger hat. Früher war man der Ansicht, dass ältere Hunde (ab acht Jahren) automatisch auf eine Kost umgestellt werden sollten, die weniger Proteine enthält. Jetzt haben Ernährungswissenschaftler herausgefunden, dass ein älterer Hund genauso viele Proteine, wenn nicht mehr, wie ein jüngerer Hund braucht, es sei denn, er hat bereits ein Nierenproblem (die Nieren verarbeiten die Proteine).

Ältere Hunde verlieren in der Regel an Körpermasse (Muskelmasse), sie brauchen daher viele Proteine, um kräftig zu bleiben. Proteine können keine Nierenprobleme verursachen (es gibt Anzeichen dafür, dass zu viel Phosphor eher Probleme bereitet), auch wenn Proteine ein bestehendes Nierenproblem noch verschlimmern.

Wenn Ihr älterer Hund nicht mehr so aktiv ist, braucht er auch weniger Kalorien als zuvor. Verringern Sie einfach die täglichen Rationen ein wenig. Falls die Inaktivität Ihres Hundes jedoch auf gesundheitlichen Problemen beruht (etwa einer Hüftgelenk-Dysplasie), dann müssen Sie zu einem Futter mit einer anderen Zusammensetzung wechseln, das mehr Nährstoffe in jedem Bissen enthält. Ältere Hunde sind unter Umständen nicht mehr so hungrig, auch deshalb kann ein Futter mit höherem Nährwert wichtig sein. Wenn der Appetit Ihres Hundes sich verändert oder Sie das Gefühl haben, dass eine Änderung angebracht ist, fragen Sie Ihren Tierarzt um Rat.

Nahrungsergänzungsmittel für Labradore

Sollten Sie Ihrem Hund Vitamin- oder Mineralpräparate geben? Die meisten Tierernährungswissenschaftler verneinen diese Frage, solange Sie Ihrem Hund ein ausgewogenes Futter servieren. Ein Zuviel an Nahrungsergänzungen kann die Gesundheit des Hundes (und vor allem des Welpen) beeinträchtigen, weil es die Ausgewogenheit der Nährstoffe durcheinander bringt. Wenn Ihr Tierarzt Ihnen keine Nahrungsergänzungsmittel empfiehlt, um ein bestimmtes Gesundheitsproblem zu beheben, sollten Sie bei Ihrem regulären Futter bleiben.

Wenn Sie jedoch Ihren Labrador gesund und fit erhalten, ist es durchaus möglich, dass er bis ins hohe Alter nicht an Aktivität nachlässt. Bleibt Ihr Hund aktiv und behält auch seinen Appetit bei, gibt es keinen Grund, warum Sie seine Kost ändern sollten.

Mischen Sie ein paar Mal in der Woche etwa 50 Gramm Naturjoghurt (mit aktiven Kulturen) ins Futter. Joghurt baut die Darmflora auf und verbessert die Verdauung. Verwenden Sie aber auf keinen Fall gesüßten Joghurt. Ihnen schmeckt vielleicht Naturjoghurt nicht, aber Ihr Hund wird sich über die Abwechslung zu seinem Trockenfutter sicherlich freuen.

Aktive Hunde füttern

Einige Hunde sind besonders übermütig. Andere Hunde sind wahre Arbeitstiere, sei es als bereitwillige Jäger, Fährtensucher oder als Wettstreiter in Obedience-Kursen. Diese sehr aktiven Hunde brauchen zusätzliche Proteine und Kalorien, um ihnen die nötige Energie zu liefern und ihre Muskelmasse zu erhalten. Wenn Ihr Hund sehr aktiv ist, geben Sie ihm mehr Futter, als Sie einem normal aktiven oder eher bequemen Hund geben würden.

Sie können ein Futter mit hochwertigen Proteinen wählen, allerdings sollte das Protein aus einer guten Quelle sein (damit meinen wir Fleisch). Sie können dem Futter eines aktiven Hundes auch noch etwas zusätzliches Fett beimischen, insbesondere während der Wintermonate, wenn der Hund bei sehr kalten Temperaturen häufig draußen ist. Mischen Sie einen Teelöffel Raps- oder Distelöl und ein gekochtes Ei ein oder zwei Mal die Woche unter das Futter. Das ist ein Energieschub für jeden aktiven Hund. Wenn Ihr Hund zu dünn wird (Sie also seine Rippen sehen können), erhöhen Sie nach und nach die Futterration.

Wenn der Hund ein paar Pfunde zu viel hat

Labrador Retriever sind eigentlich recht aktive Hunde, da sie aber auch sehr gerne fressen, neigen sie zu Übergewicht. Einige Labradore mögen es eher ein bisschen ruhiger, was dann gekoppelt mit dem typischen Labrador-Appetit zu Extra-Pfunden führen kann, die sich nachteilig auf die Gesundheit Ihres Hundes auswirken können. Übergewichtige Hunde neigen eher zur Hüftgelenk-Dysplasie und anderen Knochen- und Gelenkerkrankungen. Sie leiden häufiger an Herzerkrankungen (genau wie übergewichtige Menschen). Außerdem werden andere Körperorgane und Systeme bei einem übergewichtigen Hund stärker beansprucht. Es ist besonders gefährlich, einen Welpen zu überfüttern, weil ein zu schnelles Wachstum sich in späteren Jahren negativ auf die Knochen und Gelenke auswirken kann.

Einer der Hauptgründe, warum Labrador Retriever und andere Hunde zu viele Pfunde zulegen, sind die vielen Leckerchen und Essensreste. Es ist verführerisch, dem Labrador die Reste vom Schnitzel oder den Nudeln, das bisschen Vanille-Pudding oder Kuchen zu geben. Doch wenn Sie Ihrem Hund erst einmal den ersten Bissen vom Tisch gegeben haben, geraten diese Extras rasch außer Kontrolle. Gewöhnen Sie sich lieber an, dem Hund niemals das zu verfüttern, was die Familie zum Mittagessen hatte, insbesondere nicht direkt vom Teller (nicht nur dass es ungesund ist, es führt auch zu schlechten Manieren). Wenn Sie Ihrem Hund unbedingt von dem geben wollen, was Sie selbst essen, dann mischen Sie ein gekochtes Ei oder gekochtes Gemüse unter sein normales Fressen. Doch zu viele Extras, auch wenn sie gesund sind, enden schließlich auf den Rippen des Hundes.

Damit Ihr Hund nicht von zu vielen Übungsleckerchen übergewichtig wird, sollten Sie etwas von der normalen Tagesration als Leckerchen auf die Seite tun. Spezielle Hundeleckerlis heben Sie sich für ganz besondere Gelegenheiten auf.

Woran können Sie erkennen, dass Ihr Hund zu dick ist? Gucken Sie als Erstes von oben auf ihn drauf. Die Taille sollte schmaler sein als der Brustkorb. Wenn er wie ein Fass aussieht, hat er wahrscheinlich Übergewicht. Fühlen Sie dann die Rippen des Hundes. Wenn sie sich anfühlen, als wären sie gepolstert (wenn Sie also Schwierigkeiten haben, sie zu fühlen), hat er Übergewicht. Vereinbaren Sie einen Termin mit Ihrem Tierarzt, wenn Sie glauben, dass Ihr Hund ein paar Pfunde zu viel hat, und arbeiten Sie dann mit ihm zusammen, um das Gewichtsproblem des Hundes mit einer Kombination aus Diät und Training anzugehen.

Kranken Hunden wieder auf die Beine helfen

Bestimmte gesundheitliche Probleme, wie Nierenerkrankungen, Diabetes oder Herzprobleme, erfordern eine Futterumstellung. Ihr Tierarzt kann Ihnen am besten sagen, wie Sie die Kost Ihres Hundes bei bestimmten Krankheiten ändern können. Wenn bei Ihrem Hund eine bestimmte Krankheit diagnostiziert wird und Ihr Tierarzt nichts von einer Änderung der Ernährung sagt, sollten Sie trotzdem daran denken, ihn darauf anzusprechen. Seien Sie vor allem ehrlich: Falls Sie Ihrem Hund bis jetzt vier Mal in der Woche Peperoni-Pizza gefüttert haben, dann stehen Sie auch dazu. Es könnte dem Tierarzt nämlich bei seiner Diagnose helfen.

Teilen Sie niemals einen Schokoriegel mit Ihrem Hund! Manche Hunde reagieren allergisch auf Schokolade und selbst ein winziges Stück kann tödlich sein. Sie sollten also gar nicht erst versuchen, herauszufinden, ob Ihr Hund allergisch auf Schokolade ist. Denn selbst wenn er es nicht ist: Schokolade enthält keine Nährstoffe und ist schlecht für die Gesundheit Ihres Hundes.

Labrador Retriever sind ständig in Bewegung

Hunde brauchen Bewegung (Menschen auch). Dicke Hunde und dünne Hunde brauchen sie, Welpen und erwachsene Hunde brauchen sie, ja auch ältere Hunde brauchen sie. Bewegung stärkt die Muskeln und das Herz des Hundes und ist ein Ventil für die Energie, die Ihr Labrador in sich hat. Labradore, die nicht genug Bewegung haben, können zerstörerische Kräfte entwickeln oder nervös und hyperaktiv werden. Machen Sie ein oder zwei Mal am Tag einen schönen langen Spaziergang von mindestens 20 bis 30 Minuten mit Ihrem erwachsenen Labrador. Mehr muss es nicht sein und Ihnen wird es auch gut tun! Glauben Sie nicht, dass ein großer Garten ein Ersatz für den täglichen Spaziergang ist. Das Gassigehen ist die ideale Gelegenheit für Sie beide, etwas gemeinsam zu unternehmen. Das verbessert natürlich die Beziehung zwischen Ihnen. Auch wenn Ihr Labrador vom Rumtollen im Garten ebenfalls begeistert sein wird.

Stubenhocker haben auch Hunde, die Stubenhocker sind

Wenn Sie eher der sesshafte Typ sind, aber trotzdem Ihr Herz an einen Labrador verloren haben, dann sollten Sie sich vielleicht einen älteren Labrador zulegen, der nicht mehr so viel Energie hat wie ein Welpe. Manche ältere Labradore lieben es, den ganzen Tag faul herumzuliegen, obschon sie mindestens einmal am Tag einen ausgiebigen Spaziergang brauchen, um in Form zu bleiben. Wenn Sie selbst nicht gern vor die Tür gehen und sich auch nicht aufraffen können, wenigstens einmal täglich mit dem Hund spazieren zu gehen, dann sollten Sie sich lieber einen kleinen Hund anschaffen oder jemanden beauftragen, der an Ihrer Stelle mit dem Hund ausgeht. Ansonsten haben Sie am Ende einen Stubenhocker, der im Alter ernsthafte Gesundheitsprobleme haben wird.

Hundebetreuung am Nachmittag

Sie lieben Hunde, müssen aber den ganzen Tag arbeiten und können mittags nicht nach Hause kommen? Dann engagieren Sie jemanden, der mit dem Hund spazieren geht, wenn Sie keine Zeit haben. Haustierbetreuung und Hundesitting sind mittlerweile Dienstleistungen, die überall angeboten werden und verstärkt in Anspruch genommen werden. Suchen Sie im Internet oder in den Gelben Seiten nach einem Service in Ihrer Nähe.

Vielleicht gibt es ja in Ihrem Familien- und Freundeskreis jemanden, der diese Aufgabe gerne übernehmen würde. Ihr Labrador wird sich über die Gesellschaft freuen und Sie haben ein besseres Gefühl.

Auch Welpen brauchen Bewegung

Labradorwelpen können ganz schön aktiv sein. Sie brauchen jede Menge Möglichkeiten, um diese Energie loszuwerden. Wenn Sie erwarten, dass sie den ganzen Tag zu Ihren Füßen liegen, werden sie Ihnen wahrscheinlich die Schuhe abfressen. Auch der Umstand, dass Übergewicht besonders schlecht für Welpen ist, ist ein weiterer Grund, warum Welpen viel Bewegung brauchen.

Bringen Sie Ihrem Welpen von Anfang an bei, an der Leine zu gehen. Legen Sie ihm ein Halsband und eine Leine an, sobald Sie mit ihm nach Hause kommen, und lassen Sie die Leine ganz locker, während Sie dem Welpen in einem sicheren Gelände folgen. Später sollten Sie die Anweisungen in Kapitel 11 beachten, um Ihrem Labradorwelpen das richtige Laufen an der Leine beizubringen. Sie werden sehen, dass Sie in null Komma nichts wie Profis zusammen spazieren gehen und die Bewegung bekommen, die Ihr Welpe so dringend braucht.

Auch erwachsene und ältere Hunde brauchen Bewegung

Wenn Ihr Labrador kein Welpe mehr ist, wird er mehr Bewegung brauchen. Manche Labrador Retriever sind bis ins hohe Alter energiegeladen und erfreuen sich an vielen Aktivitäten. Gehen Sie also nicht weniger mit Ihrem Hund spazieren, nur weil er kein Welpe mehr ist. Wenn Sie Ihren Hund fit halten wollen, müssen Sie für seine tägliche Bewegung sorgen, egal wie alt er ist. Viele ältere Labrador Retriever lieben ihre langen Spaziergänge und ihre Apportierspiele, gehen gerne schwimmen oder fangen Frisbees.

Wenn Sie Ihren Labrador körperlich fit halten wollen, gönnen Sie ihm von den drei täglichen Spaziergängen wenigstens einmal täglich eine Stunde Bewegung. Damit es nicht zu langweilig wird (weder für Sie noch für den Hund), ändern Sie öfter mal die Route, treffen Sie sich mit anderen Hunden, fahren Sie an den See oder in die Berge und spielen Sie jede Menge Apportierspiele.

Wenn Ihr Hund im Alter an Knochen- oder Gelenkproblemen leidet, werden Sie ein bisschen kürzer treten müssen. Schwimmen ist hervorragend für Hunde, die an Hüftgelenk-Dysplasie und anderen Knochenerkrankungen leiden. Achten Sie auf Ihren Hund und passen Sie sich an. Labrador Retriever tun alles, um Ihnen zu gefallen, also werden sie ihr Letztes geben, wenn sie glauben, dass Sie unbedingt noch einen weiteren Kilometer laufen wollen. Achten Sie auf bestimmte Anzeichen, die darauf hindeuten, dass Ihr älterer Hund es lieber etwas langsamer hätte: hecheln, humpeln, langsamer werden oder starke Erschöpfungserscheinungen nach dem Spaziergang (beispielsweise ungewöhnlich langes Schlafen) gehören dazu. Denken Sie auch daran, Ihren Hund bei der täglichen Pflege zu untersuchen. Wenn er aufjault oder wimmert, wenn Sie ihn an bestimmten Stellen berühren, dann stimmt etwas nicht. Lassen Sie den Hund von Ihrem Tierarzt anschauen und fahren Sie die tägliche Bewegungsroutine zumindest für eine Weile etwas zurück.

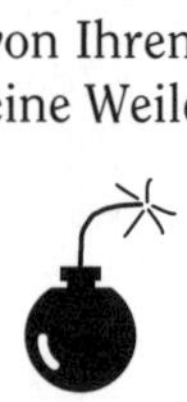

Sowohl Welpen als auch ältere Hunde können sich Gelenk- oder Fußballenverletzungen zuziehen, wenn sie auf Asphalt laufen. Ermöglichen Sie Ihrem Hund, so oft es geht, einen Spaziergang auf Gras, Wald- oder Schotterwegen, kurzum auf allem, was weicher ist als eine normale Straße oder ein Bürgersteig. Wenn Sie keine andere Wahl haben, sollten Sie zumindest langsam gehen.

Schönheit kann unter die Haut gehen

Der letzte wichtige Aspekt bei den Vorsorgemaßnahmen für Ihren Labrador ist die tägliche Körperpflege. Labrador Retriever sind einfach und ohne viel Aufwand zu pflegen. Sie haben kein langes Fell, das entknotet werden muss. Trotzdem ist die tägliche Pflege wichtig, auch um die Beziehung zwischen Ihnen und Ihrem Hund zu fördern. Außerdem bietet Ihnen die Pflege die Möglichkeit, Ihren Hund auf mögliche Veränderungen am Körper oder im Verhalten zu untersuchen. Ihr Hund wird sich auf diese Routine verlassen und Ihnen wird es genauso gehen.

Richtige Körperpflege ist mehr als nur ein sauberes Fell. Hierzu gehört auch die Fuß- und Nagelpflege, die Augen- und Ohrenpflege und ein Gesundheitscheck. Ein gut gepflegter Hund ist sauber und schön. Ein ungepflegter Hund sieht vernachlässigt aus (und ist es auch). Sorgen Sie dafür, dass Ihr Hund gesund und schön bleibt, indem Sie ihn sorgfältig pflegen.

Die Haut (und das Fell) des Labradors retten

Beginnen Sie Ihre tägliche Pflege, indem Sie Ihren Labrador mit den bloßen Händen streicheln. Massieren Sie seinen Kopf, Nacken, Rücken, seine Brust, Beine und Rute. Tasten Sie nach Schwellungen oder Knoten, achten Sie auf trockene Stellen, Haarausfall oder andere Absonderheiten. Je häufiger Sie das tun, umso eher bekommen Sie ein Gefühl dafür, wie sich Ihr Labrador »richtig« anfühlt. Durch die Massage werden außerdem altes Fell und Hautschuppen gelöst, die dann weggebürstet werden können. Außerdem gewöhnen Sie Ihren Labrador auf diese Weise daran, abgetastet zu werden, und erleichtern damit beispielsweise dem Tierarzt die Arbeit.

Bürsten Sie Ihren Labrador mit einer Naturhaar- oder Nylonbürste. Auch wenn das Fell eines Labradors nicht unbedingt täglich gebürstet werden muss (einmal pro Woche genügt auch), genießt er es und das Fell bleibt makellos sauber und glänzend. Kämmen Sie das Fell auch regelmäßig mit einem Flohkamm durch, um eventuell tote Flöhe zu entfernen und mögliche Anzeichen von Ungezieferbefall zu prüfen.

Labrador Retriever brauchen nicht oft gebadet zu werden; zu häufiges Baden trocknet ihre Haut aus und zerstört die natürlichen Fette. (Zum Glück, denn einen Labrador zu baden kann eine Herausforderung sein, wie man in Abbildung 5.2 sieht.) Achten Sie stattdessen darauf, dass Ihr Hund viel an der frischen Luft ist (das hält die Haut feucht), und bürsten Sie ihn regelmäßig, damit das Fell sauber bleibt. Baden Sie Ihren Labrador nur, wenn er wirklich dreckig ist, meistens reicht klares Wasser voll und ganz.

Abbildung 5.2: Wenn der Labrador gebadet wird, baden Sie mit!

Pflege für Augen und Ohren

Es wird Zeit, Tierarzt zu spielen. Untersuchen Sie die Augen und Ohren Ihres Labradors, damit er sich daran gewöhnt. Sie werden Ihrem Tierarzt die Arbeit ungemein erleichtern, wenn Ihr Hund an diese Art von Untersuchungen bereits gewöhnt ist.

Wenn Sie die Augen Ihres Hundes untersuchen, achten Sie auf Ausfluss oder Reizungen. Falls notwendig, säubern Sie die Augen vorsichtig mit einem in abgekochtes (und wieder abgekühltes) Salzwasser (¼ Teelöffel Salz auf ¼ Liter Wasser) getauchten Wattebausch oder Baumwolllappen. Wenn Sie einen gelben Labrador haben und sich der Bereich um die Augen aufgrund der normalen Tränenproduktion verfärbt, dann seien Sie versichert, dass dies ganz normal ist und kein Problem darstellt. Es tut Ihrem Hund nicht weh. Wollen Sie diese Verfärbungen entfernen, überlassen Sie das Ihrem Tierarzt.

Haben die Augen Ihres Hundes eine Reizung, könnte ein verstopfter oder überaktiver Tränenkanal, eine Bindehautentzündung oder ein Fremdkörper die Ursache sein. Fragen Sie Ihren Tierarzt um Rat. Wenn Sie das Gefühl haben, dass Ihr Labrador schlecht sieht oder die Augen milchig wirken, könnte ein grauer Star die Ursache sein. Wenn Sie Ihren Labrador regelmäßig vom Tierarzt untersuchen lassen, kann eine derartige Augenerkrankung frühzeitig erkannt werden. Zögern Sie deswegen aber nicht, Ihren Tierarzt trotzdem aufzusuchen, wenn Sie meinen, dass mit dem Augenlicht Ihres Hundes etwas nicht stimmt.

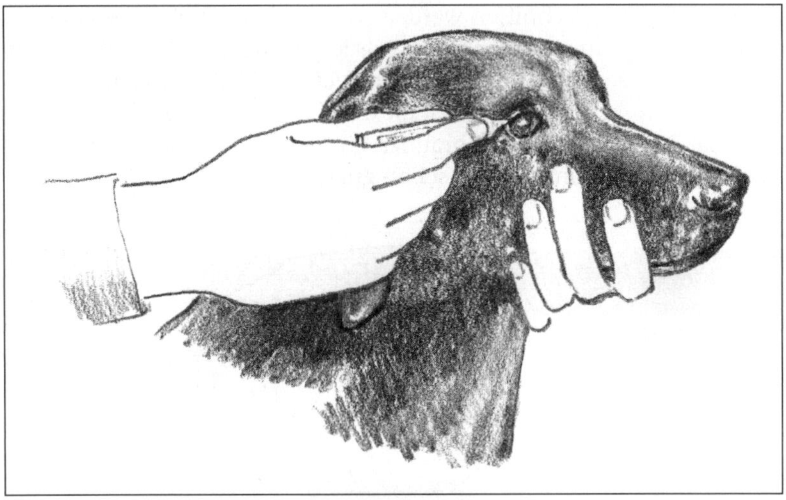

Abbildung 5.3: Säubern Sie die Augen vorsichtig mit einem in abgekochtes Salzwasser getauchten Wattebausch oder Baumwolllappen.

Gehen Sie niemals mit Ihrem Finger oder einem anderen Gegenstand in das Auge des Hundes!

Die Ohren Ihres Hundes sollten sauber und frei von Zecken und Flöhen sein. Sollten sie dreckig sein oder sollte Ohrenschmalz sichtbar sein, säubern Sie das Außenohr mit einem Wattebausch oder Baumwolllappen. Stecken Sie niemals etwas in den Ohrkanal des Hundes! Falls sich Ihr Hund kratzt oder häufig mit den Ohren schlackert, Sie aber kein Ungeziefer erkennen können, oder falls Sie eine Rötung oder einen schlechten Geruch feststellen, gehen Sie zum Tierarzt. Ihr Hund könnte Milben haben oder an einer Infektion mit Hefepilzen oder Bakterien erkrankt sein, die mit einem Ohrenreiniger oder einem Medikament behandelt werden muss.

Schöne Grüße an die Füße

Die Fußpflege ist beim Labrador genauso einfach wie die Fellpflege. Nehmen Sie einen Fuß in die Hand, bewegen Sie jeden Zeh und drücken Sie leicht auf den Ballen, um den Hund an diese Art von Untersuchung zu gewöhnen. Das Wichtigste an dieser täglichen Pflegesitzung ist, darauf zu achten, dass die Nägel nicht zu lang werden. Lange Nägel führen dazu, dass die Ballen auf hartem Untergrund gespreizt werden, was Ihrem Hund das Laufen erschwert.

Verwenden Sie für die Nagelpflege eine Krallenschere oder -zange für größere Hunde (siehe Abbildung 5.4). Schneiden Sie die Nägel regelmäßig, damit Sie nie zu viel auf einmal abschneiden müssen. Durch regelmäßiges Nägelschneiden erreichen Sie, dass sich das Blutgefäß, das durch den Nagel geht, zurückzieht. Bei

Nägeln, die nie geschnitten werden, reicht dieses Blutgefäß weiter in den Nagel hinein, und wenn sie geschnitten werden, kann es zu Blutungen kommen. (Stillen Sie in diesem Fall die Blutung mit einem blutstillenden Stift.) Bei Labrador Retrievern mit hellen Nägeln ist dieses Blutgefäß als rosa Faden in der Kralle gut sichtbar, bei schwarzen und braunen können Sie nur raten. Schneiden Sie einfach nicht zu viel ab, dann wird es schon gut gehen.

Abbildung 5.4: Seien Sie behutsam, wenn Sie die Nägel Ihres Hundes schneiden.

Schneiden Sie die Spitze des Nagels ab, genau dort, wo die Unterseite des Nagels sich zu krümmen beginnt. Es sollte ausreichen, wenn Sie Ihrem Hund die Nägel alle drei bis vier Wochen schneiden.

Manche Labrador Retriever bilden Zysten zwischen den Zehen. Eine antibiotische Salbe kann hier helfen, vielleicht wird der Tierarzt die Zysten aber auch entfernen. Labrador Retriever, die dazu neigen, Zysten zu entwickeln, werden diese in regelmäßigen Abständen bekommen. Sollte das bei Ihrem Labrador der Fall sein, dann achten Sie darauf, dass die Zysten sauber und entzündungsfrei bleiben. Gehen Sie sofort zum Tierarzt, wenn sich eine Zehenzyste entzündet oder Sie nicht wissen, was Sie tun sollen.

Die weißen Beißerchen

Der letzte wichtige Punkt bei der täglichen Körperpflege sollte das Zähneputzen sein. Natürlich werden auch Hunden die Zähne geputzt. Infektionen können sich von den Zähnen auf den Blutkreislauf ausbreiten und von dort ins Herz gelangen, wo sie zu Herzerkrankungen führen können, die die Lebenserwartung verringern. Wenn Ihr Hund Probleme mit Zahnbelägen (Plaque), diesen bräunlich gelben Verfärbungen auf den Zähnen, hat, dann lassen Sie diese beim Tierarzt entfernen. Dazu muss der Hund narkotisiert werden. Wenn Sie dem vorbeugen wollen, putzen Sie Ihrem Hund bereits als Welpen die Zähne (am besten vom ersten Tag an), und tun Sie es regelmäßig mindestens einmal pro Woche (oder wenn es geht täglich), um die Zähne optimal sauber zu halten. (Wenn Sie sich täglich die Zähne putzen, warum nicht auch Ihrem Hund?) Um die Beißhemmung zu fördern, sollten Sie Ihren Labrador daran gewöhnen, Ihre Hand (oder die des Tierarztes) in seinem Maul zu dulden.

Beim Tierarzt gibt es Fingerzahnbürsten aus Gummi und Zahnpasta speziell für Hunde zu kaufen. (Verwenden Sie niemals Ihre Zahnpasta für den Hund.) Hundezahnpasta schmeckt Hunden total gut, also lassen Sie ihn zunächst an der Zahnpasta auf der Bürste lecken. Nach ein paar Tagen können Sie dann versuchen, mit der Zahnbürste die Zähne zu putzen (siehe Abbildung 5.5). Erwarten Sie nicht gleich beim ersten Mal, dass Sie die Zähne komplett geputzt bekommen. Wenn Ihr Hund sich erst einmal an die Zahnbürste gewöhnt hat, können Sie frisch zu Werke gehen und die Zähne werden in ihrem vollen Glanz erstrahlen.

Abbildung 5.5: Putzen Sie die Zähne des Labradors am besten täglich.

Dosenfutter bereitet größere Zahnprobleme als Trockenfutter. Der höhere Feuchtigkeitsgehalt führt dazu, dass das Hundefutter an den Zähnen kleben bleibt. Ihr Hund wird Trockenfutter lieben, wenn er hungrig ist. Trockenfutter ist nicht nur genauso nahrhaft, es säubert auch die Zähne und ist günstiger. Wir empfehlen daher, auf Dosenfutter zu verzichten.

Ist der Hund gesund? Eine Checkliste

Damit Sie nichts vergessen, haben wir eine Checkliste zusammengestellt. Sie können sie kopieren und an einem gut sichtbaren Platz aufhängen, damit Sie sie jeden Tag durchgehen können. Sobald Sie das Gefühl haben, dass etwas mit Ihrem Labrador nicht stimmt, rufen Sie Ihren Tierarzt an.

Heute hat mein Labrador:

- ✔ Glänzendes, sauberes Fell
- ✔ Glatte Haut ohne trockene Stellen
- ✔ Saubere, klare Augen
- ✔ Saubere, ungezieferfreie Ohren
- ✔ Kurze Nägel
- ✔ Gesunde Fußballen ohne Risse
- ✔ Saubere, weiße Zähne
- ✔ Weder Flöhe noch Zecken
- ✔ Ausreichend Energie
- ✔ Guten Appetit

Vorbeugen ist besser als heilen

6

In diesem Kapitel

- Die Wahl der richtigen Tierarztpraxis
- Die Sache mit dem Züchten
- Die richtige Impfung für den Hund
- Vorsorge für mögliche Notfälle
- Erste-Hilfe-Kasten für Hunde

Vorbeugen ist die beste Medizin. Lassen Sie im Sinne der Gesunderhaltung Ihres Hundes ein paar Dinge zur täglichen Routine werden, um mögliche gesundheitliche Probleme so gering wie möglich zu halten. Selbst kleinere Nachlässigkeiten oder mangelnde Aufmerksamkeit bei kleineren Signalen, können zu größeren Schmerzen und Leiden beim Hund führen (ganz zu schweigen von den Kosten). Lassen Sie gleich vom ersten Tag an bestimmte vorbeugende Maßnahmen zur Routine werden und betrachten Sie diesen kleinen zeitlichen Beitrag als wichtige Investition in die künftige Gesundheit des Hundes (und in Ihre zukünftige finanzielle Sicherheit).

Sie haben sicherlich schon von Krankenversicherungen für Hunde gehört. Bevor Sie jedoch einen Versicherungsvertrag unterschreiben und die erste riesige Rate überweisen, sollten Sie wissen, was die Versicherung alles abdeckt und was nicht. Bei größeren medizinischen Eingriffen wie Operationen, Chemotherapie oder Transplantationen können sie eine große Hilfe sein. Viele Versicherungen haben jedoch einen hohen Selbstbehalt, decken keine Vorsorgeuntersuchungen ab oder zahlen nur bis zu einem bestimmten Alter. Vielleicht finden Sie eine Versicherung, die für Sie und Ihren Hund perfekt ist, aber lesen Sie das Kleingedruckte und denken Sie daran: Augen auf beim Kauf.

Die richtige Versorgung finden

Sie sollten Ihren Welpen innerhalb der ersten zwei bis drei Tage – am besten sofort –, nachdem Sie ihn vom Züchter geholt haben, zu einem Tierarzt bringen. Da bleibt Ihnen nicht viel Zeit, um sich die ideale Tierarztpraxis auszusuchen. Es zahlt sich daher aus, wenn Sie sich bereits etwas umhören, bevor Sie sich einen Welpen aussuchen. Falls Sie den ersten Besuch bei einem Tierarzt machen, den Sie sich aus den Gelben Seiten ausgesucht haben, heißt das noch lange nicht, dass Sie dort auch bleiben müssen, wenn Sie sich nicht wohl fühlen.

Es wäre natürlich ideal, wenn Sie in der Tierarztpraxis blieben, der Sie mit Ihrem Welpen den ersten Besuch abgestattet haben. Auch wenn der Trend bei den Tierärzten ähnlich wie bei den Humanmedizinern dazu übergeht, sich zu großen Gemeinschaftspraxen zusammenzuschließen (bei denen man nie weiß, welcher Tierarzt Ihren Hund behandeln wird), gibt es immer noch genügend kleine Praxen. Wir mögen diese kleinen Praxen, in denen der Tierarzt Ihren Hund kennen lernen kann und Ihnen dabei behilflich ist, die Gesundheit des Hundes unter Kontrolle zu haben und zu erhalten.

Wir wollen damit natürlich nicht sagen, dass es in größeren Tierarztpraxen keine hervorragenden Tierärzte gibt. Die Wahl des richtigen Tierarztes und der richtigen Tierarztpraxis ist ein wichtiger Schritt zu einem langen gesunden Leben Ihres Hundes. Seien Sie also bei dieser Entscheidung nicht nachlässig. Nehmen Sie sie so ernst, wie die Suche des richtigen Kinderarztes für Ihre eigenen Kinder. Schließlich ist auch Ihr Labrador ein Mitglied der Familie.

Sie sind wahrscheinlich selbst keine Tierärztin bzw. kein Tierarzt. Wie sollen Sie also wissen, welcher der vielen Tierärzte der richtige für Ihren Labrador ist? Die folgenden Abschnitte enthalten Tipps, wie Sie den idealen Tierarzt finden können.

Hören Sie sich um

Fragen Sie den Züchter nach Tierärzten. Sprechen Sie mit Freunden, die Hunde haben, über ihre Erfahrungen mit Tierärzten. (Im Gespräch am Gartenzaun können Sie viel erfahren, aber nehmen Sie nicht alles für bare Münze.) In größeren und vielen kleineren Städten gibt es jede Menge Tierärzte. Wahrscheinlich ist die Auswahl recht groß. Sie sollten daher andere Hundebesitzer nach ihren Erfahrungen fragen und damit das Feld etwas eingrenzen.

Praktische Gesichtspunkte

Nachdem Sie eine Liste erstellt haben, versuchen Sie diese anhand einiger praktischer Gesichtspunkte noch weiter zu reduzieren:

- ✔ Welche Tierärzte wohnen in Ihrer Nähe? Im Notfall ist es besser, nur zehn Minuten statt eine Stunde fahren zu müssen.
- ✔ Ist Ihnen eine größere Praxis sympathischer als eine kleinere? Ein gute kleine Praxis hat vielleicht genau die persönliche Note, die Ihnen wichtig ist, aber in einer größeren Praxis kann es einfacher sein, einen Termin zu bekommen, weil mehr Tierärzte verfügbar sind (oder auch nicht, manche Großpraxen neigen dazu, zu viele Patienten anzunehmen).
- ✔ Wenn Ihr Hund ein spezielles gesundheitliches Problem hat – beispielsweise Hüftgelenk-Dysplasie oder Epilepsie –, sollten Sie einen Tierarzt wählen, der Erfahrung auf diesem Gebiet hat.

Termine zum Kennenlernen ausmachen

Rufen Sie in der Tierarztpraxis an und erklären Sie, dass Sie einen Welpen haben und gerne mal vorbeikommen und die eine oder andere Frage stellen würden, um zu sehen, ob Ihnen die Praxis zusagt. Seien Sie nicht schüchtern und entschuldigen Sie sich nicht für Ihr Ansinnen. Der Tierarzt arbeitet für Sie und es ist Ihr gutes Recht, dass Sie ihn und die Praxis kennen lernen wollen, bevor Sie ihm Ihren geliebten Hund und Ihr hart verdientes Geld anvertrauen. Sie sollten allerdings auch gewillt sein, für das Gespräch zu bezahlen, denn Sie beanspruchen schließlich die Zeit des Tierarztes.

Beginnen Sie ein Gespräch mit: »Hallo, ich habe mir einen Labrador Retriever zugelegt und suche nun einen Tierarzt. Ich hätte gerne einen Termin für mich und meinen Hund ausgemacht, um Herrn/Frau Dr. Soundso kennen zu lernen und mir die Praxis einmal anzusehen.« Wie sieht die Reaktion aus?

✔ »Dafür hat er/sie keine Zeit, es sei denn, er/sie soll den Hund untersuchen.« Schlechtes Zeichen. In dieser Tierarztpraxis geht es wohl in erster Linie ums Geldverdienen als ums Kennenlernen der Patienten und einen guten Service.

✔ »Wir schicken Ihnen gerne unsere Broschüre zu und dann können Sie uns anrufen, um einen Untersuchungstermin zu vereinbaren.« Auch schlecht. In dieser Praxis hat man offensichtlich keine Zeit für Sie und legt keinen Wert auf persönlichen Kontakt.

✔ »Kein Problem, wir haben in fünf Wochen am Donnerstag wieder einen freien Termin.« Alarmzeichen! Entweder gibt es hier mehr Patienten, als die Praxis bewältigen kann, oder Ihr Ansinnen wird mit einer sehr niedrigen Priorität eingestuft.

✔ »Wenn Sie wollen, können Sie sofort vorbeikommen.« Muss kein schlechtes Zeichen sein – vielleicht hat gerade jemand abgesagt. Es könnte aber auch bedeuten, dass diese Praxis dringend Patienten braucht und Sie sich fragen sollten, warum das so ist. Wir wollen ja nicht unbedingt negativ denken, aber Ihr Hund verdient einfach das Beste.

✔ »Ja, sicher. Frau/Herr Dr. Soundso wird Sie und Ihren Hund gerne kennen lernen und Ihnen etwas über unsere Praxis erzählen. Wie wäre es mit nächsten Mittwoch um 15 Uhr?« Ja, das ist die richtige Antwort. Diese Tierarztpraxis hat den ersten Test bestanden.

Sie werden wahrscheinlich für das Beratungsgespräch mit dem Tierarzt bezahlen müssen. Das ist nur angemessen, denn Sie beanspruchen seine Zeit und erwarten, dass er Ihre Fragen beantwortet und Ihnen etwas über seine Praxis erzählt. Sie sollten allerdings nicht für Tests oder Untersuchungen bezahlen. Denn Sie wollten schließlich nur ein Gespräch.

Scheuen Sie sich nicht, sich mehrere Tierarztpraxen anzusehen. Die erste muss nicht unbedingt die beste sein und es gibt keinen Grund, warum Sie sich mit einer mittelmäßigen Betreuung zufrieden geben sollten, nur weil Dr. Soundso der erste Arzt war, den Sie aufgesucht haben. Nehmen Sie auf jeden Fall den Hund mit, wenn Sie zu einem neuen Tierarzt gehen. Labradore sind gute Menschenkenner!

Erste Eindrücke

Kommen Sie zu Ihrem »Antrittsbesuch« ruhig zehn oder 15 Minuten zu früh, damit Sie Zeit haben, um möglichen Papierkram zu erledigen und sich den Empfangs- und Wartebereich anzusehen. Ist es sauber? Riecht es angenehm? Sind die Sprechstundenhilfen freundlich und nicht zu hektisch? (Es kann in einer Tierarztpraxis durchaus mal hektisch zugehen, aber wenn es den Anschein macht, dass Chaos an der Tagesordnung ist, dann vermerken Sie das.) Ist das Wartezimmer angenehm eingerichtet?

Notieren Sie sich auch, wie lange Sie warten müssen, bis Sie aufgerufen werden. Wir sind der Meinung, dass niemand eine Stunde, nicht einmal eine halbe Stunde, warten sollte. Wenn Sie länger als 20 Minuten gewartet haben, sollten Sie die Sprechstundenhilfe fragen, warum sich Ihr Termin so verzögert, und Sie sollten eine freundliche Antwort bekommen. Fällt die Antwort patzig aus, schreiben Sie sich das auf. (Wenn Sie alles in ein kleines Heftchen schreiben, fällt das in der Praxis bestimmt auch auf!) Eine Wartezeit zwischen 5 und 20 Minuten hingegen ist akzeptabel.

Achten Sie auch auf Ihren Labrador. Betritt er den Raum nur sehr zögerlich? Verkriecht er sich, winselt er oder benimmt er sich ängstlich, wenn der Tierarzt im Raum ist? Oder verhält er sich neugierig und interessiert? Eine negative Reaktion seitens des Hundes könnte auf einer schlechten Erfahrung bei einem Tierarzt beruhen, zu dem er gebracht wurde, bevor Sie ihn beim Züchter abgeholt haben. Vielleicht ist Ihr Hund aber auch nur schüchtern und muss stärker sozialisiert werden. Oder er reagiert auf etwas, das Sie nicht wahrnehmen können, und signalisiert damit, dass dies nicht der richtige Platz für ihn ist. Ziehen Sie keine voreiligen Schlüsse, wenn es Ihrem Hund irgendwo nicht gefällt. Aber vermerken Sie es.

Sie sollten wenigstens drei verschiedene Tierärzte in Ihrer Gegend besuchen, um den richtigen zu finden. Falls Ihr Hund überall negativ reagiert, liegt das Problem wohl eher bei Ihrem Hund. Wenn er in der einen Praxis freundlich und überschwänglich reagiert, in einer anderen aber ängstlich und zögerlich, dann schreiben Sie sich auch die Meinung des Hundes in Ihr Heftchen auf. Letztendlich ist es ja sein Arzt, den Sie hier auswählen.

Das Verhältnis zwischen Tierarzt und Hund

Nun ist es an der Zeit, sich den Tierarzt genauer anzusehen. Lassen Sie den ersten Eindruck auf sich wirken. Macht er einen gehetzten Eindruck? Nerven ihn Ihre Fragen oder ist er freundlich und gerne bereit, auf Sie einzugehen? Erzählt er Ihnen gerne von seiner Praxis? Ist er stolz auf seinen Qualitätsstandard oder haben Sie den Eindruck, dass er eher ausgebrannt und gelangweilt ist?

Am wichtigsten ist natürlich, wie der Tierarzt auf Ihren Labrador und wie Ihr Hund auf den Arzt reagiert. Ignoriert der Arzt Ihren Hund? Zeigt Ihr Labrador Interesse am Tierarzt oder ist er eingeschüchtert? Geht der Tierarzt in die Hocke und ruft den Hund zu sich? Ist er geduldig und sanft im Umgang mit Ihrem Hund (siehe Abbildung 6.1)? Haben Sie das Gefühl, dass der

Tierarzt ein echter Hundeliebhaber ist und eine Beziehung zwischen ihm und Ihrem Hund entstehen könnte? Wenn Sie das, was Sie sehen, gut finden, notieren Sie es sich.

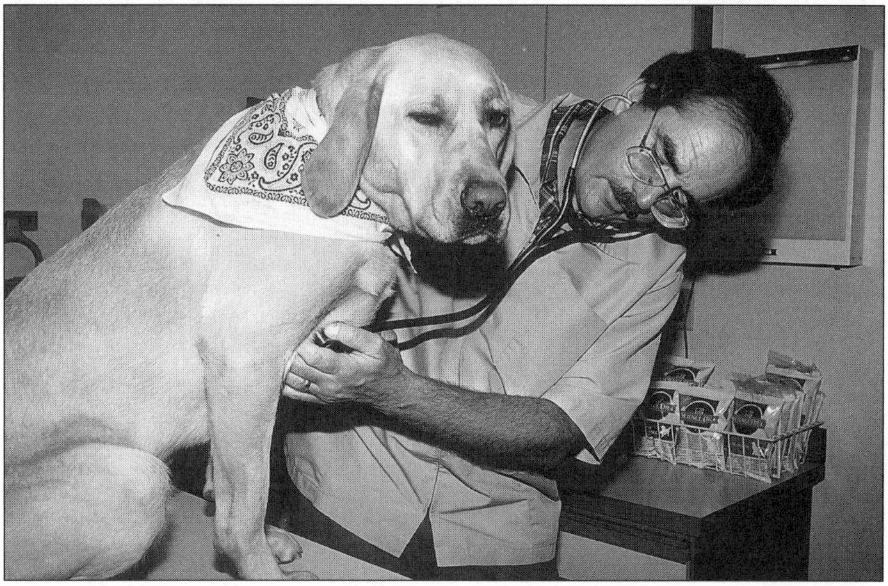

Abbildung 6.1: Ein Labrador und sein Tierarzt sollten ein Vertrauensverhältnis aufbauen.

Wenn Sie mit dem Tierarzt sprechen, liegen Ihnen sicherlich einige Fragen auf dem Herzen. Diese Fragen sind weder unangemessen noch neugierig. Es sind ganz legitime Nachfragen nach Informationen und Ihr Tierarzt sollte nicht zögern, diese Fragen zu beantworten oder verärgert sein, dass Sie ihn dies fragen.

✔ Wie lange arbeiten Sie schon als Tierarzt?

✔ Wo haben Sie Ihre Ausbildung gemacht?

✔ Haben Sie sich auf eine Tierart spezialisiert?

✔ Hatten Sie in den letzten Jahren schon häufiger mit Labrador Retrievern zu tun?

✔ Haben Sie selbst einen Hund?

✔ Welche größeren gesundheitlichen Probleme kennen Sie bei Hunden und welche haben Sie behandelt?

✔ Welche Gesundheitsprobleme kommen eher bei Labrador Retrievern vor? (Fragen Sie dies, auch wenn Sie die Antwort bereits kennen. Ihr Tierarzt sollte darüber mindestens so viel wissen wie Sie.)

✔ Welche vorbeugenden Maßnahmen empfehlen Sie?

✔ An welchen Werten orientieren Sie sich in der Tierpflege?

Machen Sie sich Notizen, wenn Sie zum ersten Mal zu einem Tierarzt oder einer Tierärztin gehen. Notieren Sie sich das Datum, den Namen, die Adresse und die Telefonnummer der Praxis und den Namen des Tierarztes/der Tierärztin. Schreiben Sie auf, welchen Eindruck die Praxis auf Sie gemacht hat, wie die Sprechstundenhilfen Sie behandelt haben und wie der Tierarzt/die Tierärztin auf Ihre Fragen reagiert hat. Anhand Ihrer Notizen können Sie dann später entscheiden, welche Praxis für Sie die beste ist.

Checkliste für gute Tierarztpraxen

Damit Sie nicht vergessen, worauf Sie achten sollen, haben wir eine Checkliste für Sie zusammengestellt. Kopieren Sie sie oder schreiben Sie sie ab, nehmen Sie sie mit oder füllen Sie sie später zu Hause aus, indem Sie Ihre Notizen als Grundlage verwenden.

✔ Haben Sie problemlos einen Termin für Ihren Antrittsbesuch bekommen?

✔ Sah das Wartezimmer sauber aus und roch es angenehm?

✔ Sind die Sprechstundenhilfen nett und freundlich?

✔ Hat sich Ihr Hund im Wartezimmer neugierig und nicht ängstlich gezeigt?

✔ Mussten Sie länger als 20 Minuten warten?

✔ War der Tierarzt freundlich?

✔ Hatten Sie das Gefühl, dass sich der Tierarzt Zeit für Sie genommen hat?

✔ War der Tierarzt bereit, auf Ihre Fragen zu seiner Qualifikation, Erfahrung und seinen Werten in der Tierpflege einzugehen?

✔ Haben Sie das Gefühl, dass der Tierarzt Ihren Labrador wirklich mag?

✔ Haben Sie das Gefühl, dass Ihr Labrador den Tierarzt wirklich mag?

✔ Haben Sie einen positiven Eindruck von der Praxis und dem Tierarzt?

Die Entscheidung

Nach Ihrem Tierarztbesuch sollten Sie sich Ihre Notizen noch einmal ansehen, um Ihre Erinnerung aufzufrischen. Stellen Sie dann ein paar Nachforschungen an. Prüfen Sie die Informationen nach, die Sie über Tierpflege im Allgemeinen und die Pflege von Labrador Retrievern im Speziellen erhalten haben und von denen Sie noch nie zuvor gehört haben oder die Ihnen komisch vorkommen. Denken Sie auch eine Weile über die Antwort auf die letzte Frage über die Werte in der Tierpflege nach. Stimmen Sie mit der Antwort überein? Oder fanden Sie die Antwort eher verwirrend? Falls die Antwort auf die Frage nur ein »Wie bitte?« war, dann ist dies ein alarmierendes Zeichen. Ein guter Tierarzt sollte auch eine gute Antwort auf diese Frage haben.

Sie sollten außerdem auf keinen Fall vergessen, sich Ihren persönlichen Eindruck von diesem Antrittsbesuch und von Ihrem Gefühl danach zu notieren. Genauso wie Sie der Reaktion des Hundes auf Arzt und Praxis vertrauen, sollten Sie Ihren eigenen Gefühlen vertrauen. Haben Sie sich unwohl gefühlt, auch wenn Sie nicht sagen können warum? Oder haben Sie den Besuch als angenehm und entspannt empfunden? Ihr Instinkt leitet Sie sicherlich richtig. Wenn die Praxis ein schlechtes Gefühl oder einen negativen Eindruck hinterlässt, dann suchen Sie weiter.

Ganzheitliche Tiermedizin

Vielleicht haben Sie es noch nicht bemerkt, aber sowohl im Bereich der Humanmedizin als auch im Bereich der Tiermedizin tut sich was. Neue Heilmethoden, mit denen sich Geld machen lässt, setzen sich durch und vielleicht ist sogar etwas an ihnen dran. Wir meinen die ganzheitliche Medizin, die vermehrt als Alternative oder als Ergänzung zur Schulmedizin (oder Allopathie) anerkannt wird.

Die *ganzheitliche Tiermedizin* behandelt den Körper als Einheit und berücksichtigt alle möglichen Faktoren, die zu psychischen und physischen Problemen führen können. Es gilt der Grundsatz, dass jede Krankheit, auch seelische Probleme, auf einem Ungleichgewicht des Tieres selbst oder seiner Lebensenergie beruht. Ein ganzheitlich behandelnder Tierarzt stellt Ihnen viele Fragen zu Ihrem Hund, die mit dem offensichtlichen Problem nichts zu tun haben scheinen, beispielsweise was Ihr Hund frisst, was für Gewohnheiten er hat, wo er lebt und schläft und wie sein Verhältnis zu anderen Haustieren und Menschen ist. Die ganzheitliche Behandlung versucht, das Gleichgewicht des gesamten Systems wiederherzustellen, anstatt nur einzelne Symptome zu behandeln, damit der Körper sich selbst heilen kann.

Die *allopathische (oder schulmedizinische) Behandlungsmethode* versucht, Symptome zu lindern, und konzentriert sich bei der Behandlung auf das eigentliche Problem. Bei dieser Behandlung wird in der Regel ein Gesundheitsproblem behandelt, ohne dabei andere Bereiche zu berücksichtigen. (Viele Befürworter einer komplementären Medizin stimmen darin überein, dass eine ganzheitliche Behandlung für viele chronische und Langzeitprobleme durchaus effektiv ist, sich die Schulmedizin aber in Akut- und Notsituationen besser bewährt hat.) Wenn Ihr Labrador also beispielsweise eine Hüftgelenk-Dysplasie oder Arthrose hat, wird die Allopathie versuchen, die Schmerzen (ein Symptom) zu lindern, und eventuell eine Operation des betroffenen Gelenks (isolierte Behandlung des Problems) durchführen. Ein konventionell behandelnder Tierarzt wird vielleicht wissen wollen, was Sie Ihrem Hund füttern, aber sicherlich nicht fragen, wie Ihr Verhältnis zu Ihrem Hund ist oder ob andere Faktoren, die nicht direkt mit dem Problem in Zusammenhang stehen, eine Rolle spielen.

Im Gegensatz dazu betrachtet die ganzheitliche Medizin die Arthrose oder die Hüftgelenk-Dysplasie als einen Indikator für ein zugrunde liegendes Energieungleichgewicht. Die Arthrose oder die Hüftgelenk-Dysplasie selbst werden als ein Symptom dieses Ungleichgewichts betrachtet, nicht als zugrunde liegendes Problem. Bei der ganzheitlichen Behandlung würde dieses Ungleichgewicht wahrscheinlich mit einer Futterumstellung, einer pflanzlichen Therapie zum Ausgleich der Körperenergie sowie mit physikalischen Therapien zur Schmerzlinderung (wie Massagen, Akupressur, Akupunktur oder chiropraktische Methoden) behandelt werden.

Rechtsschutz für Haustiere

Verfahren gegen Tierärzte und Tierbetreuer wegen Nachlässigkeit oder Fehlverhaltens nehmen zu und einige Rechtsanwälte haben sich auf dieses Fachgebiet spezialisiert. Es gibt mittlerweile auch spezielle Hunderechtsschutzversicherungen, die Sie bei einem Rechtsstreit unterstützen, etwa wenn sich herausstellt, dass dem Hund zugesicherte Eigenschaften fehlen, es zu Auseinandersetzungen wegen Hundesteuerbescheiden kommt oder Sie sich gegen Bußgeldscheide zur Wehr setzen wollen.

Die Tiermedizin ist im Bereich der ganzheitlichen Medizin in vielen Fällen führend. Das hat sowohl seine Vorteile als auch seine Nachteile. Der Vorteil ist, dass bestimmte neue Therapien Ihrem Tier zur Verfügung stehen. Der Nachteil ist, dass dieser Bereich der Tiermedizin nicht so gesetzlich geregelt ist wie in der Humanmedizin und dass daher viele Therapien und Produkte bestenfalls Geldverschwendung und schlimmstenfalls schädlich für Ihr Tier sind.

Sollten Sie sich für Ihren Labrador einen ganzheitlich praktizierenden Tierarzt oder Tierheilpraktiker suchen, entweder als ersten Tierarzt oder als beratende Institution? Nun, das hängt von vielen Faktoren ab. Ihr Labrador ist für Sie wie ein Kind. Seine Gesundheit liegt in Ihren Händen und Sie müssen die beste Entscheidung für ihn treffen.

Entscheiden Sie zunächst für sich selbst, was Sie von ganzheitlichen Behandlungsmethoden halten. Wenn Sie diese befürworten, sich selbst und Ihre Familie auf diese Weise behandeln lassen und gute Erfahrungen gemacht haben oder das, was Sie bereits darüber gelesen haben, interessant finden, dann spricht nichts dagegen, dass Sie diesen neuen Weg gehen. Aber gehen Sie ihn mit offenen Augen.

Bei der Ausbildung zum Tierheilpraktiker handelt es sich um eine schulische Ausbildung, die an Tierheilpraktikerschulen oder Schulen für Naturheilkunde durchgeführt wird. Im Gegensatz zum Beruf des Heilpraktikers in der Humanmedizin gibt es für Tierheilpraktiker keine Vorschriften zur Ablegung einer amtlichen Prüfung beim Gesundheitsamt.

Auch für die Ausübung der Heilkunde bei Tieren (Tierheilpraktiker) muss keine Zulassung beantragt werden und sie kann daher ohne behördliche Genehmigung ausgeübt werden. Es darf also jeder im gesetzlich erlaubten Rahmen berufs- und gewerbsmäßig Tiere behandeln, allerdings wird dafür ein entsprechendes Können und Wissen vorausgesetzt.

Reden Sie mit möglichst vielen Leuten. Holen Sie Referenzen ein, fragen Sie nach Empfehlungen. Fragen Sie, an welcher Schule Ihr Tierheilpraktiker die Ausbildung gemacht hat und wie viel Erfahrung er bereits gesammelt hat. Nur weil wissenschaftliche Studien nicht belegt haben, dass etwas funktioniert, bedeutet das ja nicht, dass es nicht funktioniert. Es gibt viele Belege, die die positive Wirkung ganzheitlicher Methoden belegen (einige funktionieren besser als andere und einige sind glaubwürdiger als andere). Wissenschaftliche Studien haben aber auch nicht bewiesen, dass bestimmte Methoden sicher sind. Lassen Sie also Vorsicht walten.

Wenn Sie sich einen Tierheilpraktiker, der ganzheitliche Methoden anwendet, suchen, der Ihren Labrador neben Ihrem regulären Tierarzt behandeln soll, dann lassen Sie dies Ihren

Tierarzt wissen. Selbst wenn Ihr Tierarzt davon nichts hält oder glaubt, dass die von Ihnen gewählte Therapie nichts bringt (obwohl es gut ist, wenn Ihr Tierarzt Ihre Bemühungen um eine komplementäre Behandlung unterstützt), sollte er über alle Behandlungen, die Ihren Labrador betreffen, Bescheid wissen. Beispielsweise können pflanzliche Medikamente zusammen mit den von Ihrem Tierarzt verschriebenen Medikamenten Wechselwirkungen zeigen.

Nur das Beste ist gerade gut genug

Egal wofür Sie sich entscheiden, ob Sie nun Ihren Labrador mit schulmedizinischen oder alternativen Methoden, allopathisch oder ganzheitlich, behandeln lassen, stellen Sie Fragen, stellen Sie Nachforschungen an und vertrauen Sie Ihrem Instinkt. In den meisten Fällen können Sie aus einer ganzen Reihe von tiermedizinischen Experten auswählen, also geben Sie sich nur mit dem Besten zufrieden.

Vertrauen Sie auf Ihren gesunden Menschenverstand

Wenn es um die Gesundheit geht, sollten Sie auf Ihren gesunden Menschenverstand vertrauen. Sehen Sie sich die Lebensumstände, die Gewohnheiten, die Kost, die Bewegung und die häusliche Situation Ihres Labradors an und ziehen Sie daraus Schlüsse auf seine Gesundheit. Andere Ansätze (ganzheitlich oder schulmedizinisch) hören sich für Sie richtig oder vernünftig an oder auch nicht. Wenn sich etwas merkwürdig, verdächtig, unnötig oder irgendwie verkehrt anhört, dann lassen Sie sich von Ihrem Instinkt leiten und meiden Sie diese Art Behandlungsmethode.

Wir wollen damit nicht sagen, dass Sie jeden Tierarzt ablehnen sollten, wenn Ihnen irgendeine Kleinigkeit an ihm nicht passt. Eine um 15 Minuten längere Anfahrt, eine schreckliche Tapete im Wartezimmer oder ein altmodischer Haarschnitt sind keine Gründe, um einen liebvollen, freundlichen Tierarzt abzulehnen, der sich gut mit Ihrem Labrador zu verstehen scheint.

Leider ist jemand, nur weil er ein Tierarzt ist, nicht unbedingt kompetent, aufrichtig und stets in der Lage, die Probleme Ihres Tieres zu lösen. Was für eine Erleichterung wäre es, wenn die Tierarztzulassung gleichgesetzt werden könnte mit Perfektion. Doch die moderne Medizin hat ihre Grenzen und Menschen sind nicht unfehlbar. Scheuen Sie sich nicht, eine zweite Meinung einzuholen, den Tierarzt zu wechseln oder vollständig die Behandlungsart zu wechseln, wenn die bestehende Behandlung nicht funktioniert oder Sie sich dabei unbehaglich fühlen. Wenn Sie Ihrem Tierarzt in einem Punkt jedoch vertrauen, dann müssen Sie ihm dieses Vertrauen auch entgegenbringen. Lassen Sie ihn seine Arbeit machen, ohne diese ständig zu hinterfragen. Jeder kann natürlich Fehler machen. Wenn sich der schulmedizinische oder ganzheitliche Weg, den Sie eingeschlagen haben, als falsch für Ihren Labrador erweist, dann kümmern Sie sich um die Gesundheit Ihres Labradors und suchen Sie nach alternativen Heilmethoden.

Bodywork für Tiere

Ein weiterer wachsender Gesundheitsbereich ist Bodywork für Tiere. Unter Bodywork versteht man jede Art von physikalischer Therapie, sei es Chiropraktik, Akupunktur, Akupressur, Massage oder Energywork. Regelmäßige Massagen können Hunden helfen, die extrem sensibel auf Berührung reagieren, unempfindlicher zu werden. Sie lassen sich dann einfacher führen und Ihrem Tierarzt wird die Behandlung erleichtert.

In größeren Städten gibt es immer mehr Tiermassagepraxen, aber Sie können auch selbst versuchen, Ihren Labrador zu massieren. Die Tiermassage ist ein wunderbares Mittel, um eine enge Beziehung zu Ihrem Hund aufzubauen. Er wird es mögen (uns gefällt eine entspannende Massage schließlich auch) und Sie werden ihn gerne dafür belohnen wollen, dass er so ein treuer Begleiter ist. Versuchen Sie es mal mit der folgenden einfachen Massageanleitung:

1. **Rufen Sie Ihren Labrador zu sich und lassen Sie ihn »Sitz« machen.**
2. **Beginnen Sie, indem Sie ihn in gewohnter Weise streicheln, damit er nicht das Gefühl hat, dass Sie etwas Merkwürdiges mit ihm vorhaben, und sich aus dem Staub machen will.**
3. **Streicheln Sie Ihren Hund von Kopf bis zu den Zehen mit leichtem Druck und langen streichenden Bewegungen. Dieses Streichen bereitet seine Muskeln auf die tiefer gehende Massage vor. Machen Sie diese Bewegungen ungefähr zwei Minuten lang.**
4. **Streicheln Sie den Kopf Ihres Hundes. Halten Sie von unten seine Schnauze und streichen Sie mit der anderen Hund über seinen Kopf.**
5. **Streichen Sie über jedes Ohr.**

   Die Ohren Ihres Hundes sitzen voller Nervenenden und die Streichbewegungen werden sehr entspannend sein. Führen Sie diese Bewegungen etwa eine Minute lang an jedem Ohr durch.
6. **Streicheln Sie etwa 30 Sekunden lang vorsichtig über die Wangen, die Stirn und die Schnauze Ihres Hundes.**
7. **Arbeiten Sie sich dann zum Nacken vor. Hier ist die Haut lockerer und Sie können die Muskeln spüren. Massieren Sie die Muskeln im Nacken des Labradors mit den Fingern und streichen Sie auch über die seitliche Nackenpartie (allerdings ohne auf die Luftröhre zu drücken).**

   Hunde haben sehr viel Spannung in ihren Nackenmuskeln, Ihr Labrador wird es daher sicherlich sehr entspannend finden.

8. **Arbeiten Sie sich zum Rücken vor. Streichen Sie mehrmals mit beiden Händen und leichtem Druck an beiden Seiten der Wirbelsäule entlang (nicht direkt auf der Wirbelsäule) und anschließend mit beiden Handflächen ein oder zwei Minuten entlang der Flanken. Massieren Sie dann mit den Fingerspitzen rechts und links der Wirbelsäule. Schließen Sie mit langen, festen Streichbewegungen.**

9. **Lassen Sie Ihren Hund sich auf die Seite legen. Streichen Sie am Oberschenkel sanft fünf Mal von oben nach unten. Drücken und halten Sie dann jeden Oberschenkel etwas zehn Sekunden. Massieren Sie mit Ihren Fingern sanft zwischen den Oberschenkelsehnen.**

10. **Nehmen Sie jeweils eine Pfote in die Hand und massieren Sie um den Ballen und die Nägel herum.**

    Machen Sie mit jedem Finger kleine kreisende Bewegungen. Biegen und strecken Sie dann vorsichtig ein paar Mal die Gelenke jedes Laufes. Wenn Ihr Hund an Hüftgelenk-Dysplasie leidet oder andere Knochen- oder Gelenkprobleme hat, sollten Sie schmerzhafte Bereiche ausnehmen. Wenn Ihr Hund winselt oder plötzlich zurückzuckt, haben Sie eine empfindliche Stelle erwischt. Beruhigen Sie Ihren Hund (wir würden uns sogar entschuldigen) und machen Sie an einer anderen Stelle weiter.

11. **Lassen Sie Ihren Hund sich auf die andere Seite legen und verfahren Sie mit den anderen zwei Beinen ebenso.**

12. **Beenden Sie die Massage Ihres Labradors mit einigen langen, sanften Streichbewegungen vom Kopf bis zu den Zehen.**

    Wenn Ihr Hund jetzt eingeschlafen ist, haben Sie hervorragende Arbeit geleistet. Wenn nicht, ist er jetzt sicherlich sehr entspannt. Bleiben Sie noch eine Weile neben Ihrem Hund sitzen und lassen Sie ihn aufstehen, wenn er es möchte. Lassen Sie ihn das entspannte Gefühl genießen oder – wenn er jetzt energiegeladen ist – aufspringen und herumtollen!

Wir haben in diesem Kapitel sehr viel über Intuition und gesunden Menschenverstand gesprochen, womit Sie vielleicht nicht immer so viel anfangen können. Wir sind der Meinung, dass Sie sich, was Ihren Hund angeht, unbedingt von Ihrem Instinkt leiten lassen sollten, allerdings liegt der Schlüssel zur Gesundheit Ihres Hundes darin, sich stets über seine Bedürfnisse und Behandlungsmöglichkeiten zu informieren und eine Vertrauensbasis zum tiermedizinischen Versorgungsteam Ihres Hundes aufzubauen. Ob dieses Team nun aus einem Tierheilpraktiker, einem Tiermasseur und/oder einem konventionellen Tierarzt und seinem Praxisteam besteht, alle sollten bestrebt und willens sein, Ihre Fragen zu beantworten, Sie auf dem Laufenden zu halten und zusammen mit Ihnen an einem gemeinsamen Ziel zu arbeiten: der Gesundheit Ihres geliebten Labrador Retriever.

Züchten oder nicht züchten – das ist hier die Frage

Ein weiteres großes Thema im Bereich der Gesundheit Ihres Hundes ist die Zucht. Früher glaubten viele fälschlicherweise, dass es für eine Hündin gesünder wäre, vor der Kastration zumindest einmal zu werfen. Das ist aber nicht richtig. Eine weitere Fehlannahme ist, dass eine Hündin wenigstens einmal läufig gewesen sein muss, bevor sie kastriert werden kann. Doch eine Läufigkeit abzuwarten, bedeutet auch, eine Trächtigkeit zu riskieren.

Wir wollen an dieser Stelle keine potenziellen Züchter verschrecken, die alles lernen wollen, was es über dieses Hobby zu wissen gibt, und die verantwortungsvoll und hingebungsvoll zu züchten beabsichtigen. Falls Sie jedoch herausfinden wollen, ob es wohl Spaß macht, mit Ihrem Hund zu züchten, dann haben wir eine schlichte aufrichtige Antwort: Lassen Sie die Finger davon!

Wenn Sie »offiziell« züchten wollen, Ihre Welpen also eine Ahnentafel bekommen sollen, dann müssen Sie Ihren Hund bei einem VDH-Züchter kaufen, einem vom VDH anerkannten Rassehundverein angehören und die Zuchtordnung erfüllen. Dazu gehört beispielsweise auch die Teilnahme an Neuzüchterseminaren, die von diesen Vereinen angeboten werden.

Lassen Sie's, wenn Sie sich nicht sicher sind

Züchten ist ein zeitraubendes, teures und manchmal auch herzzerreißendes Unterfangen (nicht immer überleben die Welpen). Für passionierte Hundeliebhaber, die alles nur Erdenkliche tun, um gesunde, gut erzogene und sozialisierte Welpen hervorzubringen, und die willens sind, alle Anstrengungen zu unternehmen, dass diese Welpen ein gutes Zuhause finden und dazu alle potenziellen Käufer unter die Lupe nehmen, kann Züchten eine Lebensaufgabe sein. Aber eine goldene Nase können Sie sich damit nicht verdienen und Ihre Hündin muss weder einmal in ihrem Leben trächtig sein noch läufig werden, um gesund zu bleiben.

Es gibt ohnehin zu viele ungewollte Hunde auf der Erde. Allein in den USA werden täglich mehr als 70.000 junge Hunde und Katzen geboren, von denen sehr viele eingeschläfert werden. Sie sollten also einen sehr guten Grund haben, warum Sie noch mehr Welpen in diese Welt setzen wollen. Es gibt bestimmt noch eine andere Möglichkeit, das Wunder einer Geburt zu erleben.

Falls Sie der Meinung sind, dass Ihre Kinder die Geburt von Welpen zu Bildungszwecken ansehen sollten, sollten Sie Folgendes bedenken: Eine Routinegeburt kann sehr schnell zu einem Notfall werden. Manchmal werden Welpen totgeboren oder die Mutter stirbt während der Geburt. Wir halten es für vernünftiger, wenn Sie sich ein Video kaufen oder leihen, das die Geburt von Hunden, Katzen, Fohlen oder anderen Tieren zeigt.

Züchten – für und wider

Auch wenn viele Dinge gegen das Züchten sprechen, so spricht für eine geeignete Person einiges dafür. Wenn Sie noch immer glauben, dass Sie das Zeug zu einem großartigen Züchter haben, dann lesen Sie unsere Listen mit den Argumenten für und wider das Züchten. (Wir haben die Argumente gegen das Züchten an den Anfang gestellt, damit Sie wissen, worauf Sie sich einlassen.)

Argumente gegen das Züchten:

- ✔ **Züchten ist eine teure Angelegenheit.** Sie müssen ein oder beide Elternteile sowie alle Welpen füttern und unterbringen und regelmäßig zum Tierarzt gehen, um alle impfen und entwurmen zu lassen. Sie müssen die Anzeigen für die Welpen bezahlen, was mitunter teuer sein kann. Egal wie großartig Ihre Hunde sind, Sie werden vom Züchten nicht reich werden. Wahrscheinlich bekommen Sie gerade genug, um Ihre Kosten zu decken.

- ✔ **Züchten ist eine zeitraubende Angelegenheit.** Sie müssen sich um alle Welpen kümmern, sie an die Umwelt gewöhnen und erste Übungen mit ihnen machen. Welpen brauchen rund um die Uhr Betreuung und Sie werden nicht viel Schlaf bekommen, wenn ein Wurf junger Hunde im Haus ist.

- ✔ **Sie müssen etwas über Vererbungslehre wissen und lernen, wie man so züchtet, dass genetisch bedingte Krankheiten vermieden werden.** Sie müssen wissen, wie die Trächtigkeit und die Geburt bei Hunden verläuft, wie Sie bei der Geburt assistieren können, wie gesundheitliche Probleme bei trächtigen Hündinnen und bei den Welpen verhindert werden können, wie Sie für hygienische Verhältnisse sorgen, welche Gerätschaften und Ausstattung Sie brauchen – die Liste ist unendlich. Sie werden sehr viel lesen und viele Kontakte zu anderen Züchtern knüpfen müssen.

- ✔ **Sie werden den Eindruck bekommen, dass Sie nicht mehr selbst über Ihre Zeit bestimmen können.** Sie müssen darauf gefasst sein, dass Sie zu den unmöglichsten Zeiten angerufen werden, wenn Sie erst einmal die Anzeigen für Ihre Welpen aufgegeben haben. Sie müssen bereit sein, viele Fragen der Anrufer zu beantworten, und manche Antworten werden Sie sicherlich mehrmals geben müssen.

  Während Sie mit möglichen Besitzern Ihrer Welpen telefonieren, sollten Sie die Zeit nutzen, um diese etwas unter die Lupe zu nehmen. Dann müssen Sie die paar Wenigen, von denen Sie glauben, dass sie Ihren Welpen ein gutes Zuhause bieten können, zu sich einladen. Sie sollten sich für jeden Interessenten ein paar Stunden Zeit nehmen, um ihnen die Eltern oder zumindest die Mutter der Welpen und die Welpen selbst zu zeigen. Sie müssen ihnen auch alle Informationen geben, die sie brauchen, um eine Entscheidung treffen zu können.

  Manche Leute fahren gerne in der Gegend herum und sehen sich Welpen an. Nachdem Sie sehr viel Zeit investiert haben, finden Sie wahrscheinlich heraus, dass sie gar kein Interesse daran haben, einen Welpen zu kaufen. Wenn Sie dann endlich ein gutes Zuhause für alle Ihre Welpen gefunden haben, müssen Sie damit rechnen, dass Sie ständig als Ansprechpartner für die neuen Welpenbesitzer zur Verfügung stehen müssen.

- **Zum Züchten gehört mehr als eine Hündin und einen Rüden zusammenzulassen und als Resultat Welpen zu bekommen.** Der Zeitpunkt ist sehr wichtig. Die Suche nach dem richtigen Deckrüden für Ihr Mädchen ist sehr wichtig. Die Kosten für das Decken können recht hoch sein. Sie sollten unbedingt den Deckvorgang überwachen, um Verletzungen bei Ihrer Hündin zu vermeiden. Züchten bedeutet nicht, »einfach der Natur ihren Lauf zu lassen«.
- **Züchten kann herzzerreißend sein.** Manchmal stirbt die Mutter bei der Geburt. Manchmal sterben die Welpen. Manchmal werden sie mit schwerwiegenden genetischen Fehlern geboren und müssen eingeschläfert werden. Wenn Sie es noch nicht einmal aushalten können, wenn in einem Film einem Hund etwas zustößt, sollten Sie vom Züchten lieber Abstand nehmen.
- **Züchten ist eine große Verantwortung.** Sie bringen Leben auf diese Welt. Es liegt in Ihrer Hand, dass diese Welpen die entsprechende Pflege und Sozialisierung erhalten und in Hände gelangen, die ihnen eine sichere und glückliche Existenz sichern.

Sind Sie bereit, dies alles auf sich zu nehmen?

Argumente für das Züchten:

Wenn Sie Labrador Retriever lieben und bereit sind, Ihre gesamte Freizeit in die Aufzucht noch gesünderer, schönerer und edlerer Labradore zu stecken, die wundervolle Hunde werden und die im Ausstellungsring Bewunderung hervorrufen, dann greifen Sie es an.

Sie werden sehr viel lernen müssen. Suchen Sie Kontakt zu erfahrenen Züchtern, lesen Sie alles, was Sie über das Züchten erfahren können, lesen Sie die Zuchtordnung der VDH-Vereine und besuchen Sie Neuzüchterseminare.

Kastration ist keine schlechte Sache

Die Kastration, die fälschlicherweise häufig auch als Sterilisation bezeichnet wird, hat eine ganze Menge Vorteile und nur einige wenige Nachteile. Wir haben hier zunächst die Vorteile für eine Kastration aufgeführt:

- Sie wollen nicht riskieren, dass ein Wurf ungewollter Welpen in die Welt gesetzt wird.
- Sie reduzieren damit das Risiko Ihrer Hündin, an Brustdrüsen-, Gebärmutter-, Eileiter- oder Gebärmutterhalskrebs zu erkranken, und verringern für Ihren Rüden die Gefahr der Erkrankung an Hoden- oder Prostatakrebs.
- Ihr Hund kann nach der Operation etwas ruhiger und bequemer werden und wird nicht mehr die Neigung haben, die Nachbarschaft nach läufigen Hündinnen bzw. deckwilligen Rüden abzusuchen.

✔ Ihr Rüde wird sich gegenüber anderen Hunden weniger aggressiv verhalten.

✔ Sie brauchen nicht mehr während der Läufigkeit Ihrer Hündin deren Spuren wegzuwischen.

✔ Ihre Hündin wird weniger stark Stimmungsschwankungen unterliegen.

Und die Nachteile? Nun, sehr viele gibt es nicht. Durch die Operation entstehen Kosten, die allerdings sehr viel geringer sind als die, die Welpen verursachen würden oder die bei einer Krebsbehandlung entstünden.

Wenn Ihre Labradorhündin aggressives Verhalten – beispielsweise Knurren, Beißen oder aggressives Bellen – zeigt, sollten Sie einen Hundetrainer um Rat fragen, der sich mit dieser Art von Verhalten auskennt. Besprechen Sie mit ihm, ob Sie dieses Problem vor der Kastration lösen sollten. Manche vertreten die Ansicht, dass Hündinnen durch Kastration aggressiver werden.

Hunde erholen sich nach der Operation in ein paar Tagen, es kann aber auch ein bis zwei Wochen dauern, bis sie wieder ganz fit sind. (Jüngere Hunde erholen sich meistens schneller als ältere.) Es kann vorkommen, dass kastrierte Hunde nach der Operation etwas ruhiger und bequemer werden. Rüden können anderen Hunden gegenüber weniger Aggression zeigen und neigen weniger dazu, ihr Revier mit Urin zu markieren.

Entgegen der landläufigen Meinung verändert eine Kastration nicht das Wesen des Hundes, macht ihn nicht dick und faul oder nimmt ihm nicht seinen Beschützerinstinkt. Das ist alles Unsinn! Die Kastration bewirkt lediglich, dass der manchmal unangenehme und übermäßige Nesttrieb genommen wird. Wenn Sie nicht vorhaben zu züchten, sollten Sie Ihren Hund kastrieren lassen.

Der richtige Zeitpunkt

Lange Zeit wurde darüber diskutiert, wie früh ein Hund kastriert werden sollte. Auch wenn früher die Meinung vorherrschte, dass Hunde erst kastriert werden sollten, wenn sie ausgewachsen sind, sich also ihre Knochen und Muskeln voll entwickelt haben, so raten Tierärzte heute verstärkt zu einer Kastration in den ersten Lebensmonaten, bei Hündinnen vor dem Einsetzen der ersten Läufigkeit. Manche Tierärzte warten die ersten sechs Lebensmonate ab, wenn die Knochen schon fast ausgewachsen sind. Tierforscher sind jedoch nicht sicher, ob eine Kastration vor dem sechsten Lebensmonat sich überhaupt negativ auf das Wachstum auswirkt. Es ist durchaus möglich, dass Rüden Welpen zeugen und Hündinnen trächtig werden können, bevor sie sechs Monate alt sind. Am besten beraten Sie sich mit Ihrem Tierarzt oder Ihrer Tierärztin über den richtigen Zeitpunkt.

Impfungen

Vielleicht das Wichtigste, was Sie tun können, um Tragödien vorzubeugen, ist die Impfung im Welpenalter. Beim ersten Tierarztbesuch erhalten Sie einen Impfplan für das erste Lebensjahr Ihres Hundes. Der Zweck der Impfungen im ersten Jahr und noch etwas später ist der allmähliche Aufbau des Immunsystems des Welpen, der von der Mutter nicht mehr gesäugt wird und daher keinen Schutz mehr hat.

Lassen Sie Ihren Hund regelmäßig vom Tierarzt impfen, dann ist alles ordnungsgemäß im Impfpass festgehalten und Sie können sicher sein, dass Sie einen Qualitätsimpfstoff erhalten.

Bei einer Impfung wird mit dem Impfstoff ein Bruchteil an Krankheitserregern dem Immunsystem des Hundes zugeführt, damit dieser Abwehrstoffe dagegen aufbauen kann. Sollte der Hund später diesen Krankheitserregern ausgesetzt sein, ist sein Körper bereit, den Kampf mit ihnen aufzunehmen. Die typische Impfstoffmischung schützt Ihren Welpen vor mehreren gefährlichen Krankheiten. Die Grundimmunisierung erfolgt in der Regel in der siebten bis achten Lebenswoche. Die Impfungen werden dann nach drei bzw. sechs Wochen wiederholt, damit eine ausreichende Antikörperbildung stattfindet. Die meisten Impfstoffmischungen schützen Ihren Hund vor folgenden Krankheiten:

- **Staupe:** Diese Virusinfektion der oberen Atemwege führt zu Erbrechen, starkem Durchfall und Fieber. Sehr häufig verläuft die Krankheit tödlich.
- **Parvovirose:** Parvoviren befallen die Darmschleimhaut und können vor allem für Welpen tödlich sein. Manche Rassen (beispielsweise Dobermänner und Rottweiler) sind besonders anfällig dafür, bei Welpen sind alle Rassen betroffen. Parvoviren können auf vielerlei Arten in Ihr Haus gelangen, so auch über Ihre Schuhe, die Sie während der Welpenzeit am besten außer Reichweite des Hundes aufbewahren. Die Krankheit führt zu Durchfall, Fieber, starken Bauchschmerzen, Erbrechen und kann, wenn sie nicht rechtzeitig erkannt wird, tödlich enden.
- **Hepatitis:** Diese ansteckende Leberentzündung führt zu Fieber, Erbrechen und Durchfall.
- **Leptospirose:** Diese bakterielle Infektion kann auch auf den Menschen übertragen werden. Leptospiren leben in Gewässern und feuchten Böden und werden von den dort lebenden Ratten und Mäusen aufgenommen und können über diese an die Hunde weitergegeben werden. Diese Erkrankung befällt unter anderem die Leber, die Nieren, die Blase und führt zu Fieber, Erbrechen, Appetitlosigkeit, Bauchschmerzen und Augenentzündungen.

Sie können Ihren Welpen auch gegen andere Krankheiten impfen lassen. Sinnvolle Impfungen können beispielsweise gegen *Zwingerhusten* oder *Borreliose* sein. Der Haupterreger des Zwingerhustens ist das Parainfluenzavirus, das aber nur zusammen mit anderen aggressiven Bakterienarten zu starker Lungenentzündung führen kann. Diese Impfung wird häufig bei Hunden verlangt, die in großen Beständen in Zwingern zusammenleben und sich daher die Krankheit leichter ausbreiten kann. Die Impfung gegen Borreliose (auch Lyme-Krankheit genannt) ist dann sinnvoll, wenn Sie in bewaldeten, zeckengefährdeten Gebieten leben. Die Krankheit wird durch einen Zeckenbiss übertragen und führt zu Lähmungen, Fieber, Appetitlosigkeit und geschwollenen Gelenken.

Ihr Welpe sollte etwa ab dem dritten Lebensmonat auch gegen Tollwut geimpft werden. An dieser tödlich verlaufenden Krankheit können sowohl Tiere als auch Menschen erkranken. Tollwutimpfungen sind in den meisten Ländern gesetzlich vorgeschrieben. Da es in der Schweiz schon seit Jahren keinen Tollwutfall mehr gegeben hat, müssen dort lebende Tiere nicht mehr geimpft werden.

Wenn Sie finden, dass ein streunender Hund sich merkwürdig benimmt, außerdem unkontrollierte oder zuckende Bewegungen macht und/oder Schaum vor dem Maul hat, dann fassen Sie dieses Tier nicht an. Rufen Sie beim zuständigen Veterinäramt oder bei der Polizei an. Diese Verhaltensweisen deuten auf Tollwut hin, und es ist sehr leicht, sich bei einem infizierten Hund anzustecken, wenn er Sie beißt oder sein Speichel in eine offene Wunde auf Ihrer Haut gerät. Tollwut ist meistens auch für den Menschen tödlich.

Die große Impfdebatte

Sollten Sie nach dem ersten wichtigen Jahr mit der Impfung Ihres Hundes fortfahren? Manche bejahen diese Frage, andere verneinen sie. Wenn Sie mit Ihrem Hund zu Begleithundekursen gehen oder ihn für die Dauer Ihres Urlaubs in eine Hundepension geben, werden Sie wahrscheinlich den Nachweis erbringen müssen, dass Ihr Hund geimpft ist. Aber was passiert, wenn Sie Ihren Hund nicht impfen lassen, und was passiert, wenn Sie es tun?

Manche sagen, dass zu häufig und unnötig geimpft wird und dass Impfungen bei einigen Hunden zu chronischen Erkrankungen führen können. Andere stimmen dem nicht zu und führen das geringe Auftreten von Nebenwirkungen bei Impfungen an. Ihr Argument ist, dass jährliche Impfungen dazu beitragen, gefährliche Hundekrankheiten auszurotten.

Beide Seiten haben überzeugende Argumente, aber wir sind der Meinung, dass es wichtig ist, seinen Teil zur Ausrottung von Krankheiten in der Hundepopulation beizutragen. Das Impfen des Hundes ist gleichzusetzen mit dem Impfen eines Kindes. Natürlich besteht ein sehr geringes, aber doch reales Risiko einer ernsthaften Reaktion und ein etwas höheres Risiko einer milden Reaktion. Impfungen haben jedoch dazu beigetragen, dass einige ernste Kinderkrankheiten drastisch zurückgedrängt oder vollständig ausgerottet wurden und sich dadurch der allgemeine Gesundheitszustand von Kindern erheblich verbessert hat.

Wir haben etwas Ähnliches bei Hunden festgestellt. Eine der häufigsten Todesursachen von Hunden war früher die Staupe, doch dank der Impfmöglichkeit sterben heute nur noch sehr wenige Hunde daran. Wenn Ihr Hund auf eine Impfung reagiert oder in keiner guten gesundheitlichen Verfassung ist, ist das ein gutes Argument, den Hund nicht impfen zu lassen. Wenn Ihr Hund jedoch gesund ist und noch nie auf eine Impfung reagiert hat, dann ermutigen wir

Sie, Ihren Hund auch weiterhin impfen zu lassen. Erkundigen Sie sich bei Ihrem Tierarzt, ob auch ein Impfabstand von zwei bis drei Jahren möglich ist.

Wenn Sie Ihren Hund nicht jährlich impfen lassen, können Sie mit ihm nicht mehr ins Ausland verreisen. Die meisten unserer Nachbarländer verlangen Impfnachweise, die nicht älter als 12 Monate sind. Bevor Sie sich gegen das Impfen entscheiden, sollten Sie daher Ihre Urlaubsgewohnheiten und die Einreisebestimmungen für Hunde in den von Ihnen bevorzugten Ländern prüfen.

Auch wenn Sie nicht mehr jährlich impfen lassen wollen, dürfen Sie nicht die jährliche Vorsorgeuntersuchung vergessen. Diese Untersuchung ist sehr wichtig, denn sie ermöglicht Ihrem Tierarzt, Ihren Labrador auf seinen Gesundheitszustand hin zu überprüfen. Tun Sie alles, was in Ihrer Macht steht, um Ihren Labrador gesund zu erhalten, und erkennen Sie Problemchen, bevor sie zu Problemen werden.

Neue Erkenntnisse in Sachen Impfungen

Jüngste Untersuchungen haben ergeben, dass wir mit der jährlichen Impfung zu viel des Guten tun. Es wird angenommen, dass Impfungen sehr viel länger wirken als bisher angenommen und dass ein Impfabstand von zwei bis drei Jahren angemessener ist als der bisherige Abstand von 12 Monaten. Für die behördliche Zulassung von Impfstoffen – außer beim Tollwutimpfstoff – ist keine maximale Schutzdauer anzugeben. Bei Tollwutvakzinen verlangt der Gesetzgeber, dass ein Impfschutz von mindestens einem Jahr nachgewiesen wird. In den USA sind bereits seit vielen Jahren Tollwutimpfstoffe auf dem Markt, bei denen ein Impfschutz von drei Jahren nachgewiesen wird. Durch die vom Gesetzgeber jährlich verlangte Tollwutimpfung hat sich jedoch auch für die anderen Impfungen dieses Intervall ergeben. Sprechen Sie mit Ihrem Tierarzt, wenn Sie das Gefühl haben, dass Sie Ihren Labrador zu häufig impfen. Vielleicht können Sie gemeinsam einen Impfplan mit längeren Abständen erstellen.

Was sein kann und was sein muss

Während die Standardimpfungen vom Gesetzgeber lediglich empfohlen werden, wird sie bei Tollwut vorgeschrieben. Tollwut ist auf Menschen übertragbar und kann tödlich verlaufen. Für Hunde ist die Erkrankung immer tödlich. Auch wenn einige Hunde auf die Tollwutimpfung reagieren, ist es ein größeres Risiko, den Hund nicht impfen zu lassen.

Führen Sie Ihren Hund regelmäßig in Waldgebieten aus, wo heute noch Tollwut vorkommt, ist eine jährliche Impfung unbedingt erforderlich. Bei Kontakt zu einem tollwutverdächtigen Wildtier kann aufgrund der Tollwutverordnung die Tötung des Hundes angeordnet werden, wenn seine letzte Impfung länger als 12 Monate zurückliegt.

Kleine Krabbeltiere

Egal wo Sie wohnen und wie oft Sie mit Ihrem Hund spazieren gehen, irgendwann wird er sich den einen oder anderen Floh einfangen. Mehr als zwei Flöhe sind auch nicht notwendig, um Hunderte von Flöhen zu erzeugen. Daher ist es eine der vorrangigsten Aufgaben eines Hundebesitzers, den Hund auf Parasitenbefall zu untersuchen. Viele Hunde reagieren äußerst allergisch auf Flohbisse und können eine Flohbissdermatitis bekommen, eine schmerzhafte Hauterkrankung, die nur schwer zu heilen ist. Flöhe können auch zu Blutarmut und Bandwürmern führen und netterweise auch Sie ganz schön zerstechen. Ganz zu schweigen von ihrer schlechten Angewohnheit, das ganze Haus zu bevölkern, in Teppichen, Polstermöbeln und Matratzen zu nisten und zu brüten. Igitt!

Zecken sind eine andere Art Parasit, der bei Hunden häufig vorkommt, und sie sind mehr als nur ein lästiges Übel. Zecken übertragen Borreliose und viele andere Krankheiten auf Ihren Hund (und auf Sie, falls Sie von einer Zecke gebissen werden). Bei einigen Krankheiten, so auch bei der Borreliose, muss sich die Zecke 72 Stunden lang an Ihrem Hund (oder an Ihnen) festgebissen haben, um die Krankheit zu übertragen. Wenn Sie jedoch Ihren Hund nicht regelmäßig nach Zecken absuchen, dann sind 72 Stunden verstrichen, bevor Sie es gewahr werden! Auch wenn viele durch Zecken ausgelöste Krankheiten behandelt werden können, ist das Vermeiden von Zecken der vernünftigere, billigere und schmerzfreiere Weg.

Würmer und Milben sind weitere Parasiten, auf die Sie achten sollten. Ihr Hund kann an dieses Ungeziefer gelangen, wenn er an den Ausscheidungen eines anderen Hundes riecht, Flöhe frisst, von einer Stechmücke gestochen wird oder wenn er einfach nur herumläuft, denn manche Würmer werden über die Pfoten aufgenommen.

Hunde können verschiedene Arten von Würmern bekommen. Spul- oder Bandwürmer lassen sich leicht an den Ausscheidungen des Hundes erkennen. Bandwürmer sehen aus wie sich bewegende Reiskörner und Spulwürmer wie Spaghetti. Hunde bekommen Bandwürmer, wenn sie Flöhe fressen, die diese in sich tragen. Spulwürmer sind gewöhnliche Parasiten, die übertragen werden, wenn der Hund an den Ausscheidungen eines infizierten Hundes riecht. Hakenwürmer werden über die Ausscheidungen von Spulwürmern übertragen. Sie bohren sich durch die Haut und setzen sich im Verdauungstrakt fest. Herzwürmer werden von Stechmücken übertragen und kommen meistens in wärmeren Klimazonen vor, wo sie das ganze Jahr über leben (in Europa ist das der gesamte Mittelmeerraum).

Erschreckende Flohfakten

Nur ein bis fünf Prozent der Flöhe in einem Haus bestehen aus erwachsenen Flöhen, die auf einem Hund leben. Die restlichen 95 bis 99 Prozent sind Eier, Larven und Puppen, die in Teppichen, Möbeln und im Garten hausen. Aus zehn erwachsenen Flöhen können unter guten Bedingungen in 30 Tagen 250.000 werden.

Milben können Räude verursachen, eine sehr unangenehme Erkrankung, die mit großem Juckreiz verbunden ist und die tödlich verlaufen kann, wenn sie nicht behandelt wird. Suchen Sie Ihren Tierarzt auf, wenn der Hund sich häufig kratzt oder Fell verliert.

Auf der Suche nach den Parasiten

Bei der täglichen Körperpflege suchen Sie Ihren Hund nach Parasiten ab. Da Labradore ein kurzes Fell haben, sind Flöhe relativ einfach zu erkennen, auch wenn sie bei schwarzen und schokoladenfarbenen Labrador Retrievern schwerer auszumachen sind. Halten Sie stets einen Flohkamm bereit und fahren Sie damit durch das Fell. Wenn Sie nichts entdecken, umso besser! Wenn kleine schwarze Punkte am Flohkamm zu sehen sind, die davonhüpfen, dann hat Ihr Hund Flöhe. Wenn Sie kleine schwarze Flecken entdecken, die nicht weghüpfen, klopfen Sie den Kamm auf einem nassen weißen Stück Papier aus. Sollten sich die Flecken rot verfärben, handelt es sich um Flohdreck und verdautes, vertrocknetes Blut. Igitt! Ihr Hund hat Flöhe. Sie können Ihren Hund auch auf Flöhe untersuchen, indem Sie Ihre Finger durch sein Fell gleiten lassen und seine Haut untersuchen. Wenn Sie kleine schwarze Punkte auf der Haut entdecken, hat er vermutlich Flöhe.

Zecken sind größer und einfacher zu erkennen. Wenn Sie sie jedoch nicht erwischen und sie sich festbeißen, dann können sie Krankheiten übertragen. Je länger eine Zecke festgesaugt bleibt, umso größer wird sie, da sie sich mit Blut voll saugt. Zecken sind alles andere als hübsch. Eine dicke, fette Zecke zu entfernen kann ziemlich ekelhaft und auch gefährlich sein, nämlich dann, wenn die Zecke platzt, wenn Sie sie drücken (eine Erfahrung, die man nicht unbedingt machen muss). Die Zeckenbakterien können über die Haut aufgenommen werden. Sie sollten deshalb immer Gummihandschuhe tragen oder ein Papiertuch verwenden, wenn Sie Zecken entfernen.

Wenn Sie an Ihrem Hund eine Zecke finden, dann entfernen Sie sie richtig, um eine Infektion bei sich und dem Hund zu vermeiden. Hier ein paar Tipps, wie Sie am besten mit Zecken umgehen:

- ✔ Vermeiden Sie Gebiete, die zeckenverseucht sind. Hierzu gehören vor allem bewaldete Gebiete. Wenn Sie mit Ihrem Hund ab und zu in den Wald gehen, sollten Sie sich schützen, indem Sie einen Hut, langärmlige Oberbekleidung und lange Hosen tragen. Suchen Sie Ihren Hund direkt nach dem Spaziergang nach Zecken ab. Vielleicht können Sie die eine oder andere Zecke erwischen, bevor sie sich festsaugt.
- ✔ Halten Sie das Gras in Ihrem Garten kurz und lassen Sie keinen Strauchersschnitt liegen.
- ✔ Entfernen Sie Zecken, sobald Sie sie entdecken.
- ✔ Tragen Sie Gummihandschuhe und verwenden Sie ein Papiertuch, eine Zeckenzange oder etwas Ähnliches, wenn Sie Zecken entfernen. Falls die Zecke platzt, könnten die Bakterien Sie infizieren.

- ✔ Fassen Sie die Zecke möglichst nahe an der Haut des Hundes und drehen und ziehen Sie leicht nach oben. Wenn Teile der Zecke unter der Haut bleiben, kann das zu Infizierung führen.
- ✔ Waschen Sie sich immer die Hände, nachdem Sie eine Zecke entfernt haben, auch dann, wenn Sie Handschuhe getragen oder eine Zange verwendet haben, und desinfizieren Sie die Stelle, an der die Zecke sich festgesaugt hatte, mit Alkohol.

Tröpfeln Sie nie Öl oder Nagellackentferner auf die Zecke. Verbrennen Sie Zecken nicht.

Spülen Sie die Zecke die Toilette hinunter oder ertränken Sie sie in Alkohol. Wenn Sie die Zecke auf Borreliose untersuchen lassen wollen, geben Sie sie mit einem feuchten Stück Papier in eine verschließbare Flasche; fragen Sie Ihren Tierarzt, wo Sie die Zecke testen lassen können.

Befall vermeiden

Am einfachsten werden Sie Flöhe wieder los, indem Sie einen Befall vermeiden. Flöhe sind sture kleine Biester und sie gehen nicht freiwillig, auch wenn man sie noch so nett bittet. Also laden Sie sie am besten gar nicht erst ein!

Wir empfehlen die Dreifachmethode, um eine Flohinvasion einzudämmen:

- ✔ **Insektenwachstumsregulatoren (IGR – Insect Growth Regulator):** Ein IGR wird in Form von Tabletten oder einer Flüssigkeit (die im so genannten Spot-on-Verfahren zwischen die Schulterblätter und manchmal auch auf den Schwanzansatz geträufelt wird) verabreicht. Dieses Mittel tötet nicht die Flöhe ab, sondern wirkt auf die Eier und Larven und verhindert, dass daraus Flöhe schlüpfen und sich erwachsene Flöhe entwickeln. Über kurz oder lang sterben die Flöhe dadurch aus. Wenn Sie Ihren Hund mit einem IGR behandeln und er sich ein paar Flöhe einfängt, können diese nicht brüten und es kommt nicht zu einem Befall.
- ✔ **Während der Hauptsaison für Flöhe (meistens in den Sommermonaten) sollten Sie Ihren Hund auch mit einem Adultizid behandelt.** Adultizide sind Wirkstoffe, die erwachsene Flöhe abtöten. Wir empfehlen die Lösungen, die im Spot-on-Verfahren aufgetragen werden, da die Flohsprays in der Regel mehr Giftstoffe enthalten. Durch die Applikation des Wirkstoffs auf die Haut verteilt sich das Medikament auf der Haut und im Fell und tötet dabei die erwachsenen Flöhe ab. In Kombination mit einem IGR haben Flöhe bei Ihrem Hund keine Chance mehr!

- **Während der Flohsaison sollten Sie einen Tag in der Woche zum Flohkontrolltag erklären.** Waschen Sie das gesamte Bettzeug (das Ihrige – wenn der Hund bei Ihnen im Bett schläft – und das des Hundes), saugen Sie alle Teppiche und Polstermöbel ab (insbesondere die Stellen, an denen sich Ihr Hund häufig aufhält), entfernen Sie Gestrüpp und Hundemüll aus dem Garten (ein Anziehungspunkt für Flöhe), kämmen Sie Ihren Hund mit einem Flohkamm und sprühen Sie, wenn erforderlich, Teppiche und Möbel mit einem Flohspray ein. Falls notwendig, sprühen Sie auch ein Flohbekämpfungsmittel im Garten. Wenn Sie jedoch sehr sorgfältig sind, werden Sie kein Spray benötigen. Die modernen Flohmittel sind recht wirksam.

Achten Sie darauf, nicht zu viele verschiedene Präparate zu mischen. Lassen Sie sich von Ihrem Tierarzt beraten, bevor Sie mehrere Produkte gleichzeitig einsetzen (beispielsweise ein Flohshampoo und danach ein Spot-on-Adultizid).

Die Plage bekämpfen

Wenn es Ihren Hund erwischt hat, werden Sie es bald merken. Er wird sich ständig kratzen, vielleicht wachen Sie sogar nachts von dem Kratzgeräusch auf. Schlimmstenfalls kann es dabei zu so genannten *Hot Spots* – schmerzhaften, juckenden roten Hautstellen – kommen, die heftig auf den Flohstich oder auf das anschließende Kratzen reagiert haben. Vielleicht sehen Sie bereits Flöhe auf Ihren Möbeln oder Ihrem Bett. (Wenn Ihr Hund bei Ihnen im Bett schläft – seien Sie unbesorgt, Sie sind da nicht der/die Einzige –, springen die Flöhe auf Ihren Arm und sind wieder weg, bevor Sie sie fangen können. Sollte es Ihnen doch gelingen, Sie zu fangen, versuchen Sie es mit folgendem Hausmittel: ein Glas Wasser mit Spülmittel tötet die unangenehmen Krabbeltiere.

Verzweifeln Sie nicht. Auch wenn es nicht einfach ist, Sie können die Oberhand bekommen, wenn Sie die Sache ernsthaft folgendermaßen angehen:

1. **Sperren Sie Ihren Hund vor die Tür und säubern Sie das Haus.**

   Saugen Sie überall äußerst gründlich, auch unter den Möbeln und die Polster. Stauben Sie alles gründlich ab. Waschen Sie alle Bettbezüge, auch das Hundebett. Sprühen Sie die Teppiche und Möbel, auf denen Ihr Hund häufig liegt, mit einem Flohspray ein, das für die Anwendung im Haus und für Möbel und Teppiche geeignet ist. Die besten Mittel enthalten Adultizide und ein IGR.

2. **Jetzt ist der Hund an der Reihe.**

   Wenn Sie Ihren Hund bislang nicht mit einem Flohmittel behandelt haben, wird es nun Zeit. Baden Sie Ihren Hund und lassen Sie ihn draußen trocknen, vermeiden Sie aber, dass er sich im Gras wälzt. Kämmen Sie sein Fell mit einem Flohkamm, applizieren Sie ein Spot-on-Mittel und, wenn Sie wollen, verabreichen Sie ihm oral ein IGR. Bringen Sie den Hund dann in das saubere Haus.

3. **Verabreichen Sie das Adultizid und das IGR entsprechend der Packungsbeilage und säubern Sie in den nächsten Wochen Ihr Haus sehr aufmerksam. (Wenden Sie jedoch das Flohspray in den Innenräumen nicht häufiger als angegeben an.)**

   Baden Sie Ihren Hund in den nächsten drei bis vier Wochen nicht, bis das Spot-on-Mittel erneut aufgebracht werden kann. Wenn Sie konsequent sind, werden Ihr Haus und Ihr Hund bald flohfrei sein.

Wenn Ihr Hund eine Reaktion auf die Flohstiche zeigt (Flohstichdermatitis) oder wenn er krank wirkt oder Sie glauben, dass er aufgrund des Flohbefalls Bandwürmer und Blutarmut hat, dann gehen Sie mit ihm zum Tierarzt.

Es gibt verschiedene biologische Sprays auf dem Markt, die verschiedene Öle zur Flohbekämpfung einsetzen. Die Wirksamkeit dieser Produkte ist nicht immer wissenschaftlich erforscht, aber es gibt viele Hundebesitzer, die darauf schwören. Stellen Sie aber nicht Ihre eigenen natürlichen Produkte zusammen, verlassen Sie sich lieber auf die, die speziell für Haustiere entwickelt wurden.

Wenn der Notfall eintritt

Niemand denkt gerne daran, dass seinem Hund etwas Schreckliches zustoßen könnte. Aber manchmal passiert es einfach und Sie können die Auswirkungen dieser Tragödie in den Griff bekommen, wenn Sie darauf vorbereitet sind. Wenn Ihr Hund trotz größter Vorsichtsmaßnahmen erkrankt oder sich verletzt, können Sie einige Maßnahmen ergreifen, um ihm die bestmöglichen Überlebens- und Regenerationsmöglichkeiten zu bieten.

Tritt der Notfall ein, sollten Sie ruhig bleiben. Wenn Sie hektisch werden, können Sie Ihrem Hund nicht helfen.

Nie ohne Hundemarke

Sie sollten die Bedeutung von Hundemarken nicht unterschätzen. Auch ein gut erzogener Hund kann von seinen Menschen getrennt werden und Welpen, die es noch nicht besser wissen, entfernen sich zu weit von ihrem Zuhause und finden nicht mehr zurück. Mithilfe von Hundemarken (ob Steuer- oder Registrierungsmarke) kann der Hund schnell wieder zu Ihnen zurückgebracht werden. Ohne eine solche Marke landet Ihr Hund im Tierheim, wo Sie ihn vielleicht nicht rechtzeitig wiederfinden.

Allzeit bereit

Gerät Ihr Labrador in eine Notsituation, müssen Sie schnell handeln. Wenn Sie im Voraus wissen, was in einem Notfall zu tun ist, sparen Sie wertvolle Zeit und retten Ihrem Hund unter Umständen das Leben! Sie sollten stets eine Notfallapotheke zur Hand haben und wachsam sein, vor allem wenn Sie mit dem Hund in Urlaub fahren. Lassen Sie Ihren Hund nie ohne Leine laufen, vor allem dann nicht, wenn Verkehr in der Nähe ist. Die Telefonnummer Ihres Tierarztes sollten Sie stets parat haben. Tun Sie alles, um Ihren Hund aus Gefahrensituationen und von giftigen Substanzen fern zu halten. Informieren Sie sich, was in bestimmten Notfallsituationen zu tun ist, und üben Sie es. Ihr Labrador sollte es Ihnen wert sein.

Eine Notfallapotheke für den Hund zusammenstellen

Um sich auf mögliche Notfälle vorzubereiten, sollten Sie eine Hunde-Notfallapotheke zusammenstellen. Bewahren Sie diese in der Nähe Ihrer eigenen Notfallapotheke auf. (Falls Sie weder eine für Ihren Hund noch eine für Ihre Familie haben, können Sie gleich frisch ans Werk gehen und zwei Notfallapotheken zusammenstellen.) Stellen Sie sicher, dass jedes Familienmitglied und auch der Hundesitter weiß, wo sich diese Notfallapotheke befindet. Sie sollte stets gefüllt sein und wenn etwas aufgebraucht wird, sollte es sofort wieder ersetzt werden. Ihre Hunde-Notfallapotheke sollte Folgendes enthalten:

- ✔ Gazetupfer und Mullbinden als Verbandmaterial (Pflaster klebt nicht gut auf Fell, deshalb sollten die Binden lang genug sein, um einen Körperteil damit verbinden zu können.)
- ✔ Stoffstreifen, die reißfest und lang genug sind, um als Maulbinde verwendet zu werden; üben Sie ruhig ein paar Mal, die Streifen um das Maul des Hundes zu wickeln und hinter dem Kopf zusammenzubinden. Nehmen Sie die Binde sofort wieder ab, Sie wollen Ihren Hund ja nicht erschrecken. (Ein verletzter Hund kann zubeißen, auch wenn er noch so gut erzogen ist.) Sie können natürlich auch einen passenden Maulkorb für die Notfallapotheke kaufen.
- ✔ Ein großes Laken, mit dem Sie den Hund transportieren können
- ✔ Eine Aderpresse (für Notfälle mit starken Blutungen)
- ✔ Wunddesinfektionsmittel
- ✔ Brechmittel
- ✔ Antibiotische Salbe
- ✔ Brand-/Antihistaminikumsalbe
- ✔ Wärme- oder Kältebeutel
- ✔ Pinzette und Zeckenzange
- ✔ Fieberthermometer für Hunde

- ✔ Wasser und Trinknapf
- ✔ Ersatzleine und -halsband
- ✔ Telefonnummer des Tierarztes und einer Tiernotfallzentrale
- ✔ Impfpass
- ✔ Ein Büchlein über Erste-Hilfe-Maßnahmen beim Hund

Eine große Plastik- oder Metallkiste ist das ideale Behältnis für eine Hunde-Notfallapotheke. Sie ist einfach zu transportieren, kann im Kofferraum verstaut werden und kleinere Sachen können sicher darin aufbewahrt werden. Größere Gegenstände, wie Decke, Wasserkanister und Napf, können separat verstaut werden, sollten aber nicht vergessen werden!

Notfallinformationen griffbereit haben

Wenn Sie einen Zettel mit den wichtigsten Daten in Ihrer Notfallapotheke aufbewahren, kann dieser unter Umständen Leben retten, vorausgesetzt, es stehen alle Telefonnummern darauf, die im Ernstfall gebraucht werden. Deponieren Sie Kopien von diesem Zettel an strategisch wichtigen Orten: in der Notfallapotheke, beim Telefon und in Ihrem Geldbeutel. So ein Zettel ist auch für den Hundesitter wichtig!

Machen Sie sich die Mühe und füllen Sie die nachstehende Liste mit allen wichtigen Nummern und Daten aus. Anhand dieser Liste erstellen Sie dann später Ihre eigene, die alle für Sie relevanten Angaben enthält. Manche Informationen in dieser Liste finden Sie vielleicht nebensächlich, aber Sie werden überrascht sein, an was Sie sich im Notfall alles nicht mehr erinnern können. Außerdem könnte auch Ihnen etwas passieren, und dann benötigt ein Fremder diese grundlegenden Informationen.

Unser Labrador Retriever heißt ______________________________.

Er/Sie ist ____________ Jahre alt und wiegt ______________ Kilo.

Er/Sie reagiert allergisch auf ______________________________.

Seine/Ihre Besitzer heißen ______________________________.

Unsere Adresse lautet: ______________________________.

Unsere Telefonnummer ist: ______________________________.

Die Telefonnummer der Tierarztpraxis ist: ________________________.

Falls unser Tierarzt nicht erreichbar ist, probieren Sie es bei folgendem Tierarzt:

____.

Die Telefonnummer der Giftnotzentrale ist: ________________________

Name und Telefonnummer eines Freundes, der im Notfall helfen kann:

____

Spezielle Informationen über unseren Hund:

____

____

Schock

Wenn Ihr Hund aufgrund eines Autounfalls ein Trauma, wenn er einen Stromschlag oder hohen Blutverlust erleidet, kann es zu einem Schockzustand kommen. Ihr Hund kann an einem Schock sterben. Ein Schock wird durch einen plötzlichen Abfall des Blutdrucks verursacht, was zu einer Unterversorgung des Körpers mit Sauerstoff führt. Wenn Ihr Hund einen Schock erlitten hat, rast sein Herz, weil es versucht, das Abfallen des Blutdrucks zu kompensieren. Sein Atem geht schnell (aus eben diesem Grund), seine Pupillen sind erweitert, er kann einen starren Blick haben und das Bewusstsein verlieren oder ganz benommen sein. Wenn Sie Grund zu der Annahme haben, dass Ihr Hund einen Schock hat, halten Sie ihn möglichst ruhig, decken Sie ihn zu und bringen Sie ihn unverzüglich zum Tierarzt.

Erste Hilfe beim Autounfall

Zu den wohl schlimmsten Erfahrungen zählt, beobachten zu müssen, wie der eigene Hund von einem Auto angefahren wird. Ob Ihr Hund nun nicht angeleint war oder ob er sich losgerissen hat, wenn Ihr Hund von einem Auto angefahren wird und Sie in seiner Nähe sind, dann können Sie ihm sofort Hilfe leisten. Labradore sind kräftige Tiere und anders als kleinere Hunde überleben sie häufig den Zusammenstoß mit einem Auto.

Ob Ihr Hund nun einfach ohnmächtig ist oder einen Knochenbruch oder eine Verrenkung erlitten hat, nähern Sie sich ihm auf jeden Fall vorsichtig. Wenn er starke Schmerzen hat, könnte er sogar Sie beißen. Liegt Ihr Hund am Boden, versuchen Sie nicht, ihn auf die Beinen zu stellen. Legen Sie eine Decke über ihn, um ihn warm zu halten, falls er einen Schock hat. Wenn Sie Hilfe rufen können, werden Sie ihn wahrscheinlich lieber auf das Laken legen wollen, das Sie in Ihrer Notfallapotheke haben. Vielleicht finden Sie aber auch ein Brett. Tragen Sie Ihren Hund ins Auto und fahren Sie umgehend zum Tierarzt.

Falls Ihr Hund aufsteht, jedoch humpelt oder aufjault und sehr nervös zu sein scheint, dann reden Sie mit sanfter, beruhigender Stimme mit ihm, nehmen Sie ihn an die Leine (verwenden Sie einen Maulkorb, wenn Sie meinen, dass er beißen könnte) und bringen Sie ihn ins Auto. Wenn Sie ihn hochheben können, ohne ihm Schmerzen an seiner Verletzung zu bereiten, sollten Sie ihn lieber zum Auto tragen. Es kann jedoch sein, dass Ihr Hund lieber selbst laufen möchte. Entscheiden Sie je nach Situation und benutzen Sie Ihren gesunden Menschenverstand.

Falls Ihr Hund weggelaufen ist und Sie nicht gesehen haben, ob er von einem Auto angefahren wurde, er aber offensichtlich verletzt nach Hause kommt, dann bringen Sie ihn sofort zum Tierarzt. Wenn Sie nicht wissen, ob Ihr Hund angefahren wurde und er nicht nach Hause kommt, werden Sie nie erfahren, was passiert ist, es sei denn, Ihr Hund trägt seine Kennmarken. Achten Sie darauf, dass er nicht davonlaufen kann.

Wenn jemand Ihren Hund anfährt, würden Sie diese Person sicherlich am liebsten anzeigen. Aber seien Sie vorsichtig. War Ihr Hund nicht angeleint und leben Sie in einer Gegend, in der Leinenzwang herrscht, und wurde das Auto durch Ihren Hund beschädigt, dann kann die Person, die Ihren Hund angefahren hat, Sie verklagen und gewinnen. Damit solche Vorfälle sich gar nicht erst ereignen können, sollten Sie Ihren Hund stets angeleint haben.

Knochenbrüche und Verrenkungen

Autounfälle oder Stürze können zu Knochenbrüchen und Verrenkungen bei Ihrem Labrador führen. Seien Sie vorsichtig, wenn Sie einen Labrador mit einem Knochenbruch oder einer Verrenkung bewegen. Bringen Sie ihn schnellstmöglich zum Tierarzt, weil derartige Verletzungen zu Schockzuständen führen können. Außerdem müssen die Knochen und die Verrenkung möglichst schnell gerichtet werden, um Trauma und Rekonvaleszenzzeit so kurz wie möglich zu halten. Sie sollten den schmerzenden Bereich nicht berühren und nicht versuchen, den Knochenbruch selbst zu beheben.

Erstickungsgefahr

Hunde können ebenso wie Menschen ersticken und weil Labradore so gerne Dinge apportieren, haben sie häufig etwas im Maul. Wenn der Hund einen Gegenstand apportiert, der klein genug ist, kann er leicht verschluckt werden. Geben Sie Ihrem Hund daher nie ein Spielzeug, das kleiner als sein Gesicht ist. Wenn Ihr Hund etwas verschluckt hat, wird er würgen, mit der Pfote an seinen Hals schlagen und heftig speicheln.

Keine Panik! Versuchen Sie in aller Ruhe, das Objekt auszumachen und festzustellen, wie tief es im Rachen Ihres Hundes steckt. Wenn Ihr Hund etwas Scharfkantiges verschluckt hat, etwa einen Stock oder einen Stift, versuchen Sie nicht, dieses Objekt zu entfernen, weil es dadurch nur noch tiefer in den Schlund rutschen und Ihren Hund verletzen kann. Hat er etwas verschluckt, was Sie sehen und leicht entfernen können, dann nur zu! Achten Sie nur darauf, den Gegenstand nicht tiefer zu schieben. Krümmen Sie Ihren Finger wie einen Haken oder verwenden Sie eine Zange oder Pinzette. (Es ist eine große Hilfe, wenn jemand den Hund beruhigen und stillhalten kann.)

Falls Sie den Gegenstand nicht entfernen können, dann fahren Sie unverzüglich zum Tierarzt. Auf dem Weg dorthin können Sie den Heimlich-Handgriff anwenden, aber verlieren Sie dabei nicht zu viel Zeit. Am besten führen Sie diesen Griff nur aus, wenn eine andere Person am Steuer sitzt.

1. **Stellen oder setzen Sie sich hinter den Hund und verschränken Sie Ihre Hände unter seinem Bauch gerade unterhalb des Brustkorbs.**
2. **Ziehen Sie fünf Mal ruckweise nach oben.**
3. **Wenn sich der Fremdkörper nicht löst, versuchen Sie es erneut.**

Abgesehen von der Erstickungsgefahr birgt das Verschlucken von Fremdkörpern noch ganz andere Gefahren. Ein Faden oder ein fadenähnlicher Fremdkörper kann schwere innere Verletzungen bei Ihrem Hund verursachen. Wenn Ihr Hund gerne kaut, achten Sie darauf, keine gefährlichen Gegenstände in seiner Reichweite liegen zu lassen.

Hitzschlag

Hunde mit dunklem Fell neigen eher zu Hitzschlag als solche mit hellem Fell, obwohl jeder Hund, der sich in einer unzureichend belüfteten Umgebung aufhalten muss (beispielsweise in einem geparkten Auto – selbst bei geöffnetem Fenster) oder bei extrem hohen Temperaturen ohne Wasser draußen sein muss, kann einen Hitzschlag erleiden. Da der Hitzschlag zum Tod führen kann, sollten Sie einige Vorsorgemaßnahmen treffen.

- ✔ **Achten Sie darauf, dass Ihr Hund immer ausreichend frisches, sauberes Wasser hat.** Wenn es tagsüber sehr heiß ist und Ihr Hund sich draußen aufhält, bitten Sie jemanden, seinen Wassernapf im Laufe des Tages noch einmal aufzufüllen. Oder bringen Sie Ihrem Hund bei, aus diesen Wasserspendern zu trinken, die sich direkt an die Außenwasserleitung anschließen lassen und den Hund ständig mit frischem Wasser versorgen.
- ✔ **Lassen Sie Ihren Hund an heißen Tagen im Haus und nehmen Sie ihn nicht im Auto mit, wenn er darin auf sie warten muss.** Selbst wenn Sie den Motor laufen lassen wollen und die Klimaanlage eingeschaltet ist, sollten Sie das nicht tun. Der Motor kann absterben, die Klimaanlage sich ausschalten und ehe Sie sich versehen, ist Ihr Hund das Opfer eines zu heißen Autos. Sie glauben nicht, wie oft das schon vorgekommen ist.

Ihr Hund kann auch einen Hitzschlag erleiden, wenn er sich an heißen Tagen zu sehr anstrengt. Hunde schwitzen nicht, daher können sie Hitze nicht so gut vertragen wie Menschen. Das Einzige, was sie tun können, ist Hecheln. Wenn Sie also mit Ihrem Labrador bei großer Hitze zum Jagen oder zum Zelten gehen, müssen Sie ausreichend Wasser mitnehmen und beobachten, ob Ihr Hund Anzeichen von Überanstrengung und Hitzschlag zeigt. Einen Hitzschlag erkennen Sie an:

- ✔ Schnellem, starkem Atmen und Hecheln
- ✔ Schnellem Herzschlag
- ✔ Haut, die sich heiß anfühlt
- ✔ Seltsames Verhalten, so als ob Ihr Hund nicht ganz bei Bewusstsein oder sehr schwach ist

Sorgen Sie sofort für Abkühlung, aber gehen Sie dabei nicht zu drastisch vor. Plötzliches, schnelles Abkühlen kann einen Schockzustand hervorrufen. Setzen Sie Ihren Hund in eine Wanne mit kühlem (nicht eiskaltem) Wasser. Legen Sie Eisbeutel auf seinen Nacken und Kopf, schlagen Sie ihn in kühle, feuchte Tücher ein und geben Sie ihm kühles Wasser zum Trinken. Bringen Sie ihn dann zum Tierarzt. Sie können ihn auch auf dem Weg zum Tierarzt abkühlen.

Hunde brauchen immer ausreichend frisches Wasser. Stellen Sie im Sommer zwei Wassernäpfe auf. Füllen Sie in den einen frisches Wasser und in den anderen Eiswürfel, die zu sauberem Wasser schmelzen. Im Winter müssen Sie dafür sorgen, dass das Wasser im Napf nicht einfriert.

Unterkühlung

Von Unterkühlung spricht man, wenn die Körpertemperatur des Hundes zu sehr sinkt. Die durchschnittliche Körpertemperatur eines Hundes liegt zwischen 38 und 39 Grad Celsius. Wenn die Körpertemperatur um einige Grade fällt (etwa bis auf 34 oder 35 Grad Celsius), leidet Ihr Hund an Unterkühlung.

Die ersten Anzeichen einer Unterkühlung sind Zittern und eine erhöhte Herzfrequenz. Wenn Ihr Hund zittert, tauchen Sie ihn in warmes Wasser oder wickeln Sie ihn in warme Handtücher oder Wärmekissen ein. Ist die Unterkühlung bereits weit fortgeschritten, versorgen die Körpersysteme nur noch die wichtigen inneren Organe und nicht mehr die Gliedmaßen. Ein blaues Maul und eine blaue Zunge sind Anzeichen dafür, dass diese Körperteile nicht mehr versorgt werden. Lethargie, depressives Verhalten und großes Schlafbedürfnis sind weitere Anzeichen. Wenn Sie den Verdacht haben, dass die Unterkühlung bei Ihrem Hund bereits fortgeschritten ist, wärmen Sie ihn sofort, indem Sie ihm warme Flüssigkeit geben und ihn in warme Handtücher wickeln. Bringen Sie ihn schnell zum Tierarzt.

Selbst wenn ein Labrador immer draußen ist, kann er bei extremer Kälte Erfrierungen bekommen. Erfrierungen machen sich durch geschwollene und verfärbte (rosa, rot, lila oder sogar schwarze) Ohren, Schwanz oder andere Gliedmaßen bemerkbar. Sobald der Bereich wieder wärmer wird und das Blut wieder zirkuliert, wird die Schwellung noch größer und die Verfärbung noch stärker. Reiben Sie diese Stellen niemals. Sie können damit das Gewebe schädigen. Verwenden Sie stattdessen lieber warme Umschläge.

Verbrennungen

Verbrennungen können durch Chemikalien, Elektrogeräte, Kontakt mit heißen Oberflächen oder durch Feuer verursacht werden. Meistens zieht sich ein Hund Verbrennungen zu, wenn er unbekanntes Gebiet erforscht. Schwere Verbrennungen können einen Schockzustand hervorrufen, alle Verbrennungen sind schmerzhaft. Wenn sich Ihr Hund verbrannt hat, lassen Sie kaltes Wasser langsam über die Verbrennung laufen. Tragen Sie eine Brandsalbe auf oberflächliche Verbrennungen auf und halten Sie die Wunde sauber. Bei Verbrennungen zweiten oder dritten Grades (die mehr als nur die erste Hautschicht betreffen und bluten, Blasen werfen, nässen oder bei denen Muskelgewebe sichtbar ist) müssen Sie sofort einen Tierarzt aufsuchen.

Bisse und Stiche

Labrador Retriever sind gerne im Freien und die meisten Labradorbesitzer ebenfalls. Wenn Sie mit Ihrem Labrador im Wald auf die Jagd oder zum Zelten an einen Fluss gehen, müssen Sie damit rechnen, dass Ihrem Hund etwas passieren kann und der nächste Tierarzt kilometerweit entfernt ist.

- **Hunde- und Katzenbisse:** Während Hundebisse leichter erkennbar sind, sieht man vom Katzenbiss meistens nur die nadelspitzgroßen Einstiche der Fangzähne. Die Wunde schließt sich zunächst für einige Tage, doch kann sich unter der Wundkruste eine gefährliche Infektion entwickeln. Es kann ein Abszess und unter Umständen sogar eine Blutvergiftung entstehen. Sie sollten daher die Wunde gut versorgen und den Tierarzt fragen, ob eine Therapie mit Antibiotika erforderlich ist.
- **Insektenstiche:** Bei Bienen-, Wespen- oder Hornissenstichen kommt es an der Einstichstelle oft zu einer starken Schwellung und manchmal sogar zu Schmerzen. Ihr Hund reagiert darauf unter Umständen mit starkem Aufjaulen und heftigem Belecken der betroffenen Körperstelle. Bei Stichen im Maul oder Rachen (durch Wespen im Fressnapf) oder außen im Halsbereich kann es aufgrund der starken Schwellung zum Ersticken kommen. Hier helfen Kältepackungen, viel kaltes Wasser zum Trinken und ein schneller Transport zum Tierarzt.
- **Allergische Reaktionen:** Wenn Ihr Hund auf einen Bienen- oder Wespenstich allergisch reagiert, schwillt die betroffene Körperstelle an. Tragen Sie ein Antihistaminika-Gel auf oder machen Sie Umschläge mit essigsaurer Tonerde. Sollte sich der Zustand Ihres Hundes verschlechtern, bringen Sie ihn sofort zum Tierarzt, der ihn mit Kortison behandeln kann.

Fußverletzungen

Wenn sich Ihr Hund die Daumenkralle einreißt, ein Nagel splittert oder seine Ballen rissig sind, wird ihn das sehr schmerzen. Sollte der Fuß bluten, säubern Sie die Wunde und verbinden sie dann. Sind seine Ballen aufgerissen, säubern Sie sie, reiben sie dann mit einer antibiotischen Salbe ein und verbinden sie. Wenn ein Nagel oder ein Ballen stark eingerissen ist oder eine Daumenkralle abgerissen ist, säubern Sie die Wunde, verbinden sie und bringen Ihren Hund dann zum Tierarzt.

Auftausalze, wie Sie auf Bürgersteigen und Straßen im Winter verwendet werden, verursachen Schwellungen und Risse in den Fußballen Ihres Hundes. Schnee, der schmilzt und zwischen den Zehen und Fußballen wieder gefriert, kann zu Entzündungen führen. Schützen Sie die Pfoten Ihres Hundes daher mit speziellen

Hundeschuhen oder halten Sie Feuchttücher im Eingangsbereich bereit, damit Sie nach einem Winterspaziergang die Pfoten des Hundes von Eiskristallen und chemischen Salzen reinigen können.

Vergiftungen

Manchmal wissen Sie, was Ihr Hund verschluckt hat. Wenn es auf der unten stehenden Liste steht, dann befolgen Sie die dort angegebenen Anweisungen. Wenn Sie nicht wissen, was Ihr Hund verschluckt hat, er aber Anzeichen einer Vergiftung zeigt (er erbricht heftig, hat Durchfall, seine Muskeln zittern und er speichelt stark), dann sollten Sie ihn sofort zum Tierarzt oder in eine Tiernotfallklinik bringen. Einige der häufigsten Stoffe, mit denen sich Hunde vergiften, sind:

- ✔ **Frostschutzmittel:** Es läuft auf die Einfahrt, riecht und schmeckt gut und kann für Ihren Hund zu einem schnellen Tod führen. Versuchen Sie, ihn zum Erbrechen zu zwingen, und fahren Sie sofort zum Tierarzt oder in eine Tiernotfallklinik.
- ✔ **Rattengift:** Versuchen Sie, Ihren Hund zum Erbrechen zu bringen, und fahren Sie sofort zum Tierarzt oder in eine Tiernotfallklinik.
- ✔ **Insektenbekämpfungsmittel:** Wenn Ihr Hund Insektizide auf seiner Haut hat, waschen Sie ihn mit Wasser und Essig ab und fahren dann sofort zum Tierarzt oder in eine Tiernotfallklinik.
- ✔ **Schokolade:** Schokolade ist hochgiftig, eine Tafel kann tödlich sein. Versuchen Sie, den Hund zum Erbrechen zu bringen, und rufen Sie Ihren Tierarzt an.
- ✔ **Blei:** Wenn Ihr Hund bleihaltige Farbe gefressen hat, versuchen Sie, ihn zum Erbrechen zu bringen. Geben Sie ihm ein Abführmittel, wenn seit dem Verschlucken mehr als zwei Stunden vergangen sind.
- ✔ **Haushaltsreiniger:** Bei Seife und Bleichmitteln bringen Sie Ihren Hund zum Erbrechen und rufen den Tierarzt an. Bei Ammoniak verabreichen Sie Ihrem Hund einen Löffel Speiseöl, um die Absorption des Ammoniaks zu stoppen, und fahren dann sofort mit ihm zum Tierarzt. Bei Möbelpolitur bringen Sie Ihren Hund zum Erbrechen oder geben ihm ein Abführmittel, wenn seit dem Verschlucken mehr als zwei Stunden vergangen sind. Bei anderen Reinigern rufen Sie eine Giftnotzentrale an und befolgen deren Anweisungen.
- ✔ **Medikamente:** Schmerzmittel, die Ibuprofen oder Paracetamol enthalten, sind für Hunde besonders gefährlich. Sollte Ihr Hund eine dieser Substanzen verschlucken, müssen Sie ihn zum Erbrechen zwingen und sofort zum Tierarzt oder in eine Tiernotfallklinik fahren.
- ✔ **Giftstoffe oder Undefinierbares aus dem Müll:** Wenn Sie nicht wissen, was Ihr Hund gefressen hat, aber Symptome einer Vergiftung zeigt, bringen Sie ihn zum Tierarzt. Wenn er Verdorbenes gefressen hat und sich erbricht, rufen Sie den Tierarzt an.

Blutungen stoppen

Wenn Ihr Hund stark blutet, müssen Sie die Blutung stoppen. Bei kleineren Wunden (Schnitte oder Kratzer) reinigen Sie die Wunde und desinfizieren sie morgens und abends, um sie sauber zu halten. Falls eine Wunde nicht zu bluten aufhört, bringen Sie Ihren Labrador sofort zum Tierarzt. Versuchen Sie auf dem Weg dorthin, die Wunde höher als das Herz Ihres Hundes zu lagern und gleichzeitig mithilfe eines Verbands oder eines Handtuchs die Wunde abzudrücken.

Bei stark blutenden Wunden an den Gliedmaßen oder dem Schwanz, die nicht auf starken Druck reagieren, müssen Sie die Wunde abbinden. Binden Sie mit einem Stoffstreifen oder Gürtel so nahe wie möglich am Wundbereich zwischen Wunde und Herz ab. Sie schnüren damit die Blutversorgung ab und sollten zu dieser Maßnahme nur greifen, wenn es absolut notwendig erscheint. Lösen Sie den Stau erst, wenn Sie beim Tierarzt sind, allerdings sollte Beine oder Schwanz möglichst nicht länger als 30 Minuten abgebunden werden, da es sonst zu einer Unterversorgung dieser Gliedmaßen kommt und eine Amputation die Folge sein kann. Das Abbinden einer Wunde ist eine Notfallmaßnahme, die nur auf dem Weg zum Tierarzt angewendet werden sollte.

Künstliche Beatmung

Wenn bei Ihrem Hund ein Atem- und Herzstillstand eingetreten ist, ist noch nicht alles verloren. Sie können ihn künstlich beatmen. Gehen Sie dabei wie folgt vor:

1. **Versuchen Sie, ganz ruhig zu bleiben, während Sie den Herzschlag prüfen und nach Fremdkörpern im Maul suchen.**
2. **Entfernen Sie mit dem Finger oder einem Tuch geronnenes Blut oder Schleim aus dem Maul und ziehen Sie die Zunge hervor. Achten Sie darauf, dass die Luftwege frei von Erbrochenem sind und schließen Sie das Maul des Hundes.**
3. **Ziehen Sie die Lippen des Hundes über sein Maul und halten Sie sie mit der Hand über der Schnauze fest.**
4. **Legen Sie Ihre andere Hand über die Nase des Hundes und formen Sie eine Röhre. Blasen Sie in die Nase des Hundes.**

   Achten Sie darauf, dass die Luft zwischen der Nase des Hundes, der Hand und Ihrem Mund entweichen kann.
5. **Blasen Sie ganz normal Luft in die Nase des Hundes, etwa alle fünf Sekunden einen Atemzug.**
6. **Nach jedem Atemzug legen Sie beide Hände auf das Herz des Hundes und pumpen etwas schneller als einmal in der Sekunde.**

   Wenn zwei Leute bei der Reanimation anwesend sind, kann einer künstlich beatmen und der andere den Brustkorb komprimieren.
7. **Fahren Sie mit der Reanimation fort, bis Hilfe kommt oder Sie beim Tierarzt angekommen sind.**

Wenn Veränderungen das Leben des Labradors auf den Kopf stellen

7

In diesem Kapitel

- Mit dem Labrador umziehen
- Das neue Baby und der Hund
- Einen Freund für den Labrador
- Gemeinsam Familientragödien wie Krankheit, Tod oder Scheidung durchstehen

Labrador Retriever sind Gewohnheitstiere. Ihr Labrador liebt seine tägliche Routine, sein Zuhause, seinen Garten, sein Körbchen und seine Familie. Wenn sich irgendetwas in seinem gewohnten Tagesablauf ändert, bedeutet das für ihn Stress.

Größere Veränderungen sind auch für uns Menschen mit Stress verbunden. Wir haben allerdings den Vorteil, dass wir – zumindest in den meisten Fällen – begreifen können, warum diese Veränderungen vor sich gehen. Ihr armer Labrador ist jedoch den Veränderungen, denen er durch Sie ausgesetzt ist, hilflos ausgeliefert. Sie können Ihren Labrador in dieser Phase des Umbruchs führen und ihm damit helfen, mit der Situation besser klarzukommen. Wenn Sie Ihrem Labrador in solchen Zeiten helfen, wird er sich auch Ihnen zuwenden und behilflich sein.

Der Umzug

Ein Umzug ist für Menschen mit sehr viel Stress verbunden. Nehmen Sie diese Belastung aber nicht als Entschuldigung dafür, dass Sie keine Zeit für Ihren Hund haben. Was meinen Sie, wie sich Ihr Labrador fühlt, wenn er plötzlich aus seinem Zuhause, das ihm vertraut war und das er geliebt hat, herausgerissen und in ein völlig unbekanntes Territorium gebracht wird! Er braucht Sie jetzt und auch wenn Sie Kisten packen und Termine koordinieren müssen, so müssen Sie jetzt Ihrem Labrador helfen, indem Sie seine tägliche Routine aufrechterhalten und angemessen Zeit mit ihm verbringen. Lassen Sie ihn nicht einfach in dem Chaos umherlaufen und sich fragen, was mit ihm passiert ist.

Auch wenn Ihr Labrador gesund ist, sollten Sie ihn etwa 10 bis 14 Tage vor dem Umzug vom Tierarzt untersuchen lassen. Stellen Sie fest, ob Impfungen oder eine Wurmkur erforderlich sind. Bei dieser Gelegenheit können Sie den Arzt fragen, ob er ein paar Tipps und Ratschläge für den bevorstehenden Umzug hat, die auf Sie und Ihren Hund zugeschnitten sind. Vielleicht kennt er auch einen Tierarzt an Ihrem neuen Wohnort, den er Ihnen empfehlen kann.

Den Labrador (und sich selbst) vorbereiten

Die beste Art der Vorbereitung besteht darin, so normal wie möglich zu bleiben. Unterbrechen Sie Ihre Umzugsvorbereitungen und widmen Sie sich wie gewohnt der täglichen Körperpflege Ihres Hundes oder spielen Sie mit ihm. Auch wenn Sie sehr beschäftigt sind, sollten Sie Ihren Labrador zu den gewohnten Zeiten füttern, seinen Wassernapf stets gefüllt halten und mit ihm spazieren gehen. Versuchen Sie möglichst auch, zur gewohnten Zeit schlafen zu gehen.

Auch Sie sollten Stressbewältigung betreiben! Wenn Sie zu sehr beansprucht sind, wird Ihr Hund glauben, dass mit Ihnen etwas nicht stimmt und sich Sorgen machen. Lachen Sie nicht! Labrador Retriever sind sehr einfühlsame Tiere und wenn Sie leiden, dann wird Ihr Labrador mit Ihnen leiden. Bauen Sie Ihren Stress ab, indem Sie mit ihm an die frische Luft gehen. Oder machen Sie einfach eine kurze Pause, indem Sie sich zu ihm setzen und ihn streicheln. Je besser Sie organisiert sind und vorausplanen, umso weniger werden die anderen Familienmitglieder – und Ihr Hund – den Stress spüren.

Nehmen Sie Ihren Hund weiterhin überall mit hin. Ob Sie nur im Ort unterwegs sind oder weiter weg fahren, diese Erfahrung wird ihm den Umzug erleichtern. Wenn Sie dies bislang nicht getan haben und ihn auch nicht regelmäßig mit neuen Leuten in Kontakt bringen, dann ist es jetzt höchste Zeit (siehe Kapitel 13).

Im Idealfall beginnen Sie einige Monate vor dem Umzug damit, ihn an verschiedene Orte mitzunehmen und an das Autofahren zu gewöhnen. Dieser Punkt sollte ebenso auf Ihrer Umzugsaufgabenliste stehen wie das Ummelden des Telefons oder das Bestellen des Umzugsunternehmens. Ein Labrador, der das Reisen gewöhnt ist, wird sich schnell an eine neue Umgebung gewöhnen, vor allem wenn seine tägliche Routine nicht unterbrochen wird und Sie die ganze Sache relativ gelassen handhaben. Wenn es Ihrem Hund beim Umzug gut geht, wird sich das auch auf Sie übertragen, wenn Sie an Ihrem neuen Wohnort ankommen. So aufregend ein Umzug auch sein kann, es ist doch schön, wenn man einen gewohnten und lieben Freund um sich hat!

Wenn Sie vor dem Umzug Dinge ausmisten, die Sie nicht mehr mitschleppen wollen, dann achten Sie darauf, dass Sie nichts wegwerfen, was Ihrem Labrador gehört. Der Hundekorb, die Fressnäpfe, das Spielzeug und die Hundedecke – und wenn sie noch so alt und verschlissen sind – werden Ihrem Labrador in der neuen Umgebung Trost spenden.

Hunde verboten

Wenn Sie Kinder haben und umziehen müssen, würden Sie niemals sagen: »Nun, es sieht so aus, als ob wir die Kinder abgeben müssten. Es ist nicht einfach, eine Wohnung zu finden, in die man sie mitnehmen darf. Außerdem ist es ziemlich lästig, durch die halbe Republik zu fahren, während die Kinder hinten quengeln.« Legen Sie sich keinen Hund zu, wenn Sie nicht bereit sind, alles auf sich zu nehmen, um ihn auch bei sich verändernden Lebensumständen behalten zu können. Es ist zwar schwieriger, ein Haus oder eine Wohnung zu mieten, in dem bzw. der auch Hunde erlaubt sind, aber es ist nicht unmöglich.

Auch wenn einige Vermieter nur kleine Hunde erlauben, muss das nicht unbedingt heißen, dass ein Vermieter nicht Ihren gut erzogenen Labrador akzeptieren würde. Nehmen Sie Ihren Hund mit, wenn Sie sich potenzielle Mietobjekte ansehen, und überzeugen Sie den Vermieter davon, dass Sie einen wohlerzogenen, gut geführten Labrador haben. (Kapitel 8 enthält Informationen, wie man aus Labrador Retrievern wohlerzogene Hunde macht.) Vielleicht können Sie den Vermieter überzeugen. In manchen Fällen sind Hunde absolut nicht zugelassen. Fragen Sie deshalb bereits am Telefon nach, damit Sie nicht wertvolle Zeit vergeuden.

Geben Sie nicht auf! Wenn es länger als gedacht dauert, eine Wohnung oder ein Haus zu finden, kann vielleicht ein guter Freund oder ein Familienmitglied Ihren Labrador für eine kurze Zeit zu sich nehmen, während Sie nach einer dauerhaften Bleibe für alle suchen. Die gute Ausbildung und Erziehung, die Sie Ihrem Hund haben angedeihen lassen, wird sich auszahlen, wenn Sie ein perfektes Mietobjekt finden, in dem Ihr Labrador willkommen ist, weil er so gut erzogen und freundlich ist.

Aus drei werden vier

Ihre Familie hat Zuwachs bekommen und Sie haben bereits einen wohlerzogenen Labrador. Das ist die Formel zum Erfolg! Natürlich erfordert es stets eine gewisse Vorbereitung, wenn sich ein Baby zu diesem Dreiergespann gesellt. Sie können nicht erwarten, dass jeder sich anpasst, wenn Sie nicht ein bisschen die Richtung vorgeben. Viele Paare haben einen Hund, bevor sie ein Kind bekommen, und bis sie ein Baby haben, ist der Hund ihr Kind. Doch auch nachdem Ihr kleines Menschenkind in Ihr Haus eingekehrt ist, benötigt Ihr Labrador noch genauso viel Liebe und Aufmerksamkeit wie zuvor. Was ihn anbetrifft, so war er ihr erstes Kind, und der Familienzuwachs sollte seinen Status nicht beeinträchtigen.

Ein nicht erzogener Hund, auch wenn er noch so gutmütig ist, kann eine ernsthafte Bedrohung für ein neu geborenes Baby sein. Ihr Labrador muss wissen, dass er nicht hochspringen darf und muss in der Nähe des Babys zuverlässig auf Befehle reagieren. Üben Sie mit ihm »Platz«, das Kommen auf Zuruf und »Sitz«. (Kapitel 11 enthält diese und andere Befehle.) Üben Sie täglich mit ihm, damit Ihr Labrador ein gutes Geschwisterchen und bester Freund ist, wenn das Baby dann zu Hause ist.

Wenn Sie zum ersten Mal Eltern geworden sind, werden Sie es schwierig finden, sich Zeit für Ihren alten Freund zu nehmen. Selbst eingefleischte Hundeliebhaber haben in diesen ersten hektischen, schlaflosen, stressigen Wochen mit einem Neugeborenen das Gefühl, dass ihr Labrador irgendwie zu einem ganz gewöhnlichen Hund geworden ist. Dass Sie meinen, dass Ihr Labrador auch ohne Ihre Aufmerksamkeit auskommen muss, weil Sie so wenig Zeit haben und sich so gestresst fühlen, ist ganz normal, aber es ist Ihrem Hund gegenüber nicht fair.

Besonders frischgebackene Mütter leiden unter größeren hormonellen Schwankungen und fühlen sich vielleicht ein bisschen melancholisch und reagieren sehr emotional, wenn sie mit dem Baby in den eigenen vier Wänden sind. Es passiert leicht, nichts außer das Neugeborene an sich heranzulassen und Ihrem Labrador gegenüber gereizt und verärgert zu reagieren, aber er hat es wirklich nicht verdient.

Alles, was Ihr Labrador will, ist Sie wieder zu Hause zu begrüßen. Er freut sich so, Sie endlich wiederzusehen, und ist gespannt auf den Nachwuchs! Hier kommt der frischgebackene Vater zum Einsatz, wenn die junge Mutter der Situation noch nicht ganz gewachsen ist. Junge Väter stehen auch sehr unter Druck, aber den Labrador zum richtigen Umgang mit dem Baby zu erziehen, kann ein wichtiger Teil ihrer neuen Aufgabe sein. Schenken Sie Ihrem Labrador viel Liebe und Aufmerksamkeit, ändern Sie nichts an seiner täglichen Routine und lassen Sie bei seiner Erziehung nicht nach. Außerdem müssen Sie ihn Schritt für Schritt an das Neugeborene heranführen.

Erste Annäherungsversuche

Die allererste Annäherung zwischen Ihrem Labrador und dem neuen Baby sollte sich nur auf den Geruch beschränken. Ihr Labrador weiß sowieso, dass irgendetwas los ist. Frauchen war ein paar Tage nicht zu Hause und alle benehmen sich irgendwie anders. Er macht sich wahrscheinlich keine Sorgen, aber er ist sicherlich aufmerksam, ob er Hinweise aufschnappen kann, die ihm sagen, was eigentlich los ist. Sie können ihm helfen, indem Sie im Umgang mit ihm alles unverändert lassen, aber auch, indem Sie ihm das Baby bereits vorstellen, bevor es nach Hause kommt.

Wie Sie das machen sollen? Nehmen Sie eine Spuckwindel oder ein sauberes T-Shirt oder irgendein anderes weiches Stück Stoff mit ins Krankenhaus oder das Geburtshaus und wickeln Sie das Baby ein paar Stunden darin ein. Wenn das Baby auch noch draufspuckt, ist das klasse, aber es muss nicht sein. Sein Geruch wird trotzdem daran haften. Dann nimmt Herrchen oder ein anderes Familienmitglied dieses Tuch (oder was auch immer) mit nach Hause und zeigt es Ihrem Labrador. Lassen Sie ihn alles gründlich beschnuppern, damit spielen, ja sogar damit schlafen. Schenken Sie es ihm. Wenn er dann das Baby zum ersten Mal trifft, wird er es bereits gut kennen.

Frischgebackene Eltern sind eine Zeit lang ziemlich erschöpft. Doch trotz aller Müdigkeit sollten Sie nicht aufhören, Ihren Labrador zu erziehen und Zeit mit ihm zu verbringen. Sobald das Neugeborene bei Ihnen zu Hause ist, geht es mit dem nächsten Schritt weiter. Während ein Elternteil das Baby hält, hält der andere den Hund. Sie wissen ja, wie Hunde sich begrüßen, nicht wahr? Also lassen Sie Ihren Hund am dicken Windelpopo Ihres Babys riechen. Ihr Hund muss das neue Baby nicht ablecken und Sie wollen sicherlich nicht, dass er das Gesicht Ihres Babys ableckt, auch wenn er es versuchen wird. (Er meint es aber sicherlich nur freundlich, deshalb sollten Sie nicht verärgert reagieren.) Lassen Sie ihn aber alles beriechen und ermuntern Sie ihn mit vielen positiven Worten und sanften Streicheleinheiten, vor allem wenn er ganz ruhig ist. Sagen Sie ihm dann, wie das Baby heißt, und erklären Sie ihm, dass dies ein neues Familienmitglied ist, das er in sein Herz schließen darf. Er wird auf seine Art verstehen, was Sie ihm sagen wollen.

Der kindersichere Labrador

Ein gut erzogener und gut ausgebildeter Labrador Retriever braucht keine »Kindersicherung« (mehr dazu in Teil III). Labradore vertragen sich hervorragend mit Kindern (siehe Abbildung 7.1) und tendieren nicht zur Eifersucht. Ihr Labrador wird verstehen, dass Ihr Baby wie ein Welpe ist und ein freundliches Interesse an dem neuen Familienmitglied zeigen. Sie werden sehen, dass er bald vor der Kinderzimmertür schläft oder das Baby bewacht, wenn es spielt oder schläft.

Abbildung 7.1: Labradore und Kinder werden schnell Freunde.

Sie sollten aber trotzdem ein paar Vorsichtsmaßnahmen ergreifen. Bringen Sie Ihrem Labrador bei, auf das Baby zu achten. Wenn es auf dem Fußboden auf einer Decke spielt, lehren Sie ihn, nicht auf die Decke zu steigen. Wenn das Baby in einer Babyschaukel sitzt, bringen Sie ihm bei, einen großen Bogen um die Schaukel zu machen, damit er und das Baby nicht zusammenstoßen. Sie müssen ihm wahrscheinlich auch zeigen, dass einige Spielsachen nur fürs Baby und andere nur für ihn sind und dass das Spielzeug nicht austauschbar ist. Arbeiten Sie mit dem Befehl »Aus«, um Ihrem Hund beizubringen, was er nicht berühren darf, mit dem

»Körbchen«-Befehl, um ihm zu sagen, wohin er gehen soll, damit er nicht im Weg ist, und verwenden Sie »Platz« und »Bleib«, damit er an einer bestimmten Stelle bleibt, während Sie herumgehen (mehr dazu in Kapitel 11).

Ein wichtiger Teil bei der Gewöhnung des Hundes an das Zusammenleben mit Kindern ist, dass er sein Futter nicht verteidigen darf, obwohl es eigentlich natürlich und ein Überlebensinstinkt ist. Früher mussten Hunde sicherstellen, dass sie genug zu fressen bekamen, da sie sonst ihre Gene nicht weitergeben konnten.

Am besten füttern Sie Ihren Labrador in seiner Hundebox außerhalb der Reichweite eines Krabbelkindes oder eines Kleinkindes, bis Sie ihm beigebracht haben, dass es auch positiv sein kann, wenn Ihr Kind während der Mahlzeiten anwesen ist. Solange Sie die Fütterung noch ohne Übungen durchführen, sollten Sie daran denken, dass Ihr Labrador, wenn er gewöhnt ist, alleine zu fressen, Sie oder Ihr Kind durchaus warnen wird, wenn Sie sich ihm nähern.

Wenn Sie Joels Ratschlag befolgen und Futter zum Ködern und Belohnen einsetzen, werden Sie so viel von der täglichen Futterration des Hundes für das Training verwenden, dass im Fressnapf nicht mehr viel Futter sein wird. Wenn Ihr Hund sich daran gewöhnt, das meiste Futter aus Ihrer Hand zu bekommen, können Sie ihm beibringen, dass er gerne Ihre Hand in der Nähe seines Fressnapfes hat.

Achten Sie darauf, dass Ihr Hund die Befehle »Nimm« und »Aus« (siehe Kapitel 11) gut beherrscht. Legen Sie dann ein Futterstückchen in seinen Fressnapf und sagen Sie: »Nimm«. Was für eine Belohnung! Das Fressen, das Sie eigenhändig in den Fressnapf hineingelegt haben, aus eben diesem Napf zu bekommen. Ihr Labrador wird nicht im Traum daran denken, dass es schlecht ist, wenn Sie in der Nähe seines Fressnapfes sind.

Wenn Ihr Labrador sich daran gewöhnt hat, einen Teil seines Futters aus seinem Fressnapf zu fressen, gelegentlich auch ein saftiges Leckerchen bekommt, dann gehen Sie mit Ihrer Hand – während er frisst – an seinen Fressnapf, geben das Leckerchen zu seinem normalen Fressen dazu und sagen »Nimm«. Bald wird er es lieben, wenn Sie sich seinem Fressnapf nähern.

Weil alle Beziehungen einzigartig sind, müssen Sie den anderen Familienmitgliedern beibringen, den Hund ebenso zu erziehen. Kleine Kinder müssen dabei sorgfältig beobachtet werden. Wenn Ihr Labrador Anstalten macht, sein Futter zu verteidigen, sollten Sie sofort einen Hundetrainer um Rat fragen.

Das hundesichere Kind

Wenn Ihr Kind Interesse an Ihrem Labrador entwickelt und anfängt, die Hände nach ihm auszustrecken, sollten Sie viele Übungen mit positiver Bestärkung mit Kind und Labrador gemeinsam machen. Bringen Sie Ihrem Kind bei, den Labrador vorsichtig zu streicheln und nicht in seine Augen zu fassen, ihn zu kneifen oder zu schlagen. Manche Kleinkinder sind sanft und würden einen Hund niemals schlagen. Andere wiederum sind wilder und neigen dazu, ihr Umfeld in etwas stürmischer Weise zu ergründen.

Wenn Ihr Labrador bereits gut erzogen ist, wird Ihr Kleinkind wahrscheinlich mehr Training brauchen als Ihr Hund. Lassen Sie Ihr Kind und Ihren Labrador nie allein, vor allem weil Sie nie wissen können, was Ihr Kind dem Hund tun könnte! Fahren Sie mit der Erziehung sowohl des Kindes als auch des Hundes fort und die beiden werden bald eine andauernde, erfolgreiche Beziehung haben.

Wir haben die folgenden Verhaltensregeln für Sie zusammengestellt:

- ✔ Bringen Sie Ihrem Kind bei, Ihren Labrador in Ruhe zu lassen, wenn er frisst (es sei denn, Sie trainieren gerade), trinkt oder sein Geschäft macht. Selbst ein freundlicher Labrador hat ein Anrecht auf Privatsphäre.
- ✔ Hundekörbchen oder -kisten sind ausschließlich für Labradore. Bringen Sie Ihrem Kind bei, dass der Hund nicht angefasst werden darf, wenn er in seinem Körbchen liegt. Sorgen Sie dafür, dass sein Platz heilig ist, damit er dem Familientrubel und dem Knuffen und Drücken kleiner Kinder entkommen kann, wenn er es wünscht.
- ✔ Sorgen Sie dafür, dass Trockenfutter nicht in Kinderhände gelangt. Kinder können daran ersticken.
- ✔ Kleinkinder lieben es, mit dem Wasser im Napf zu spielen und herumzuspritzen. Ihr Labrador braucht jedoch ständig viel frisches, sauberes Wasser. Sie sollten daher immer wissen, wo sich Ihr Kind gerade aufhält, und es vom Wassernapf fernhalten.
- ✔ Wenn Ihr Labrador Anzeichen von Aggressivität gegenüber Ihrem Kind zeigt, trennen Sie sofort Hund und Kind und fragen einen erfahrenen Hundetrainer um Rat. In den meisten Fällen kann das aggressive Verhalten behandelt werden und Sie müssen sich nicht von Ihrem Hund trennen. (Mit Aggressivität meinen wir ein Knurren, ein Schnappen in die Luft, ein warnendes Schnappen, das die Haut nur berührt, oder ein dumpfes Grollen.)
- ✔ Achten Sie darauf, dass Ihr Kind (oder sonst jemand) nicht mit dem Kot des Hundes in Berührung kommt. Das versehentliche Verschlucken von Spulwürmern kann beim Menschen eine schwerwiegende Erkrankung hervorrufen. Lassen Sie Ihren Hund regelmäßig entwurmen und sprechen Sie mit Ihrem Tierarzt, wie Sie das Risiko verringern können.
- ✔ Ein Kind, das bereits sprechen kann, kann auch einem Hund etwas beibringen. Joel kennt Kinder, die nach Mama und Papa gleich den Namen ihres Hundes und den Befehl »Sitz« gelernt haben.

Wenn Sie Ihren Kindern beibringen, dass Hunde mit Güte und Respekt behandelt werden sollten, dann bringen Sie ihnen auch bei, dass man sich einem fremden Hund nie nähert, ohne zuvor den Besitzer um Erlaubnis gefragt zu haben. Nicht alle Hunde sind so gut erzogen und sozialisiert wie Ihr Labrador und viele sind nicht an Kinder gewöhnt. Bringen Sie Ihrem Kind also nicht bei, dass alle Hunde freundlich gesinnt sind, sonst könnte es für Ihr Kind böse ausgehen.

Haustier Nummer zwei (oder drei oder vier)

Viele Leute denken, dass es eine gute Idee ist, sich noch einen Hund anzuschaffen, sozusagen einen Freund für ihren Labrador. Die meisten denken sich: »Wir sind den ganzen Tag unterwegs. Es wäre doch schön, wenn unser Labrador Gesellschaft hätte.« Nun, vielleicht stimmt das, aber vielleicht eben auch nicht. Wenn Ihr Hund auf diese Frage antworten könnte, würde er wahrscheinlich sagen: »Was, noch einen Hund? Nö. Mehr Gesellschaft als euch brauche ich nicht. Wenn ihr keine Zeit für mich habt, dann mache ich eben ein Nickerchen.« Er könnte genauso gut sagen: »Was? Ihr verbringt jetzt schon nicht genug Zeit mit mir, und die soll ich auch noch mit jemandem teilen?«

Rosi, Dominique, Buddy: Sitz

Wenn Sie zwei Hunde haben, fragen Sie sich vielleicht manchmal, woher die beiden wissen, mit wem Sie gerade sprechen. Ein Hund weiß, dass Sie mit ihm sprechen, wenn Sie ihn dabei ansehen. Wenn Sie sich nicht sicher sind, dann verwenden Sie den Namen des Hundes. Joel hat einen Weg gefunden, wie er alle seine Hunde dazu bringen kann, einen Befehl auszuführen. Anstatt zu sagen: »Rosi, Dominique, Buddy: Sitz«, sagt er ganz einfach: »Hunde: Sitz«. Und es funktioniert!

Wenn Ihr Labrador noch nicht sehr gut erzogen ist und Sie noch immer an einigen Befehlen oder bestimmten Verhaltensweisen arbeiten, kann ein zweiter Hund das Ganze nur noch verkomplizieren. Es ist schwieriger, zwei Hunde in den Griff zu bekommen als einen. Der erste Hund wird nicht den zweiten für Sie erziehen. Da müssen Sie schon selbst wieder ganz von vorne anfangen.

Wissen Sie noch, wie viel Arbeit es war, Ihren Hund stubenrein zu bekommen und ihn zu einem Familienmitglied zu machen? Erinnern Sie sich noch an die schlaflosen Nächte, in denen Sie in den frühesten Morgenstunden im Vorgarten standen, während Ihr Welpe sein Geschäft machte? Wissen Sie noch, wie viel Arbeit es war, das natürliche überschäumende Temperament Ihres Welpen zu zügeln? Erinnern Sie sich daran, wie schön es war, als Ihr Labrador endlich auf Sie reagiert hat, sich benommen hat und verstanden hat, was Sie wollten?

Das alles fängt dann wieder von vorne an. Sie müssen all das mit dem neuen Hund noch einmal machen, erneut dieselbe Energie reinstecken und gleichzeitig Ihren ersten Labrador weiterhin bei der Stange halten. Außerdem verdoppeln sich Ihre Tierarztkosten, die Kosten für die Wurmtabletten und Zeckenmittel. Sie brauchen doppelt so viel Futter, zwei Hundeboxen, zwei Halsbänder, zwei Leinen, zwei Steuermarken, Bürsten und noch mehr Kauspielzeug. Ist es also unmöglich, sich zwei oder mehr Labrador Retriever zu halten? Ist es schwierig? Ist es zeitaufwändig? Ist es teuer? Chaotisch? Darauf können Sie wetten! Sind Sie sicher, dass Sie für diese Art von Verantwortung bereit sind?

Was Sie auch bedenken sollten, wenn Sie sich einen zweiten Hund anschaffen, ist die Zeit, die Sie brauchen, um die Beziehung zwischen Ihrem alten Hund und dem neuen aufzubauen. Sie müssen den kleinen Welpen oder den neuen Hund richtig in die Gemeinschaft einführen, aufpassen, dass Sie Ihrem ersten Hund nicht mehr, aber auch nicht weniger Aufmerksamkeit schenken, wenn der neue Hund anwesend ist. Erziehen Sie den kleinen Welpen, während Ihr erster Hund sicher in seinem Hundekorb schläft, damit sich dieser nicht ausgeschlossen vorkommt. Außerdem können Sie auf diese Weise mit dem neuen Hund alleine arbeiten. Beide Hunde brauchen Zeit, die Sie alleine mit ihnen verbringen, sowie Zeit, die die beiden gemeinsam verbringen. (Wenn Sie auch zwei oder mehr Kinder haben, wissen Sie ja, wovon ich spreche.)

Wenn Sie Ihre Hunde gut erziehen, wird die Beziehung zwischen den beiden wahrscheinlich gut funktionieren. Sie werden jedoch ständig mit kleineren Herausforderungen zu kämpfen haben, sei es, dass die Hunde sich um ihr Spielzeug streiten, um Ihre Aufmerksamkeit buhlen oder sich wie zwei Dampfwalzen hintereinander her jagend durch Ihr Haus bewegen.

Werden Ihre Hunde zu stürmisch, lassen Sie sie »Platz« machen. Wenn Sie Ihren Befehl befolgen, dürfen sie weiterhin zusammen sein. Wenn nicht, dann darf der Hund, der auf Ihren Befehl nicht reagiert hat, nicht mehr spielen. Sie erziehen zwei Hunde, indem Sie zuerst getrennt mit den Hunden arbeiten und dann den beiden beibringen, Ihren Befehlen auch zu gehorchen, wenn beide mit Ihnen zusammen sind.

Sie müssen auch bedenken, welches Geschlecht Sie für den zweiten Labrador wählen. Auch wenn es bei dem ersten Labrador nicht so sehr auf das Geschlecht wie auf die Persönlichkeit ankommt, bekommt das Geschlecht mehr Gewicht, wenn es um einen zweiten Labrador geht.

Bei zwei Rüden kann es zu Problemen kommen, sobald der jüngere geschlechtsreif wird, was mit etwa 18 Monaten der Fall sein wird. Das Problem kann jedoch durch die Kastration eines der beiden Rüden abgemildert werden, weil die Probleme umso geringer sind, umso unterschiedlicher die Hunde sind. Zwei Hündinnen vertragen sich eher als zwei Rüden, doch wenn sich die beiden nicht mögen, können ihre Kämpfe noch heftiger sein. Wenn sich Probleme bei Ihren zwei Hunden einstellen, ist es am besten, wenn Sie sich schnellstmöglich den Rat eines erfahrenen Hundetrainers holen. Lesen Sie hierzu auch Kapitel 11.

Wenn Sie nach vielen Überlegungen und Planungen der Meinung sind, dass Sie in der Lage sind, einen Haushalt mit mehreren Hunden in den Griff zu bekommen, dann begrüßen wir Sie zu einem interessanten Lebensabschnitt voller Herausforderungen! Sie werden sehr viel über »zwischenhundliches« Verhalten erfahren. Manchmal werden Sie das Gefühl haben, dass

Sie nichts anderes mehr tun, als sich mit der Ausbildung, Pflege, Fütterung und Zuwendung Ihrer Hunde zu beschäftigen. Nun, manche Menschen halten das für eine wundervolle Art, ihr Leben zu verbringen!

Können Sie mit zwei Hunden gleichzeitig spazieren gehen? Natürlich! Bringen Sie einfach jedem Hund bei, locker an der Leine zu gehen! Setzen Sie dann ein Koppelstück oder eine Koppelkette (gibt es in Tiergeschäften) am Ende der Leine ein, damit Sie beide Hunde an einer Leine führen können. Sie können sich auch eine spezielle Koppelleine kaufen, die extra für das gleichzeitige Führen von zwei Hunden konzipiert ist. Auf diese Weise können Sie zwei Hunde auf einmal ausführen. Das Prinzip funktioniert auch mit vier Hunden. Joel verwendet dazu zwei Leinen mit Koppelstücken.

Krankheit, Scheidung und Tod

Diese Thematik ist nicht gerade angenehm, aber sie trifft uns alle nur allzu häufig. Wenn Sie Ihrem Labrador helfen wollen, wenn Ihre Familie von Krankheit, Scheidung oder Tod betroffen ist, wird auch er Ihnen helfen. Sie brauchen einander!

Wenn jemand erkrankt

Kommt ein Neugeborenes ins Haus, ist das zwar mit sehr viel Stress verbunden, aber es ist auch ein sehr freudiges Ereignis trotz der starken zeitlichen Beanspruchung. Wenn jedoch jemand erkrankt, ist die Belastung sehr groß und die Freude bleibt auf der Strecke. Ihr Labrador kann Ihnen und Ihrer Familie Zuneigung und Freundschaft schenken und sich positiv auf das erkrankte Familienmitglied auswirken.

Erkrankt jemand, müssen Sie wahrscheinlich Änderungen bei der täglichen Routine Ihres Hundes vornehmen, insbesondere wenn die erkrankte Person sich in erster Linie um den Labrador gekümmert hat. Labrador Retriever sind jedoch sehr belastbar und auch wenn sie ihren festen Tagesablauf zu schätzen wissen, so lieben sie Sie noch mehr. Mit guten, positiv bestärkten Übungen und entsprechender Aufmerksamkeit wird es Ihrem Labrador an nichts mangeln und er wird sein Bestes geben, um Ihnen zu helfen.

Viele Labradore werden als Begleithund für Menschen mit Behinderungen eingesetzt. (Kapitel 20 behandelt dieses Thema ausführlicher.) Wenn jemand in Ihrem Haushalt erkrankt oder verletzt ist, ziehen Sie durchaus einmal in Betracht, Ihren Labrador so auszubilden, dass er Ihnen helfen kann. Labradore können Rollstühle ziehen, Gegenstände apportieren (beispielsweise das Telefon oder Dinge, die heruntergefallen sind). Sie können sogar lernen, Türen zu öffnen, Lichtschalter zu betätigen und Hilfe zu holen. Außerdem können sie hervorragend trösten und sind exzellente Zuhörer.

Scheidungshund

Einer der Hauptgründe, warum Hunde in Tierheimen oder bei Tierhilfeorganisationen untergebracht werden, ist Scheidung. Scheidungen gibt es häufig. Aber wenn Sie und Ihr Lebenspartner sich trennen, dann versuchen Sie bitte zu einer Lösung zu kommen, wer von Ihnen beiden das bessere Zuhause für Ihren Labrador bietet. Manche arbeiten ein gemeinsames Sorgerecht aus. Sich ganz von Ihrem Labrador zu trennen, nur weil Sie sich nicht einigen können, wer von Ihnen den Hund bekommt, ist wohl die schlechteste Lösung. Sie sollten Ihren Labrador nicht für Ihre persönlichen Probleme bestrafen, sondern daran denken, was das Beste für Ihren Hund ist.

Wenn Ihre Familie gerade eine Scheidung durchmacht, spürt Ihr Labrador ohnehin bereits, dass etwas nicht stimmt. Labradore sind sehr empfänglich für die Gefühle ihrer Besitzer und wenn Familienmitglieder traurig, verärgert oder wütend sind, dann spürt dies auch der Hund. Es hört sich vielleicht albern an, aber versuchen Sie, Ihren Hund von Streitereien und Wutausbrüchen fern zu halten, genauso wie Sie es mit Ihren Kindern tun. Labradore reagieren sehr sensibel auf Disharmonien, weil sie sehr genau fühlen, was ihre Besitzer brauchen. Lassen Sie sich also um des Hundes und der Kinder willen nicht gehen!

Planen Sie für die Zukunft Ihres Hundes

Wenn Sie der Einzige sind, der sich um Ihren Labrador kümmert, und Ihnen etwas zustößt, was passiert dann mit Ihrem Hund? Denken Sie daran, in Ihrem Testament zu vermerken, wer sich um Ihren Labrador kümmern soll (und fragen Sie diese Person auch, ob sie dazu bereit ist). Falls Sie niemanden kennen oder niemand bereit dazu ist, dann können Sie eine Spende an das örtliche Tierheim machen und verfügen, dass Ihr Labrador dort untergebracht werden soll. Man wird dort nach einem guten Zuhause für ihn suchen.

Teil III

Das FBE-Trainingssystem für Ihren Labrador Retriever

Aufnahmeprüfung Hundeschule

In diesem Teil ...

Nachdem Joel mehr als zehn Jahre lang Hunde und deren Besitzer ausgebildet hatte, entwickelte er ein Drei-Punkte-System, das die wichtigsten Dinge, die ein hervorragender Besitzer eines herausragenden Hundes wissen muss, zusammenfasst. Joel nennt dieses System das FBE-System, das die drei wichtigsten Aspekte im Umgang mit Hunden zeigt: die richtige **F**ührung, eine optimale **B**eziehung zwischen Hund und Besitzer sowie eine gute **E**rziehung.

Hunde sind Hunde. Sie sind keine Menschen. Daher sind ihnen bestimmte arttypische Verhaltensweisen angeboren, die Menschen nicht immer besonders angenehm finden. Sie können aber nichts dafür. Sie sind nun mal Hunde! Das bedeutet jedoch nicht, dass diese Verhaltensweisen nicht in den Griff zu bekommen sind.

In diesem Teil helfen wir Ihnen, Ihren Labrador Retriever erfolgreich zu führen. Dies ist der erste Schritt, um Ihren Hund in eine glückliche und zufrieden stellende Zukunft mit Ihnen zu leiten. Wir werden auch das Verhältnis zwischen Ihnen und Ihrem Labrador ansprechen und wie Sie dies stärken können. Zum Schluss finden Sie jede Menge Informationen über die Erziehung und Ausbildung Ihres Labrador Retrievers. Sie erfahren, wie Sie Ihrem kleinen Welpen mit dem Welpenfrüherziehungsprogramm »Sitz« und Ihrem älteren Hund kompliziertere Befehle beibringen, auch das so furchtbar wichtige »Komm«-Kommando.

F steht für Führung

8

In diesem Kapitel

- Warum Führung so wichtig ist
- Mit Winseln, mangelnder Stubenreinheit, spielerischem Beißen, Annagen und Welpenspinnen umgehen
- Ältere Hunde richtig führen

Beinahe jeder von uns hat wohl schon einmal einen schlecht erzogenen Hund getroffen. Vielleicht hat der Nachbarshund mit Vorliebe Ihr Blumenbeet umgebuddelt oder Ihre Katze gejagt. Vielleicht hatten Sie als Kind einen Welpen, den Ihre Eltern dann an einen Bauerhof abgegeben haben, weil er zu viel Ärger gemacht hat. Vielleicht ist der Hund, der zu Ihren Füßen sitzt, gerade dabei, Ihnen die Sohlen von den Hausschuhen wegzufressen (und das, obwohl Sie sie anhaben.)

Aber Sie hätten niemals geglaubt, dass dieser unkontrollierbare schwarze, braune oder gelbe Fellball, der durchs Haus rast und nur innehält, um sein – nun ja – Geschäft auf Ihrem Teppich zu machen, Ihnen gehören würde. Solche Hunde gehören stets anderen Leuten, nicht wahr?

Kein Hund weiß von Geburt an, welche Verhaltensweisen wir Menschen von ihm erwarten. Ihr Welpe hat nicht die geringste Ahnung, warum es für Sie von Bedeutung ist, wo er sein Häufchen hinsetzt, und warum es Ihnen etwas ausmacht, wenn er mit affenartiger Geschwindigkeit durchs Haus fegt oder Sie als Kauknochen benutzt. Egal was für ein netter, angesehener, guter und liebevoller Mensch Sie sind, wenn Sie es nicht schaffen, Ihren neuen Hund richtig zu führen, dann wird sich aus diesem liebenswerten Fellball mit den herzerweichenden Augen ein Hund entwickeln, der mehr Ärger als Freude macht. Ihr neuer Labrador meint es nur gut, aber eben auf seine Hundeweise.

Führung ist der Schlüssel, erst danach gilt es, eine feste Beziehung zwischen Mensch und Hund herzustellen (mehr dazu in Kapitel 9) und den Hund richtig zu erziehen (siehe Kapitel 10). Wie Sie mit den verschiedenen Verhaltensweisen umgehen, ist unterschiedlich, deshalb haben wir einige in diesem Kapitel in separaten Abschnitten aufgeführt. Aber der Schlüssel zu allen (und daran sollten Sie sich häufig erinnern) lautet: Um einen Hund richtig zu führen, sollten Sie ihn gar nicht erst in Schwierigkeiten kommen lassen.

Mit typischen Welpenverhaltensweisen umgehen

So ein süßer, kleiner Welpe! Und so viel Arbeit mit einem kleinen Welpen! Welpen sind in der Tat eine Herausforderung. Die ersten paar Wochen mit einem Welpen sind nicht viel anders als die ersten Wochen mit einem neugeborenen Baby. Sie werden wahrscheinlich nicht sehr viel schlafen, Sie werden sehr viel Zeit mit Putzen verbringen und manchmal das Unaussprechliche denken: »Was habe ich mir da bloß angetan?«

Doch keine Angst, das Ende ist nah, wenn Sie es schaffen, Ihren kleinen Welpen so zu führen, dass er ganz leicht versteht, was Sie von ihm wollen. Welpen machen jede Menge Dinge, die Ihnen nicht gefallen werden. Sie winseln und jaulen, wenn Sie gerne tief und fest schlafen möchten. Sie machen ihr Geschäft, wo und wann es ihnen gefällt. Sie knabbern an Ihren Fingern herum als seien es Kauknochen. Und dann diese Energie! Wenn man einem Welpen nur eine Weile zuschaut, hat man bereits das Verlangen, sich auszuruhen. Können Sie alle diese Verhaltensweisen in den Griff bekommen? Kein Problem. Fangen Sie mit einfachen Übungen an, bevor Sie sich den anderen Kapiteln widmen, um die von Ihnen gewünschten Verhaltensweisen weiterzuentwickeln und zu verbessern.

Bellen und Winseln

Wie schafft es so ein kleiner Hund bloß, so viel Lärm zu machen? Und warum nur muss es unbedingt um 3 Uhr morgens sein? Selbst wenn Sie alles richtig machen, werden Sie in den ersten Nächten mit einem Welpen nicht sehr viel Schlaf bekommen. Zum einen, weil die Kontrolle über die Blase noch nicht so funktioniert wie bei älteren Hunden, und zum anderen, weil Ihr armer Kleiner verwirrt, allein und ängstlich ist. Sie haben ihn schließlich gerade erst von seiner Mutter, seinen Geschwistern und dem einzigen Zuhause, das er bis jetzt kannte, weggeholt. Auch wenn er sich beim Züchter aufgeführt hat, als seien Sie die Antwort auf alle seine Gebete, so hatte er doch keine Ahnung, worauf er sich da eingelassen hat.

Haben Sie daher Mitleid mit Ihrem Welpen und nehmen Sie das Winseln und Jaulen während der Nacht als etwas ganz Normales hin. Nachdem Sie Ihren Welpen in der Nacht zum Pippimachen nach draußen gebracht haben, müssen Sie ihn dann nämlich – und das ist das Schwerste – wieder zurück in sein Hundekörbchen oder seine Hundekiste schicken und ihn (schluck!) ignorieren.

Leichter gesagt als getan (und es war noch nicht einmal einfach zu sagen). Wir wissen, dass Sie sich keinen Welpen angeschafft haben, damit Sie ihn dann nicht beachten, und dieses Winseln, Weinen und Jaulen ist für einen Hundeliebhaber fast unerträglich. Aber Sie müssen hart bleiben. Geraten Sie nicht ins Wanken! Warum? Weil Ihr Hund eine sehr wichtige erste Lektion lernen muss: das Alleinsein.

Wenn Sie während der Nacht auf sein Weinen reagieren, lernt Ihr Welpe auch etwas, und zwar:

- ✔ Winseln klappt super. Herrchen/Frauchen beschäftigt sich dann mit mir.
- ✔ Ich muss nachts nicht durchschlafen.

Allerdings sind dies nicht die Lektionen, die Sie Ihrem Welpen beibringen wollen. Sie wollen ihn Folgendes lehren:

- ✔ Herrchen/Frauchen reagiert nicht auf Winseln, es sei denn, es liegt ein guter Grund vor. (Sein Geschäft verrichten zu müssen, ist ein guter Grund.)
- ✔ Nachts wird geschlafen. Tagsüber wird gespielt.

Eigentlich ist es relativ einfach, Ihren Welpen einfach winseln zu lassen (wenn Sie ein Paar gute Ohrstöpsel haben). Sie brauchen eigentlich nichts weiter zu machen, und nach ein oder zwei Nächten wird Ihr Hund merken, dass seine Strategie nicht fruchtet. Irgendwann wird er merken, dass er eigentlich müde ist, und sich schlafen legen. Und ehe Sie sich versehen, wird Ihr Hund sich in sein Körbchen legen, wenn es Schlafenszeit ist oder er eine Auszeit von der Familie nehmen will.

Sie müssen natürlich Ihr nächtliches Verhaltenstraining tagsüber verstärken. Wenn Ihr Hund während der Nacht ruhig geschlafen hat und nur ein- oder zweimal nach draußen musste, gehen Sie mit Ihrem Welpen spazieren, machen Sie ein paar Übungen und loben Sie ihn.

Junge Welpen müssen in der Nacht ein- oder zweimal nach draußen, um ihr Geschäft zu machen. Welpen, die jünger als vier Monate sind, können noch nicht länger als vier, allerhöchstens sechs Stunden aushalten, ohne zu urinieren. Kein Welpe sollte mehr als zwei Stunden in seiner Hundebox verbringen müssen.

Ein letzter Punkt zur nächtlichen Erziehung: Wir empfehlen, sich eine Hundebox (Hundekäfig) anzuschaffen. Eine *Hundebox* ist ein Metall- oder Plastikgehäuse, in dem Ihr Welpe sicher aufgehoben ist. In einer Hundebox kann Ihr Welpe auch keinen Blödsinn anstellen, wenn Sie nicht zu Hause sind.

Viele Leute halten Hundeboxen für eine brutale Lösung und werden Ihnen das auch sagen, wenn Sie erwähnen, dass Sie eine Hundebox verwenden. Doch das Gegenteil ist richtig. Hunde sind Tiere, die in Höhlen leben und brauchen einen kleinen umschlossenen Raum, um sich sicher zu fühlen. Ohne diese Rückzugsmöglichkeit fühlen sie sich ängstlich und unsicher. Hunde, die keine Hundebox haben, liegen oft unterm Tisch, Stuhl oder Schreibtisch, weil sie sich eine Höhle suchen. Tun Sie Ihrem Hund einen Gefallen. Geben Sie ihm eine Box, die groß genug ist, um darin sitzen, aufstehen, sich umdrehen und bequem hinlegen zu können. Ihr Hund wird liebend gerne darin schlafen, ruhen und sich zurückziehen.

Denken Sie daran, dass die Hundebox als Schlafplatz für den Welpen gedacht ist. Wenn Sie das Gefühl haben, dass Sie Ihren Hund zu oft in die Box schicken, sollten Sie viel Zeit mit belohnenden Trainingseinheiten verbringen. Denken Sie auch daran, dass Welpen viel schlafen und es sehr viel besser ist, eine Pause zu machen, als den Welpen zu schimpfen, weil er überaktiv und übermüdet ist.

Stubenreinheit

Welpenbesitzer wollen ständig wissen, wann ihr Hund endlich stubenrein sein wird. Es wäre schön, wenn man ein einfache Antwort geben könnte, etwa: »in zwei Wochen und drei Tagen«. Als Anhaltspunkt können wir jedoch mit folgender Aussage dienen: Ihr Welpe wird so schnell wie es ihm möglich ist, stubenrein werden, wenn Sie alles richtig machen.

Hundeboxen sind ein großartiges Hilfsmittel, um Welpen und sogar ältere Hunde zur Stubenreinheit zu erziehen. Wenn Sie Ihren Welpen mit nach Hause bringen, sollten Sie ihn aufmerksam beobachten. Haben Sie das Gefühl, dass er gleich sein Geschäft machen wird, schieben Sie ihn schnell nach draußen. Hat er dann draußen sein Geschäft erledigt, loben Sie ihn ausgiebig. Falls Sie Ihren Welpen nicht ständig beobachten können, stecken Sie ihn in die Hundebox (allerdings nicht länger als zwei Stunden, wenn der Welpe noch nicht älter als zwölf Wochen ist – auch nicht nachts). Sobald Sie ihn wieder herausnehmen können, tragen Sie ihn nach draußen. Ein Welpe wird seinen Platz nicht beschmutzen, es sei denn, ihm bleibt keine andere Wahl. Wenn Sie den Welpen also in der Hundebox lassen, wird er lernen, seine Blase zu kontrollieren.

Nachdem Sie Ihren Hund schon ein bisschen besser kennen gelernt haben, werden Sie bald an seinem Verhalten merken, wann es Zeit für ihn ist, sein Geschäft zu verrichten. Manche Welpen beginnen den Teppich abzuschnüffeln, andere laufen von Ihnen weg oder bekommen einen bestimmten Ausdruck im Gesicht. Wenn Sie die Zeichen jedes Mal erkennen, werden Sie diese Phase bald überstanden haben, weil Ihr Hund bald lernen wird, dass der von seinem Menschen akzeptierte Löseplatz außerhalb des Hauses ist.

Sie können Stubenreinheit auch erreichen, indem Sie sich den gastrokolischen Reflex nutzen. Dieser Reflex (den Sie auch bei Neugeborenen beobachten können) sorgt dafür, dass es wenige Minuten nach einer Mahlzeit zum Stuhlgang kommt. Wenn Sie Ihren Welpen also zu festen Zeiten füttern und ihn danach nach draußen bringen, kann es Ihnen gelingen, erfolgreich ein Missgeschick zu verhindern.

Natürlich gibt es immer wieder mal Unfälle. Sie gucken mal eben weg, weil Sie gerade die Post durchsehen, und – oh je! Wenn der Welpe im Haus sein Geschäft macht und Sie ihn direkt dabei erwischen, heben Sie ihn sofort hoch und bringen ihn hinaus. Wenn er dann draußen weitermacht, loben Sie ihn ausgiebig.

Sollten Sie ihn nicht direkt dabei erwischen, dann bestrafen Sie ihn niemals und stecken Sie auch niemals seine Nase in den Haufen. Ihr Welpe hat ja gar keinen Fehler gemacht – es lag an Ihnen. Sie müssen sich jetzt aber nicht selbst bestrafen. Achten Sie nur darauf, dass Sie es das nächste Mal besser machen.

Reinigen Sie Kot- und Urinflecken im Haus sofort und gründlich mit Essigwasser. In Tiergeschäften gibt es spezielle Reinigungsmittel. Hunde neigen dazu, sich dort wieder zu lösen, wo sie schon einmal hingemacht haben, und spezielle enzymhaltige Reiniger entfernen den Geruch.

Spielerisches Beißen

Welpen beißen. Nicht um Ihnen etwas zu tun. Für Welpen ist dieses spielerische Beißen eine Art, die Welt kennen zu lernen. Ebenso wie kleine Babys mit ihren Händen alles anfassen und alles in den Mund stecken, entdecken die Welpen ihre Welt, indem sie auf allem herumbeißen. Sie spielen mit ihren Geschwistern, indem sie ihre Zähne einsetzen, aber ihre Geschwister merken das kaum. Das spielerische Beißen ist kein Zeichen von Aggressivität, es ist eine Aufforderung zum Spiel. Und Welpenspiele sind gut, denn nur durch Spielen lernen die Welpen.

Menschen empfinden das Beißen der Welpen jedoch als schmerzhaft. Der Welpe weiß das natürlich nicht. Er kann ja nicht wissen, dass Sie keine zähe Hundehaut besitzen. Folgendes müssen Sie tun, wenn Ihr Welpe Sie beißt:

✔ Bringen Sie ihm bei, überhaupt nicht zu beißen.

Ihr Welpe muss lernen, dass die Haut des Menschen sehr viel empfindlicher ist als die Haut von Hunden. Dies ist eines der wichtigsten Dinge, die Sie Ihrem Welpen beibringen müssen. Ein erwachsener Hund könnte beißen, wenn er sehr starke Schmerzen hat. Stellen Sie sich vor, Ihr geliebter, wohl erzogener Hund schläft im Wohnzimmer auf dem Boden. Ihr Dreijähriger kommt hereingestürmt, fällt über den Hund und sticht dabei aus Versehen mit seinem Finger in das Auge oder Ohr des Hundes oder fügt ihm auf andere Weise Schmerzen zu. Wenn Ihr Hund in diesem Moment das Kind beißen würde, wäre das ein ganz normales Verhalten. Wenn Sie auf dem Sofa schlafen würden und jemand würde Sie aufwecken, indem er Ihnen ins Gesicht schlägt, würden Sie auch aggressiv reagieren und niemand würde sagen, dass Sie bösartig seien. Wenn Sie Ihrem Welpen beibringen, dass wir Menschen empfindliche Haut haben (Beißhemmung), dann ist das wie eine Versicherung. Sie werden froh sein, dass Sie es ihm beigebracht haben, und werden es hoffentlich nie wirklich ausprobieren müssen.

Die beste Methode besteht darin, dem Welpen erst gar keine Gelegenheit zu geben, Sie zu beißen. Halten Sie Ihrem Welpen weder die Finger noch die Füße zum Annagen hin! Beißt Ihr Hund Sie trotzdem (weil er die Finger doch irgendwie gefunden hat), sagen Sie laut »Aua«, damit der Welpe merkt, dass Sie darauf reagieren. Ziehen Sie die Hand (oder was auch immer) sofort weg. Dann wenden Sie sich von ihm fort und beachten ihn nicht. Wenn Sie immer auf dieselbe Weise verfahren, wird Ihr Hund lernen, dass er vorsichtig sein muss, wenn er mit Menschen spielt. Während der Ausbildungsphase werden Sie den einen oder anderen unangenehmen Zwicker ertragen müssen, aber das sollte es Ihnen wert sein. In Kapitel 10 erfahren Sie, wie Sie Ihrem Welpen beibringen, das spielerische Beißen zu unterlassen.

Anknabbern

Welpen nagen, um die Welt zu erkunden, aber sie knabbern auch wie die Weltmeister, wenn der Zahnwechsel ansteht. In Kapitel 11 erfahren Sie ganz genau, wie Sie Ihrem Hund beibringen, was zum Ankauen geeignet ist. Am besten bekommen Sie jedoch diese Unsitte in den Griff, wenn Sie Ihrem Welpen gar nicht erst die Gelegenheit geben, Dinge zu zerkauen.

Labrador Retriever hegen eine große Vorliebe fürs Anknabbern. Selbst ältere Labrador Retriever zerkauen noch alles Mögliche, wenn man ihnen nicht die Gelegenheit gibt, sich ein Ventil für ihre Energie zu verschaffen, und sie längere Zeit unbeaufsichtigt lässt. Ein älterer Labrador kann im Handumdrehen größere wertvolle Dinge wie Fahrräder, Schaukeln oder Teile Ihres Autos zerstören. Sie sollten Ihrem Labrador also lieber bei Zeiten Manieren beibringen.

Ebenso wie Sie Ihr Haus für ein Krabbelkind kindersicher einrichten, so sollten Sie es knabbersicher für Ihren Welpen gestalten. Bevor Sie also Ihren Welpen nach Hause holen, gehen Sie durchs Haus und versuchen alles mit den Augen eines kleinen Hundes zu sehen. Treffen Sie dann die folgenden Vorkehrungen:

- ✔ Verstecken Sie alle Elektrokabel.
- ✔ Bewahren Sie Schuhe im Schuhschrank auf.
- ✔ Sichern Sie die Schnüre von Jalousien, damit der Welpe sie nicht erreichen kann.
- ✔ Bewahren Sie den Müll außer Reichweite auf.
- ✔ Suchen Sie den Boden täglich nach gefährlichen Gegenständen wie Büroklammern, Gummibändern oder Paketschnur ab.
- ✔ Bewahren Sie Wertsachen, die durch das Anknabbern zerstört werden könnten, außer Reichweite des Welpen auf.
- ✔ Wenn Sie zu Hause Treppen haben, bringen Sie ein Treppengitter an, damit Ihr Welpe nicht die Treppen hinunterfallen oder hinauflaufen kann.

Da Sie Ihren Welpen ohnehin schon ständig überwachen, ob er irgendwo sein Geschäft verrichten will, können Sie auch gleichzeitig noch darauf achten, ob er irgendetwas anknabbern will. Immer wenn Ihr Hund Anstalten macht, etwas Verbotenes anzukauen, nehmen Sie ihm den Gegenstand weg und geben ihm dafür ein Kauspielzeug (am besten eines mit Leckerchen im Inneren – siehe Kapitel 11).

Welpenspinnen

Mit *Welpenspinnen* meinen wir das wilde Umherrasen im Haus – manche nennen es auch den »Rennkoller«. Auch ältere Welpen und Junghunde machen das noch mit wachsender Begeisterung; es beginnt plötzlich, und nichts ist auf ihrem Weg der Zerstörung sicher vor ihnen. Und: je größer der Welpe, umso größer der Schaden.

Ihr Welpe will Ihren kleinen Glastisch oder das antike Teeservice nicht zerstören. Er verbrennt einfach etwas von dieser unglaublichen Energie, die er in sich hat. Sie bekommen das Welpenspinnen am einfachsten in den Griff, indem Sie Ihrem Welpen ausreichend Gelegenheit zu körperlicher und geistiger Stimulation geben. Bei sehr kleinen Welpen reicht es aus, wenn Sie mit ihnen im Haus oder Garten toben, aber je älter und größer der Welpe wird, umso mehr braucht er einen täglichen schnellen Spaziergang an der frischen Luft. Müde Welpen sind glückliche Welpen und ihre Zerstörungswut hält sich in Grenzen.

Um das Welpenspinnen noch besser in den Griff zu bekommen, achten Sie auf die Tageszeit und den Auslöser für das Herauslassen dieser überschüssigen Energie. Versuchen Sie es dann mit folgenden Tipps, wenn die Welpenspinnzeit oder die auslösende Situation eintritt:

rador-Retriever-Welpen gibt es in allen Formen, mit unterschiedlichen Persönlichkeiten
d in drei verschiedenen Farben.

gelber Labradorwelpe ist für manchen sicherlich der niedlichste Hund der Welt.

Wählen Sie einen Welpen, der weder aggressiv noch passiv ist, und achten Sie darauf, dass sein Wesen zu Ihnen und Ihrer Familie passt.

Labradorwelpen sollten erst im Alter von etwa acht Wochen von ihrer Mutter getrennt werden.

Labradore kann man ohne weiteres im Haus halten, sie brauchen aber, wenn sie erst einmal ausgewachsen sind, sehr viel Bewegung an der frischen Luft.

Während der ersten Wochen in Ihrem Haus wachsen Labradorwelpen sehr rasch.

Lassen Sie Ihren Labradorwelpen in einem kleinen Teich baden, sobald er Interesse an Wasser zeigt.

Auch wenn Ihr heranwachsender Labrador sich oft ausruhen muss, so kann es doch sein, dass Ihnen beim Spielen mit ihm zuerst die Puste ausgeht.

Achten Sie darauf, dass Ihr Labradorwelpe immer genu
Trinkwasser hat.

Ein heranwachsender Labrador ist immer zum Spielen bereit.

Werfen Sie Spielzeug, das schwimmt, ins Wasser und der natürliche Instinkt, diesen Gegenstand zu apportieren, wird geweckt.

Kombinieren Sie ein Apportierspiel mit dem Element Wasser und Sie haben die beiden Lieblingsaktivitäten Ihres Labradors geschickt miteinander verbunden.

Das Fell eines Labradors trocknet auch nach einem intensiven Bad schnell.

Ein gut ausgebildeter Labrador sitzt aufmerksam neben seinem Herrchen, wenn dieser jagt.

Auf Befehl apportiert ein ausgebildeter Labrador vorsichtig einen abgeschossenen Vogel.

Ein ausgewachsener Labrador liebt es, auf einem Feld zu rennen.

Wenn jetzt noch Wasser mit ins Spiel kommt, haben Sie einen treu ergebenen Labrador in Ihrer Familie.

Jetzt noch ein Spielzeug zum Apportieren und Sie sind ein Held.

Für einen sportlichen Labrador ist nichts unerreichbar.

- ✔ Legen Sie Ihren Welpen zu Hause an die Leine.
- ✔ Machen Sie ein paar Übungen, bei denen der Hund tüchtig belohnt wird (siehe Kapitel 9), führen Sie Ihren Hund Gassi und stecken Sie ihn dann in seine Hundebox.
- ✔ Bringen Sie Ihrem Hund bei, auf Zuruf zu kommen (siehe Kapitel 10). Ein Welpe kann nicht gleichzeitig kommen und herumspinnen.

Kontrollieren Sie das Welpenspinnen, indem Sie die Energie in andere Kanäle leiten und bald werden Sie einen wohl erzogenen Hund haben, der weiß, wann er herumtollen kann und wann er geduldig auf die Herumtollzeit warten muss.

Junghunde oder erwachsene Hunde in den Griff bekommen

Wenn Sie einen älteren Hund in Ihre Familie bringen, kann das den Vorteil haben, dass dieser Hund bereits bestimmte wünschenswerte Verhaltensweisen erlernt hat. Andererseits kann es natürlich auch sein, dass Junghunde oder erwachsene Hunde alles andere als wünschenswerte Eigenschaften angenommen haben, weil deren Besitzer ihnen nichts beigebracht haben und sie dann abgegeben haben. Aus diesem Grund ist es das Beste, einen älteren Hund in so einem Fall wie einen Welpen zu behandeln. Gehen Sie einfach davon aus, dass es Ihr Hund nicht besser weiß. Er hat wahrscheinlich überhaupt keine Ahnung, was Sie von ihm wollen. Wenn Sie ihn auf dieselbe sanfte, positive Weise behandeln wie einen Welpen, wird er schnell die Regeln in Ihrem Haus erlernen und keinen Ärger mehr machen.

Sie haben das Glück, einen Hund zu haben, der in der Vergangenheit richtig behandelt worden ist. Ein Hund, der geliebt und in seinem Erziehungsprozess unterstützt wird, empfindet dies ebenfalls als Glück und wird Ihnen die Geduld und Liebe, die Sie in seine Erziehung stecken, mit jahrelanger Liebe und Ergebenheit danken. Wir haben dies immer wieder gesehen. Sollten Sie während Ihres Erziehungs- und Ausbildungsprozesses merken, dass Ihr erwachsener Hund bereits einige Fähigkeiten und positive Eigenschaften besitzt, dann können Sie sich wirklich glücklich schätzen.

Mit der neuen Umgebung fertig werden

Erwachsene Hunde bieten natürlich einige Herausforderungen, die es bei Welpen in dieser Form nicht gibt. Zum einen sind Hunde Gewohnheitstiere. Wenn sie sich einige Jahre an einen Ort gewöhnt haben und plötzlich umziehen müssen oder wenn sie sehr viel hin und her geschoben wurden, dann sind solche Hunde unsicher und verängstigt. Sie sollten daher sofort mit der Erziehung und einem positiv bestärkten Training beginnen, damit Ihr Hund so schnell wie möglich die Regeln verstehen und die Erwartungen, die man an ihn hat, erfüllen kann. Zeigen Sie Ihrem Hund, dass er in seinem neuen Haus glücklich und zufrieden sein kann und dass dieses Zuhause dauerhaft sein wird.

Erwachsene Hunde reagieren in den ersten Wochen in einem neuen Heim meistens relativ unterwürfig. Sie müssen das Vertrauen des Hundes gewinnen. Sobald Ihr Hund wieder mehr Energie, auch im negativen Sinne, zeigt, dann wissen Sie, dass er sich allmählich sicherer und wohler fühlt. Jetzt brauchen Sie Ihren Hund nur noch zu einem guten Freund und Begleiter zu erziehen (siehe Kapitel 10).

Mit einer Trennung fertig werden

Sie haben bestimmt schon öfter von Trennungsängsten gehört. Trennungsängste sind jedoch gar nicht so häufig wie allgemein angenommen wird. Viele Hundetrainer bezeichnen das Bellen, Buddeln und andere zerstörerische und störende Verhaltensweisen, die Hunde an den Tag legen, wenn ihre Besitzer nicht da sind, als erlernte Verhaltensweisen, die durch gutes, positiv bestärktes Training verändert werden können. Ihr Hund hat wahrscheinlich gar keine Angst, sondern ist nur gelangweilt und will seinen Spaß haben, während Sie weg sind. In Kapitel 10 zeigen wir Ihnen, wie Sie Ihrem Hund beibringen, was er darf und was er nicht darf, wenn Sie aus dem Haus sind.

Hier ein paar Tipps, um diese Verhaltensweisen in den Griff zu bekommen:

- ✔ Wenn Sie den ganzen Tag arbeiten, gehen Sie mittags nach Hause und gehen Sie mit Ihrem Hund spazieren (oder beauftragen Sie jemanden, dies zu tun).
- ✔ Wenn Sie zu Hause sind, sollten Sie viel Zeit mit Ihrem Hund verbringen, indem Sie Übungen machen und ihn dafür stets mit Leckerchen belohnen.
- ✔ Lassen Sie Ihren neuen Hund nicht zu oft oder zu lange alleine, bis eine feste Beziehung zwischen Ihnen entstanden ist (siehe Kapitel 9).

Mit der richtigen Führung und Erziehung wird Ihr Hund sich schnell gut benehmen, auch wenn Sie nicht zu Hause sind. Echte *Trennungsängste* (bei denen ein Hund vollkommen außer sich gerät, wenn der Besitzer das Haus verlässt) können bei älteren Hunden vorkommen, deren Vergangenheit sehr unsicher war und die schlecht behandelt wurden. Vielleicht liegt auch ein medizinisches Problem vor. Ein Hund kann extrem zerstörerische Tendenzen zeigen, ja sich sogar selbst verletzen, und Medikamente und therapeutische Behandlung brauchen. Wenn Sie vermuten, dass Ihr Hund an echten Trennungsängsten leidet, sollten Sie Ihren Tierarzt oder einen Hundetrainer aufsuchen.

B steht für Beziehung

9

In diesem Kapitel

- Ihren Labrador Retriever kennen lernen
- Eine Beziehung aufbauen und erhalten
- Gute Welpeneltern werden

Der zweite Bestandteil des FBE-Systems ist die Beziehung zwischen Ihnen und Ihrem Labrador. Doch eine solche Beziehung entsteht nicht einfach so. Sicherlich kann von Anfang an die Chemie zwischen Ihnen beiden stimmen und Sie vergöttern einander. Aber bis Sie einander wirklich kennen und eine gemeinsame Basis aus gegenseitigem Vertrauen und Verstehen geschaffen haben, werden Sie keine richtige Beziehung aufbauen.

Leider kann es viel zu häufig passieren, dass Sie diese enge Beziehung zu Ihrem Labrador aufs Spiel setzen, und meistens passiert das unbeabsichtigt. Sie wissen wahrscheinlich gar nicht, warum Ihr Labradorwelpe Ihnen plötzlich nicht mehr zuhört oder Sie nicht mehr begrüßt, wenn Sie nach Hause kommen. An einer Beziehung muss man hart arbeiten. Sie kennen das sicherlich aus Ihren zwischenmenschlichen Beziehungen und die zwischen Mensch und Hund ist nicht sehr viel anders. Was können Sie tun, damit die Beziehung zu Ihrem Hund so optimal wie möglich wird? In diesem Kapitel erfahren Sie es!

Die Beziehung zu Ihrem Hund wird stärker und stabiler sein, wenn Sie ein Grundprinzip verinnerlichen: Schlechtes Betragen ist nicht die Schuld des Hundes. Hunde benehmen sich nicht absichtlich schlecht. Rache oder schlechte Laune gibt es bei ihnen nicht. Sie wollen belohnt werden und sie müssen von Ihnen lernen, wie sie das erreichen.

Eine enge Bindung zu Ihrem Labrador aufbauen

Nachdem Sie Ihren Hund endlich zu Hause haben, ist es an der Zeit, dass Sie sich kennen lernen. Sie haben sicherlich einige erste Eindrücke von Ihrem Labrador, und er hat sich sicherlich ein erstes Bild von Ihnen gemacht. Es ist wichtig, dass Sie in den ersten Wochen, die der Hund bei Ihnen ist, sehr viel Zeit mit ihm verbringen. Sie müssen sich aneinander anpassen, aber auch zusammenwachsen, um die Grundlage für eine gute Beziehung zu schaffen, die hoffentlich sehr lange halten wird.

Inventur machen

Es ist sehr viel einfacher, eine enge Beziehung zu Ihrem Labrador aufzubauen, wenn Sie richtig ausgerüstet sind. Sorgen Sie dafür, dass Sie die folgenden Dinge parat haben:

- ✔ Hundebox oder Hundekorb
- ✔ Wasser- und Fressnäpfe, die schwer genug sind, dass sie fest am Boden stehen bleiben, wenn Ihr aufgeregter und hungriger Labrador sein Fressen verschlingt
- ✔ Halsband, Steuermarke
- ✔ Leine
- ✔ Mehrere, sehr strapazierfähige Kauspielzeuge
- ✔ Bürste und Nagelzange
- ✔ Hochwertiges Hundefutter (siehe Kapitel 5)

Beobachten Sie Ihren Labrador vom ersten Tag an. Achten Sie darauf, wie er auf Sie reagiert. Achten Sie darauf, wann er müde wird, wann er hungrig wird und wann er Gassi gehen muss. Achten Sie darauf, was ihm Spaß zu machen scheint und was ihn verschreckt. Wenn Sie mit ihm spielen und ihn kraulen, sollten Sie darauf achten, wann es ihm gefällt und wann er lieber in Ruhe gelassen werden möchte. Entwickeln Sie ein Gespür für sein Verhalten, denn das ist die einzige Möglichkeit, ihn richtig kennen zu lernen.

Nachdem Ihr Hund ein paar Tage mit Ihnen verbracht hat, beantworten Sie die folgenden Fragen, um sich ein besseres Bild von der Persönlichkeit Ihres Hundes zu verschaffen. (Beim Aufschreiben werden die Dinge manchmal noch klarer.) Sie können diese Informationen auch für später zu Ihren Hundeunterlagen legen (oder einfach das ganze Buch beim Impfpass und den anderen wichtigen Hundedokumenten aufbewahren).

- ✔ Mein Labrador ist ____________________ Monate/Jahre alt.
- ✔ Mein Labrador frisst ____________________ Mal am Tag. Ich füttere ihm ____________________________. Sein Appetit ist ____________________.
- ✔ Nachts schläft mein Labrador etwa ___________ Stunden, bevor er Gassi gehen muss. Ich würde sagen, sein Schlafrhythmus ist ____________________.
- ✔ Insgesamt scheint der Gesundheitszustand meines Labradors ____________________ zu sein.

✔ Der Tierarzt hat meinen Labrador zuletzt am ________ gesehen und hat über ihn Folgendes gesagt:

____

____

____

✔ Mein Labrador spielt am liebsten mit ______________________________.

✔ Am aktivsten ist mein Labrador ______________________________.

✔ Ich glaube, seine Lieblingsbeschäftigung ist ______________________________.

✔ Er neigt zu schlechten Angewohnheiten wie ______________________________.

✔ Er ist sehr brav beim ______________________________.

✔ Wir müssten noch an Folgendem arbeiten: ______________________________.

✔ Wenn ich meinem Labrador etwas beibringe, was von ihm erwartet wird, ist mein Vertrauen darin ______________________________.

✔ Ich mache mir etwas Sorgen um den Umgang mit ______________________________.

✔ Ich brauche mir gar keine Sorgen zu machen über ______________________________.

✔ Wir verbringen ________ Minuten __________ am Tag mit Übungen.

✔ Mein Labrador reagiert auf die Übungseinheiten mit

____

✔ Seine Lieblingsbelohnung, wenn er seine Sache gut gemacht hat, scheint zu sein:

____

✔ Was Übungen angeht, so bin ich sehr zufrieden mit

____

✔ Was Übungen angeht, so muss ich an mir arbeiten, wenn es um ______________________________ geht.

✔ Er ist ein typischer Labrador bei folgenden Dingen:

____

✔ Vollkommen untypisch für einen Labrador verhält er sich bei:

____

✔ Ich habe ihn gut im Griff, wenn ich ihm nicht die Gelegenheit gebe, zu

____

- ✔ Ich war ein paar Mal nicht konsequent, indem ich ihm erlaubt habe ________________
  ________________________________, aber das werde ich künftig vermeiden.
- ✔ Was ich meinem Labrador einfach nicht verbieten kann:
  ____
- ✔ An folgende Geschichte(n) über die ersten Wochen mit meinem Labrador möchte ich mich gerne erinnern:
  ____
  ____
  ____

Nun, fühlen Sie sich ihm bereits verbunden? Wir hoffen es! Aber wie Sie ja bereits wissen, ist das Zusammenwachsen nur der erste Schritt zu einer erfolgreichen Beziehung zwischen Ihnen beiden. Sie haben auch ein bisschen mehr Verantwortung und die Verantwortung liegt bei Ihnen und nicht bei Ihrem Hund. Hunde sind Rudeltiere und darauf programmiert, mit anderen Lebewesen zurechtzukommen, die sie zu ihrem Rudel zählen. Der Hund tut seinen Teil. Der Rest liegt bei Ihnen.

Eine gute Beziehung aufbauen

Wenn Sie gerade einen Hund mit nach Hause gebracht haben oder im Begriff sind, es zu tun, dann steht Ihnen jetzt eine wunderbare Gelegenheit bevor. Sie haben die Möglichkeit, eine wundervolle und lohnenswerte Beziehung zu einem liebevollen Hund einzugehen, die Ihnen viele Jahre voller Glück und Zuneigung geben wird.

Aber wie kann Ihnen das gelingen? Denken Sie einfach an die guten Beziehungen, die Sie bereits im Leben haben. Haben Sie eher eine bessere Beziehung zu Menschen, die Sie loben und Sie belohnen, wenn Sie etwas richtig gemacht haben? Haben eben diese Menschen Ihnen geholfen, sich Ärger vom Hals zu halten, während Sie noch versucht haben, herauszufinden, was man eigentlich von Ihnen will? Wenn Sie sich danebenbenommen haben, haben Ihnen diese Menschen gezeigt, wie man sich richtig verhält?

Denken Sie jetzt an Beziehungen zu Menschen, die nicht so gut sind. Haben diese Menschen Sie bestraft, wenn Sie einen Fehler gemacht haben? Haben sie Sie auch bestraft, wenn Sie gar nicht genau wussten, was Sie falsch gemacht hatten? Ignorieren diese Menschen Sie in der Regel, beachten Sie weniger oder verhalten sich Ihnen gegenüber gereizt?

In vielerlei Hinsicht sind Hunde wie Menschen. Sie neigen eher dazu, die Menschen zu mögen, die nett und liebvoll sind und sie beschützen. Sie möchten gerne wissen, wo es langgeht und die Menschen, die die Regeln ohne brutale Strafen klar vorgeben, sind die Menschen, denen sie vertrauen. Hunde benehmen sich nicht so gut, wenn sie schlecht behandelt werden, viel bestraft werden oder bestraft werden, wenn sie gar nicht wissen, warum und wofür. Sie wollen nicht ignoriert werden oder als lästiges Übel behandelt werden. Sie wollen geliebt werden. Das wollen wir schließlich alle!

Ihr Hund kann seinen Kiefer fünfmal schneller bewegen, als Sie Ihre Hand wegziehen können. Wenn Sie Ihrem Hund durch Ihr Verhalten (Schreien, Schlagen etc.) Angst machen, könnte er Sie beißen. Das ist natürlich nicht gut für Ihr Verhältnis, und wenn der Hund lernt, dass Beißen seine einzige Verteidigungsmöglichkeit ist, wird das kein gutes Ende nehmen.

Arbeiten Sie mit folgendem kleinen Trick, um gutes Benehmen bei Ihrem Hund zu bestärken. Wenn er sich so benimmt, wie Sie es von ihm erwarten, dann sehen Sie ihn an. Tut er etwas, was Ihnen missfällt, dann sehen Sie weg. (Sie wollen sowieso den am Boden verstreuten Müll nicht sehen!) Hunde merken, auf was Sie Ihre Aufmerksamkeit richten, und wenn Sie Ihren Hund einfach nur ansehen, dann ist das eine Form von Bestärkung. Aufgepasst: Wenn Sie starren, kann das auf Ihren Hund aber auch bedrohlich wirken.

Eine Beziehung ist eine Beziehung, egal ob zu Ihrem Kind, Ehepartner, Freund oder Hund. Bringen Sie Ihrem Hund Respekt entgegen und achten Sie auf ihn, damit Sie ihn führen können.

Die zehn Gebote der Hund-Mensch-Beziehung

Beachten Sie folgende zehn Gebote:

1. **Du sollst mit deinem Hund Freude haben.** Hunde, insbesondere Welpen, haben sehr gerne viel Spaß. Spielen Sie mit ihm, gehen Sie mit ihm spazieren, toben Sie mit ihm und üben Sie spielerisch mit ihm. Ein Paar, das Spaß und Freude zusammen hat, bleibt auch zusammen.
2. **Du sollst deinem Hund erlauben, etwas gut zu können.** Geben Sie Ihrem Hund die Gelegenheit, etwas zu tun. Ob Sie nun Übungen machen, zu Begleithundekursen gehen, Tricks einstudieren, auf die Jagd gehen oder durch den Park joggen, Ihr Hund möchte etwas tun, bei dem er erfolgreich ist. Lassen Sie ihn etwas machen, das er hervorragend kann, und er wird Sie dafür lieben.
3. **Du sollst deinem Hund einen Gefährten geben.** Hunde sind soziale Tiere und auch wenn manche Hunde den ganzen Tag alleine sein können, so wollen doch die meisten von ihnen immer mal wieder jemanden für ein paar Stunden zu Gesicht bekommen. Fahren Sie zum Mittagessen nach Hause, wenn den ganzen Tag über sonst niemand zu Hause sein kann. Bitten Sie Freunde, Verwandte oder einen Hundesitter, den Hund zu besuchen und mit ihm spazieren zu gehen, wenn Sie zu wenig Zeit haben. Wenn Ihnen die zusätzlichen Kosten, die Verpflichtung und die Erziehung nicht zu viel sind, dann überlegen Sie sich, einen zweiten Hund anzuschaffen.

Schaffen Sie sich keinen zweiten Hund an, nur um Ihrem ersten Hund Gesellschaft zu bieten. Jeder Hund verdient Liebe, Aufmerksamkeit und ausreichende Pflege. Wenn Sie sich keine zwei Hunde leisten können, dann suchen Sie nach einer anderen Beschäftigung für Ihren Hund. Sollten Sie es sich leisten können und sollten Sie gewillt sein, viel Zeit in die Erziehung von zwei Hunden zu investieren, dann kann ein zweiter Hund viel Spaß für die ganze Familie bedeuten und ein prima Kumpel für Ihren ersten Hund sein (siehe Kapitel 7).

4. **Du sollst deinen Hund vor Schaden bewahren.** Ihr Hund kann sich nicht schlecht benehmen, indem er Ihre neuen Schuhe zerkaut oder sein Geschäft im Haus verrichtet, wenn Sie ihm erst gar keine Gelegenheit dazu geben.

5. **Du sollst deinem Hund beibringen, was du von ihm erwartest.** Wie kann Ihr Hund wissen, dass er Ihre neuen Schuhe nicht zerkauen darf, wenn Sie es ihm nicht auf verständliche Art und Weise erklären, dass manche Dinge einfach nicht zum Anknabbern da sind, andere hingegen schon. Woher soll er wissen, wo er sich lösen soll, wenn Sie es ihm nicht zeigen?

6. **Du sollst deinen Hund nicht für etwas belohnen, was du nicht magst.** Selbst wenn Sie es nicht bemerken, aber Ihre Reaktionen auf die Verhaltensweisen Ihres Welpen könnten das Verhalten, das Sie am wenigsten mögen, noch bestärken. Wenn Sie beispielsweise Ihren Hund nicht sehr viel beachten, könnte er entdecken, dass er auf jeden Fall Ihre Aufmerksamkeit bekommt, wenn er sein Geschäft auf dem Teppich verrichtet, auch wenn er dafür angeschrieen wird.

7. **Du sollst deinen Hund loben und belohnen, wenn er etwas richtig und gut gemacht hat.** Lob und Belohnung sind für Ihren Hund genau das Richtige für gutes Verhalten. Loben Sie ihn immer, wenn er etwas zu Ihrer Zufriedenheit getan hat.

8. **Du sollst wissen, was du von deinem Welpen erwartest.** Sie können Ihrem Welpen nicht zeigen, was Sie von ihm erwarten, wenn Sie selbst keine klaren Vorstellungen haben.

9. **Du sollst deinen Hund in seine Hundebox oder einen anderen sicheren Platz schicken, wenn du dich nicht mit ihm beschäftigen kannst.** Das ist nicht herzlos, sondern treusorgend. Sie schützen damit Ihren Hund vor Schaden und lassen ihn wieder Energie auftanken und Hunger bekommen, damit er bei der nächsten Trainingszeit wieder richtig mitarbeiten kann. (Manchmal braucht Ihr Hund auch eine Auszeit von Ihnen.) Aber ein Welpe darf nie länger als zwei Stunden in seiner Box eingesperrt sein!

10. **Du sollst deinen Hund niemals anschreien, schütteln, schlagen, kneifen, erschrecken oder schlagen.** Niemals. Es gibt immer eine andere, bessere Möglichkeit. Labrador Retriever werden nicht gezüchtet, damit sie misshandelt werden. Kein Hund kommt auf die Welt, um misshandelt zu werden.

Die Beziehung erhalten

Es ist ein guter Anfang, ein festes Band zwischen Ihnen und Ihrem Hund zu knüpfen und ihm die Regeln für Ihre Beziehung beizubringen. Soll daraus eine dauerhafte Beziehung werden, dann denken Sie daran, dass Hunde eine lebenslange Verpflichtung sind.

- ✔ Seien Sie konsequent, in der Art, wie Sie mit Ihrem Hund umgehen.
- ✔ Seien Sie konsequent bei den Dingen, die Ihr Hund darf und nicht darf.
- ✔ Bieten Sie Ihrem Hund ein Zuhause voller Belohnungen, Vorteile und guter Dinge. (Sie sollen ihn nicht verwöhnen. Wir finden nur, dass Sie eine Umgebung schaffen sollten, die ihn glücklich macht.)
- ✔ Erziehen Sie Ihren Hund weiterhin, damit er sich an einem lebenslangen Lernen erfreuen kann und immer wieder die Gelegenheit hat, von Ihnen mit Lob und Beachtung durch Spiel, Spielzeug oder Leckerli belohnt zu werden.
- ✔ Hören Sie nie auf, ihn zu lieben!

Hunde verstehen sich auf Körpersprache. Wenn Sie wollen, dass Ihr Hund zur Ruhe kommt, sollten Sie sich auch entspannen und ruhig werden. Laufen Sie nicht hektisch herum, wedeln Sie nicht mit den Armen und schreien Sie nicht: »Platz! Schluss! Ruhe jetzt!«

Die strenge Elternrolle übernehmen

Auch wenn Sie selbst keine Kinder haben, so gab es in Ihrem Leben sicherlich Eltern oder Elternfiguren. Eltern sind wichtig für Kinder, weil sie ihnen Regeln vorgeben, sie beraten, moralisch unterstützen, disziplinarische Maßnahmen ergreifen und sie über alle Maßen lieben. Genau diese Dinge sind auch für Ihren Welpen wichtig! Sie stellen die Regeln auf und bringen Ihrem Welpen bei, diese Regeln zu befolgen, und bieten dafür Ihre bedingungslose Zuneigung.

Und was ist mit der Disziplin? Disziplin hat für jeden eine andere Bedeutung. Betrachten Sie es vom erzieherischen Standpunkt aus: Sie wollen, dass Ihr Welpe lernt, sich auf eine bestimmte Weise zu benehmen, und auch lernt, wie er sich nicht benehmen soll. Es gibt eine anerkannte wissenschaftliche Lerntheorie, die zwei Arten von disziplinarischen Maßnahmen enthält: Bestärkung und Bestrafung. Diese Theorie kann Ihnen dabei helfen, aus Ihrem Welpen einen wohlerzogenen Hund zu machen.

Durch *Bestärkung* werden Verhaltensweisen gefördert:

- ✔ Positive Bestärkung bedeutet, dass Sie Ihrem Welpen etwas Angenehmes oder Nettes tun, wenn er etwas Positives für Sie getan hat. Wenn Sie beispielsweise »Sitz« sagen und Ihr Welpe setzt sich hin, geben Sie ihm eine Belohnung.

- Negative Bestärkung bedeutet, dass Sie aufhören, etwas Negatives zu tun, wenn Ihr Hund etwas Positives für Sie tut. Sie lassen beispielsweise das Würgehalsband locker, wenn Sie Ihrem Welpen das »Sitz«-Kommando geben und er es befolgt.

Die meisten fortschrittlichen Hundetrainer arbeiten lieber mit positiver Bestärkung und kaum oder gar nicht mit negativer Bestärkung. Warum sollten Sie Ihrem Hund Unbehagen bereiten, wenn es nicht erforderlich ist?

Durch *Bestrafung* wird erreicht, dass eine Verhaltensweise nicht mehr so häufig auftritt:

- Positive Bestrafung bedeutet, dass Sie etwas Unangenehmes tun, wenn Ihr Hund ein Verhalten zeigt, das Sie abbauen möchten. Wenn Ihr Hund beispielsweise einen anderen Hund anbellt, können Sie der Leine einen Ruck geben. Funktioniert die positive Bestrafung, wird er diesen Hund beim nächsten Mal wahrscheinlich nicht wieder anbellen. Positive Bestrafung hört sich sinnvoll an, birgt aber auch Risiken. Was passiert, wenn Ihr Hund Ihr Handeln so interpretiert, als ob Sie in Gegenwart des anderen Hundes unwirsch werden. Ihr Hund könnte dadurch eine Abneigung gegenüber anderen Hunden entwickeln. Joel ist dies schon sehr häufig passiert.
- Negative Bestrafung bedeutet, dass Sie etwas Gutes wegnehmen, um die Verhaltensweise abzubauen. Um beispielsweise Ihrem Hund zu helfen, andere Hunde nicht mehr anzubellen, könnten Sie sich sofort wegdrehen und sich von jedem Hund, den Ihr Hund anbellt, entfernen. Wenn Ihr Hund gerne andere Hunde trifft und Sie ihm diese Möglichkeit nehmen, ist das eine negative Bestrafung und wird vielleicht dazu führen, dass er in Zukunft andere Hunde nicht mehr anbellt.

Positive Bestärkung und negative Bestrafung sind die bevorzugten Methoden, weil sie kein unangenehmes Verhalten Ihrerseits gegenüber dem Hund beinhalten. Auch wenn Sie der Meinung sind, dass das Verweigern von Bestärkung nicht gerade nett ist, so macht es doch Sinn. Wenn Sie nicht arbeiten oder das Gesetz befolgen, werden Ihnen auch gute Dinge genommen. Auch Ihr Hund kann diese Grundprinzipien lernen.

Negative Bestärkung und positive Bestrafung sollten möglichst vermieden werden. Warum sollten Sie Ihrem Hund Ihre Abneigung zeigen, wenn es nicht sein muss? Denken Sie daran: Wenn Sie mit negativer Bestärkung und positiver Bestrafung arbeiten und nicht gleich positive Ergebnisse erzielen, wenden Sie die Lerntheorie nicht korrekt an und behandeln damit ungewollt Ihren Hund schlecht.

Ein ablehnendes Verhalten gegenüber Ihrem Hund kann viele ungünstige und sogar tragische Nebeneffekte haben. Es kann Ihre Beziehung ruinieren. Es kann Ihren Hund schreckhaft oder aggressiv machen. Sie werden sich sicherlich nicht sehr wohl fühlen, wenn Sie bei einem geliebten Familienmitglied Unbehagen hervorrufen.

Konzentrieren Sie Ihre elterlichen Bemühungen also eher auf das Positive statt auf das Negative, um Ihrem Hund beizubringen, was richtig und was falsch, was gut und was schlecht ist. Sie werden damit auch Ihre Beziehung dauerhaft untermauern. Ihr Hund wird erkennen, dass von Ihnen Gutes kommt, und warum sollte er mit so jemandem keine Beziehung eingehen?

E steht für Erziehung

10

In diesem Kapitel

- Den Hund mit vielen Leuten bekannt machen
- Mit Locken und Belohnen arbeiten
- Dem Hund beibringen, nicht zu bellen, zu beißen oder sein Geschäft im Haus zu verrichten

Können Sie sich vorstellen, was aus Ihnen geworden wäre, wenn Ihre Eltern auf dem Sofa gesessen wären und Ihnen zugesehen hätten, bis Sie 18 Jahre alt sind, nur um zu sehen, was Sie wohl ganz von alleine gelernt hätten? Stattdessen haben Ihre Eltern sehr viel Zeit damit verbracht, Sie zu erziehen und Ihnen die Regeln in Ihrem Haushalt sowie die des Lebens beizubringen. Ihre Eltern haben Sie auch auf eine Schule geschickt, damit Fachleute (Lehrer) Sie weiter ausbilden konnten.

Stellen Sie sich die Absurdität des folgenden Arguments vor: »Dieses Kind hat von nichts eine Ahnung! Es muss aus einem schlechten Haus stammen.« Natürlich würden Sie nichts wissen, wenn Ihre Eltern Ihnen nichts beigebracht hätten. Auch wenn Sie wahrscheinlich ein paar grundlegende Überlebensregeln gelernt hätten, so könnten Sie sicherlich nichts wirklich gut und ganz bestimmt hätten Sie keine Manieren.

Doch dieser kleine Welpe, den Sie gerade nach Hause gebracht haben, hat ein kleineres Gehirn als Sie. Wie können Sie erwarten, dass er alles alleine herausfindet? Ein Hund braucht Ihre Führung, damit er weiß, was er tun und wie er sich verhalten soll. Welpen sind eher überlebensfähig als Menschenkinder, aber sie sind sicherlich nicht darauf programmiert, sich stets im Freien zu lösen, bei Fuß an der Leine zu laufen oder auf Kommando zu Ihren Füßen zu sitzen.

Das bringt uns zum dritten Teil des FBE-Systems: Erziehung. Es liegt in Ihrer Verantwortung, Ihren Hund zu erziehen, wenn er ein guter Freund und Begleiter werden soll. Erziehen ist nicht so schwer, wie es aussieht. Sie müssen wissen, was Sie tun, einen Plan haben und wissen, wen Sie um Hilfe bitten können.

Die Umweltsozialisation

Umweltsozialisation ist ein schicker Ausdruck für etwas ganz Simples: Ihr Welpe muss viele verschiedene Menschen in unterschiedlichen Situationen treffen, die er auch als erwachsener Hunde akzeptieren soll. Sie beginnen damit, wenn er noch ein Welpe ist, und führen diese Situationen immer wieder herbei, bis er erwachsen ist. Wenn Sie Ihren Welpen richtig sozialisieren, stehen die Chancen gut, dass er weder ängstlich noch aggressiv gegenüber all den netten Menschen, die er als erwachsener Hund treffen wird, reagiert.

Sie müssen Ihren Welpen nicht nur an viele Menschen gewöhnen, sie müssen diese Begegnungen auch leiten, damit sie für Ihren Welpen positiv verlaufen. Sie müssen steuern können, was die Menschen, mit denen Ihr Welpe zusammenkommt, tun werden. Aus schlechten Erfahrungen mit Fremden könnte Ihr Welpe die Lehre ziehen, dass nicht alle Erwachsenen akzeptabel sind.

Junge Welpen sind sehr empfänglich für bestimmte Krankheiten, insbesondere wenn sie noch nicht alle Impfungen erhalten haben. Menschen und andere Hunde können Krankheiten auf Welpen übertragen. Sie brauchen Ihren Welpen deshalb aber nicht zu isolieren.

Wenn bei Ihnen die Menschen nicht einfach so ein- und ausgehen, dann organisieren ein paar Willkommenspartys für Ihren Welpen. Laden Sie Freunde aller Altersklassen ein. Ihre Freunde können dann nacheinander auf Ihren Hund zugehen und sich vorstellen. Geben Sie auch Ihrem Welpen die Gelegenheit, sich mit jedem Gast bekannt zu machen. Als Gegenleistung bieten Sie einen kleinen Imbiss für Ihre Freunde an.

Achtung: Kinder im Anmarsch!

Wenn Sie keine Kinder haben und sich einen Labradorwelpen zulegen, sollten Sie auch an die Zeit denken, wenn Sie vielleicht einmal Kinder haben werden. (Selbst wenn Sie planen, kinderlos zu bleiben, wissen Sie doch nie, was die Zukunft alles für Sie bereithält.) Wenn Sie versuchen, Ihren Welpen im Umgang mit Kindern zu sozialisieren, es aber versäumen, diese Begegnungen zu lenken, dann könnte Ihr Welpe daraus nur lernen, dass Kinder laut, lästig und sogar gefährlich sind.

Sie können Ihren Welpen nicht an Kinder gewöhnen, indem Sie ihn mit sieben Krabbelkindern alleine in einem Raum lassen. Kleinkinder können mit einem Welpen ebenso wenig umgehen wie ein Welpe mit ihnen. Um den Welpen an ein kleines Kind zu gewöhnen, nehmen Sie den Welpen auf den Arm und steuern die Begegnung, indem Sie vorsichtig überwachen, wie und inwieweit die Kinder den Welpen berühren und wie laut sie dabei sind. Wenn sich Ihr Welpe verschreckt zeigt, halten Sie ihn nicht fest und zwingen ihn nicht, sich anfassen zu lassen. Das wird ihn nur noch mehr verschrecken. Genauso wie Sie mit einem Baby oder einem Krabbelkind in der Gegenwart eines fremden Hundes vorsichtig sind, genauso vorsichtig müssen Sie mit Ihrem Welpen sein, damit anfangs alle Begegnungen mit Kindern und Erwachsenen positiv für ihn verlaufen (siehe Abbildung 10.1)

Es ist viel einfacher, Probleme gar nicht erst entstehen zu lassen, als sie zu lösen. Ein Hund, der nicht gut sozialisiert wurde, kann trotzdem entsprechend erzogen werden, aber es ist ein sehr viel schwierigeres Unterfangen. Bei jeder Gelegenheit, bei der Ihr Welpe jemand Neuen trifft, sollten Sie darauf achten, dass Sie die Situation unter Kontrolle haben. Es ist besser, auf einen

Kontakt zu verzichten, wenn die Gefahr besteht, dass Ihr Hund vor dieser neuen Person Angst haben könnte, beispielsweise vor einem schreienden Kind, einer Person mit einem Stock oder jemandem, der den Welpen plötzlich erschrecken könnte. Trotzdem sollten Sie zu einem späteren Zeitpunkt immer mal wieder den Umgang mit dieser Art von Personen ausprobieren.

Abbildung 10.1: Wenn Sie Ihren Labrador und Ihr Kind zu gegenseitigem Respekt erziehen, fördern Sie damit eine großartige Freundschaft.

Das ABC der Umweltsozialisation

Wenn Sie Ihren Welpen an eine neue Person in Ihrem Haus gewöhnen wollen, führen Sie folgende Schritte aus:

1. **Achten Sie darauf, dass Ihr Welpe hungrig ist und die neue Person sich in einen bequemen Sessel setzt und Leckerchen in der Hand hält, von denen Sie wissen, dass Ihr Welpe sie mag.**

2. **Warten Sie, bis der Welpe auf die Person zuläuft, und lassen Sie die Person dem Welpen ein Leckerchen anbieten, ohne dass diese etwas sagt.**

3. **Nachdem der Welpe bereitwillig das Leckerchen von der neuen Person angenommen hat, kann die Person sanft mit dem Welpen sprechen, während der Welpe frisst.**

4. **Lassen Sie die Person den Welpen in verschiedene Positionen locken (zeigen Sie demjenigen gegebenenfalls, wie das geht) und dann den Welpen belohnen.**

   Wenn Sie wollen, dass Ihr Welpe anderen Leuten gehorcht, lassen Sie diese Person dieselben Kommandos verwenden, die auch Sie benutzen.

Wenn Sie dem Welpen sanft den Kopf tätscheln oder die Brust kraulen, nachdem er auf ein Kommando gehört hat, ist dies eine angemessene Belohnung. Manchmal wird das Streicheln Ihren Welpen jedoch aktivieren und er wird an Ihnen hochspringen oder Sie im Spiel beißen; drehen Sie sich dann sofort von ihm weg und ignorieren Sie ihn!

Allererste Lektionen

Die Erziehung Ihres Welpen beginnt nicht erst mit sechs Monaten. Sie beginnt in der Minute, in der Sie ihn mit nach Hause bringen. Wenn Sie Ihrem Welpen von Anfang an zeigen, was richtig und was falsch ist, dann sieht es nicht so aus, als ob Sie plötzlich die Regeln ändern, wenn er gerade beginnt, sie kennen zu lernen.

Wie viel ist genug?

Wenn Sie wissen, wie oft Ihr Welpe sich lösen muss, können Sie besser einschätzen, wie oft Sie ihn zu seinem Löseplatz bringen müssen.

- ✔ Zwischen der 6. und 14. Lebenswoche müssen Welpen zwischen acht und zehn Mal innerhalb von 24 Stunden gehen.
- ✔ Zwischen der 14. und 20. Lebenswoche, wenn die Blasenkontrolle bereits besser wird, muss Ihr Welpe etwa sechs bis acht Mal nach draußen.
- ✔ Zwischen der 20. und 30. Lebenswoche sollten dann vier bis sechs Mal ausreichen.
- ✔ Ab der 30. Lebenswoche bis zum Erwachsenenalter sollte es ausreichen, wenn Ihr Hund drei bis vier Mal am Tag nach draußen kommt.

Egal was Sie vielleicht gehört oder gelesen haben, nur einmal innerhalb von 24 Stunden die Möglichkeit zu haben, sich zu lösen, ist für keinen Hund möglich oder gar gesund, und zwar unabhängig vom Alter.

Geschäfte werden draußen erledigt

Sie wollen, dass der Welpe sein Geschäft draußen verrichtet? Sobald Sie mit ihm nach Hause kommen, bringen Sie ihn an die Stelle, an der er sich in Zukunft lösen soll. Setzen Sie ihn hin und beobachten Sie ihn, ohne ihn anzusprechen. Er wird wahrscheinlich ein paar Minuten herumschnüffeln. Sobald er beginnt, sein kleines oder großes Geschäft zu machen, loben Sie ihn sanft. Herzlichen Glückwunsch! Sie haben gerade den wichtigsten ersten Schritt in Sachen Sauberkeitstraining unternommen.

Viele junge Welpen machen zwei Pfützen und zwei Haufen, wenn Sie mit ihnen nach draußen gehen. Also scheuchen Sie ihn nicht sofort wieder ins Haus, nachdem er sich das erste Mal gelöst hat. Nach ein paar Minuten, wenn Sie ganz sicher sind, dass Ihr Welpe fertig ist, können Sie ihn wieder mit hinein nehmen.

Das welpengerechte Zimmer

Nachdem Ihr Welpe sich gelöst hat, nehmen Sie ihn wieder mit ins Haus, und zwar in das Zimmer, in dem Sie die meiste Zeit des Tages miteinander verbringen werden (also entweder das Wohnzimmer, das Büro oder die Küche). Auch Sie sollten sich in diesem Zimmer wohl fühlen, damit Sie es genießen können, dort mit Ihrem Welpen zusammen zu sein.

Denken Sie daran, Ihr Haus welpensicher zu machen. Am sorgfältigsten sollten Sie dabei mit dem Zimmer vorgehen, in dem Sie und Ihr Welpe die meiste Zeit verbringen. Sie wollen, dass Ihr neuer Welpe das Zimmer erkunden kann, ohne sich verletzen zu können, weil er an einem Elektrokabel kaut oder ein Gummiband verschluckt. Entfernen Sie alles, was er beschädigen oder zerstören könnte, oder legen Sie es zumindest außer Reichweite.

Lassen Sie Ihren Welpen ruhig das Zimmer auf eigene Faust erkunden. Während dieser »Ausflüge« wird er wahrscheinlich immer wieder zu Ihnen zurückkommen. Streicheln Sie ihn dann sanft und loben Sie ihn. Versichern Sie ihm, dass er an einem wunderbaren und sicheren Ort ist. Wenn er beginnt, an etwas Unerlaubtem zu kauen, dann geben Sie ihm ein sicheres Objekt, an dem er kauen kann (beispielsweise ein Kauspielzeug), und loben Sie ihn dann, wenn er am Spielzeug kaut. Falls Ihr Welpe kein Interesse an dem Kauspielzeug hat, stecken Sie ein paar Leckerchen für Welpen hinein und das Interesse wird schnell geweckt sein.

Junge Welpen freuen sich sehr leicht und wenn sie dies tun, müssen sie urinieren. Denken Sie daran, wenn Sie Ihren Welpen beim Spielen und Erforschen beobachten.

Achten Sie bei Ihrem Welpen auf Anzeichen von Müdigkeit. Wie kleine Kinder spielen auch Welpen wie verrückt und schlafen dann plötzlich ein. Ihr Welpe sollte sich nicht überanstrengen. Nach einer etwa zehn- bis fünfzehnminütigen Entdeckungsreise (siehe Abbildung 10.2) und ausgiebigen Bearbeitens des Kauspielzeugs bringen Sie ihn an seinen Löseplatz. Nehmen

Sie ihn dann wieder mit ins Haus, legen Sie ein paar Stückchen Trockenfutter in sein Körbchen und legen Sie ihn vorsichtig hinein.

Abbildung 10.2: Wie kleine Kinder spielen auch Hundebabys gerne. Anschließend ist ein Schläfchen angesagt.

Die Hundebox

Die Hundebox ist ein sicherer Platz für Ihren Welpen, an dem er bleiben kann, wenn Sie ihn nicht beobachten können. Hunde sind ursprünglich Höhlentiere, also behandeln Sie Ihren Hund nicht schlecht, wenn Sie ihn einsperren. Es wäre viel schlimmer, wenn Sie ihn Gefahren aussetzten, weil er an Gegenständen nagen könnte, die ihm das Leben kosten können.

Sie haben jetzt die körperlich einfache, aber emotional schwierige Aufgabe, Ihren Welpen daran zu gewöhnen, für eine gewisse Zeit in der Hundebox zu bleiben. Zunächst scheint dies eine einfache Aufgabe zu sein: Sie setzen Ihren Welpen in die Hundebox und tun erst einmal gar nichts. Wie gerne würden Sie ihn herausnehmen, wenn er zu winseln anfängt. Tun Sie es nicht! Wenn Sie auf seine Rufe antworten, wird er seine Box nicht annehmen und darin bleiben wollen.

Viele von Joels Kunden haben gefragt: »Woher weiß ich denn, ob mein Welpe mich nur an der Nase herumführt oder ob er tatsächlich sein Geschäft machen muss?« Das ist ziemlich einfach. Tragen Sie ihn zuerst nach draußen an seinen Löseplatz und legen Sie ihn danach in seine Hundebox. Wenn er gerade draußen war, kann er nicht winseln, weil er so dringend »muss«.

Wenn Ihr Welpe eine Zeitlang in seiner Box geschlafen hat und dann aufwacht, nehmen Sie ihn sofort heraus, bevor er überhaupt anfangen kann zu winseln. Der Schlüssel zum Erfolg liegt beim sorgfältigen Beobachten Ihres Welpen, auch wenn er sich gerade in seiner Box befindet. Wenn Sie rechtzeitig erkennen, wann sich Ihr Welpe lösen muss, wird sowohl das Annehmen der Hundebox als auch das Sauberkeitstraining sehr viel einfacher über die Bühne gehen.

Der Tagesablauf

Während Sie Ihren Welpen an die Hundebox gewöhnen, sollte Ihr Tag folgendermaßen aussehen:

- ✔ Morgens nehmen Sie Ihren Welpen aus der Hundebox und bringen ihn sofort nach draußen, damit er sich lösen kann. Anfangs werden Sie ihn noch tragen müssen, damit auf dem Weg zur Tür kein Missgeschick passiert.
- ✔ Tagsüber, wenn Sie Zeit für die Erziehung und zum Spielen haben und den Welpen die ganze Zeit über beobachten können, sollte er nicht in seiner Hundebox sein. Solange eine verantwortungsbewusste Person den Welpen ständig beobachten kann, um sicherzustellen, dass er nichts anstellt, und darauf achtet, wann er sein Geschäft machen muss, ist der Aufenthalt in der Hundebox auch nicht notwendig. Wenn gerade niemand auf den Welpen Acht geben kann (das ist nämlich ein Fulltimejob), setzen Sie ihn in seine Hundebox.
- ✔ Nachts sollte sich Ihr Welpe daran gewöhnen, kurz vor Ihnen oder mit Ihnen schlafen zu gehen. Die Nacht sollte er in seiner Hundebox verbringen, stellen Sie sich eventuell den Wecker, damit Sie ihn nachts nicht vergessen. Stellen Sie die Box so nah an Ihr Bett, dass Sie ihn hören können, wenn er sich meldet. Je eher er lernt, dass die Nacht zum Schlafen da ist und der Tag zum Spielen, umso besser für Sie. Labrador Retriever sind soziale Tiere und fühlen sich am wohlsten in Ihrer Nähe. Sie müssen deswegen Ihren Labrador nicht bei Ihnen im Bett schlafen lassen, aber wenn die Hundebox in dem Zimmer steht, in dem auch Sie schlafen, wird Ihr Hund sicherlich ruhiger schlafen.

Wie Hunde lernen

Um einem Hund etwas beibringen zu können, sollte man wissen, wie Hunde lernen. Eine wichtige Grundregel wird Ihnen in fast allen Bereichen der Hundeerziehung helfen: Hunde tun das, was ihnen im Moment gut tut. Wenn Ihr Welpe zu Ihnen kommt und Sie sanft mit ihm reden, ihn streicheln und etwas Futter geben, wird er auch in Zukunft gern und oft zu Ihnen kommen. Wenn er zu Ihnen kommt und Sie ihn ignorieren oder ihn sogar anschreien, wenn er versucht durch Hochspringen Ihre Aufmerksamkeit zu bekommen, wird er das nächste Mal vielleicht nicht mehr kommen. Wenn er an Ihnen hochspringt, Sie ihn anlachen und sagen: »Was für ein süßes Hündchen!«, wird er auch das nächste Mal an Ihnen hochspringen. So einfach ist das. Was Hunde angeht, so ernten Sie das, was Sie säen.

Hunde werden mit Belohnungen motiviert. Sie sind soziale Tiere und was sie als Belohnung einstufen, ist ganz eindeutig:

- ✔ Angenehme Temperaturen
- ✔ Trinkwasser
- ✔ Aufmerksamkeit
- ✔ Futter
- ✔ Luft zum Atmen
- ✔ Sex (wenn sie geschlechtsreif sind, bei Hündinnen ein paar Wochen im Jahr, bei Rüden immer)

Wenn Sie wissen, was für Ihren Hund angenehm ist, ist das der erste Schritt zu einer erfolgreichen Erziehung. Der zweite Schritt besteht darin, diese Belohnungen methodisch anzuwenden. Die zwei besten Methoden bei der Welpen- und Hundeerziehung sind

- ✔ das Locken und Belohnen
- ✔ die Belohnung

Beide Methoden werden in den folgenden Abschnitten behandelt.

Das Locken und Belohnen

Wenn Ihr Welpe sowohl hungrig als auch gut ausgeruht ist, können Sie ihm ein Stückchen Trockenfutter als »Köder« vor die Nase halten und ihn so in verschiedene Positionen locken (die Grundlagen des Welpenfrüherziehungsprogramms finden Sie in Kapitel 4). Und so funktioniert es:

- ✔ **Sitz:** Wenn Ihr Welpe steht, führen Sie das Leckerli langsam nach oben und etwas hinter den Hund, worauf er sich setzen wird. Sagen Sie dann »Ja« oder »Brav«und geben Sie ihm die Belohnung.
- ✔ **Aufstehen:** Wenn Ihr Welpe sitzt, bewegen Sie das Leckerli langsam auf Nasenhöhe von ihm weg, bis er aufsteht. Sobald er steht, sagen Sie »Ja« oder »Brav« und geben ihm die Belohnung.
- ✔ **Platz:** Wenn Ihr Welpe sitzt, bewegen Sie das Leckerli langsam an seiner Nase vorbei nach unten auf den Boden. Sobald er liegt, sagen Sie »Ja« oder »Brav« und geben ihm die Belohnung.

Wenn Sie Wetten abschließen könnten, dass Ihr Welpen sich mit einem Leckerli in eine bestimmte Position locken lässt, ist es an der Zeit, dass Sie den Positionen Namen geben und Ihrem Welpen beibringen, diese auf Kommando auszuführen.

- ✔ Sagen Sie »Sitz«, locken Sie den Hund in die Position, sagen Sie »Ja« oder »Brav« und belohnen Sie ihn dann.
- ✔ Sagen Sie »Steh«, locken Sie den Hund in die Position, sagen Sie »Ja« oder »Brav« und belohnen Sie ihn dann.
- ✔ Sagen Sie »Platz« (aus der Sitz-Position), locken Sie den Hund in die Position, sagen Sie »Ja« oder »Brav« und belohnen Sie ihn dann.
- ✔ Sagen Sie »Sitz« (aus der Platz-Position), locken Sie den Hund in die Position, sagen Sie »Ja« oder »Brav« und belohnen Sie ihn dann.

Das Schöne an dieser Methode ist, dass der Züchter damit bereits anfangen kann, sobald die Welpen feste Nahrung zu sich nehmen. Sie können mit diesem Training ab dem ersten Tag, den der Welpe in Ihrem Haus verbringt, beginnen. Warum sollten Sie auch warten? Es ist ein großer Spaß für Sie und den Welpen! Sie bringen Ihrem Welpen von Anfang an bei, was Sie von ihm wollen, und belohnen ihn dafür. Das ist allemal besser, als ihn entscheiden zu lassen, was er tut (und was ihn unweigerlich in Schwierigkeiten bringen wird).

Hier noch ein paar Tipps, damit es mit dem Locken und Belohnen auch klappt:

- ✔ Arbeiten Sie mit dieser Methode nur, wenn Ihr Welpe auch hungrig ist.
- ✔ Wenn Ihr Hund dem Leckerli folgt, sagen Sie nichts. Sobald Sie sprechen, lenken Sie ihn ab.
- ✔ Stellen Sie sicher, dass Ihr Welpe auch auf das Leckerli in Ihrer Hand achtet, bevor Sie es bewegen. Erst dann bewegen Sie es sehr langsam.
- ✔ Halten Sie das Leckerli zwischen Zeigefinger und Daumen. Ihr Welpen soll es sehen, riechen und berühren, aber nicht wegnehmen können.
- ✔ Verwenden Sie zu Beginn das normale Trockenfutter Ihres Welpen als »Köder«. Sobald er daran sein Interesse verliert, müssen Sie etwas Interessanteres wählen, beispielsweise kleine Käsestückchen und weiche Hundeleckerlis. Die Stücke sollten nicht größer als ein kleiner Fingernagel sein.

Um nicht zu viele zusätzliche Kalorien zu verfüttern, ist es das Beste, wenn Sie für Ihre Übungen etwas von der Futterration Ihres Hundes abzweigen.

- ✔ Wenn Sie alle diese Tricks angewendet haben und diese Methode bei Ihnen trotzdem nicht klappt, suchen Sie sich einen Hundefachmann, der Sie beraten kann.

Die Belohnung

Bei den meisten Welpen und Hunden funktioniert das Locken und Belohnen hervorragend bei Kommandos, bei denen der Hund in die gewünschte Position gelockt werden kann. Manche Verhaltensweisen oder Kommandos funktionieren mit dieser Methode jedoch nicht. Wie wollen Sie diese Methode beispielsweise beim Sauberkeitstraining anwenden? Für diese und ähnliche Fälle funktioniert das Training mit Belohnung am besten.

Wie können Sie mit dieser Methode arbeiten, um Ihrem Hund beizubringen, ein bestimmtes Verhalten auf Kommando auszuführen? Angenommen, Ihr Hund gähnt immer, wenn er von einem Schläfchen aufsteht. Sie fänden es super, wenn Ihr Hund gähnen würde, sobald Sie sagten: »Langweilig?« Der erste Schritt ist, dass Sie Ihrem Hund beibringen, dass er, immer dann wenn er ein bestimmtes Wort oder Geräusch hört, belohnt werden wird. Die Belohnung könnte ein »Ja« gefolgt von einer Belohnung sein oder der Klick eines Klickers, dem eine Belohnung folgt. Ein Klicker ist ein einfaches Gerät, das ein klickendes Geräusch macht, wenn man es drückt. Kurse für Klickertraining werden in den meisten Hundeschulen angeboten. Üben Sie mit Ihrem Hund, wann immer Sie Zeit haben. Sagen Sie »Ja« oder klicken Sie und bieten Sie Ihrem Hund danach eine Belohnung an.

Sobald Ihr Hund verstanden hat, dass er eine Belohnung bekommt, sobald Sie »Ja« sagen oder klicken, wird er auf die Belohnung warten. Jetzt beginnen Sie damit, das Lob/die Belohnung mit einem Verhalten zu kombinieren.

Wenn Sie Ihrem Hund beibringen wollen, auf Befehl zu gähnen, müssen Sie warten, bis er aufwacht (wenn Sie seinen Tagesablauf kennen, ist es bedeutend einfacher). Immer wenn Ihr Hund aufwacht und gähnt, sagen Sie »Ja« oder klicken und bieten dann die Belohnung an. Nachdem Sie das eine Zeit lang gemacht haben, wird Ihr Hund öfter gähnen, weil er herausgefunden hat, dass es fürs Gähnen eine Belohnung gibt. Sie werden sich wundern, wie oft Ihr Hund plötzlich gähnen muss.

Wenn es Ihnen Spaß macht, können Sie auch »Langweilig?« sagen, kurz bevor Ihr Hund zu gähnen beginnt (mittlerweile werden Sie wissen, wann Ihr Hund zu gähnen anfängt). Sobald er dann gähnt, sagen Sie »Ja« oder klicken und geben ihm wie immer seine Belohnung. Üben Sie weiter und bevor Sie sich versehen, wird Ihr Hund auf Befehl gähnen.

Das Grundlagentraining

Mit Belohnung zu arbeiten, ist der beste Weg, um unerwünschtes Verhalten zu unterbinden, aber auch gewünschtes Verhalten zu erreichen. Es kann aber nicht schaden, wenn Sie auch noch ein paar andere Methoden kennen lernen. Die folgenden Abschnitte beschreiben einige der häufigsten Verhaltensweisen von Welpen, die uns Menschen nicht gefallen, und wie Sie Ihrem Hund andere Wege aufzeigen können, sich mit sich selbst zu beschäftigen.

Immer wenn Ihr Welpe ein unerwünschtes Verhalten zeigt, sollten Sie mit ihm Übungen machen oder ihm eine Auszeit in der Hundebox verordnen. Bestrafung schadet der Beziehung und ist nicht sehr effektiv. Wenn Sie das unerwünschte Verhalten nicht unterbinden, wird es sich verstärken und Ihre Beziehung ebenfalls belasten.

Bellen

»Hilfe, Joel! Mein Welpe bellt!« »Joel, was soll ich tun? Mein Hund bellt!« Natürlich tut er das. Hunde bellen nun mal. Als Sie noch ein Kind waren und herausfanden, dass Sie sich auch verbal äußern konnten, hat Ihre Mutter da etwa »Hilfe! Ein Arzt! Mein Kind spricht!« ausgerufen? Natürlich nicht. Sie war wahrscheinlich furchtbar stolz und hat überall verkündet, dass ihr Kind seine ersten Worte gesagt hat.

Okay, okay, Sprechen und Bellen ist nicht dasselbe. Und doch sprechen Menschen und bellen Hunde teilweise aus denselben Gründen. Manchmal bellt Ihr Hund, um mit Ihnen zu kommunizieren. Ihr Welpe könnte beispielsweise bellen, wenn Sie ihn in seiner Hundekiste allein lassen. Er ist es gewohnt, die meiste Zeit mit seinen Geschwistern zu verbringen, und es ist ganz normal, dass er protestiert: »Hey! Wo sind denn alle? Ich bin einsam!«

So sehr Sie Ihren Welpen auch lieben, Sie müssen ihm beibringen, eine Zeit lang alleine zu bleiben. Am besten ist es, wenn Sie sein Bellen einfach ignorieren. Sie haben ihn gerade an seinen Löseplatz gebracht, bevor Sie ihn in die Hundebox gesetzt haben. Sie wissen also, dass das nicht der Grund für sein Bellen sein kann. Also lassen Sie ihn bellen. Verhaltensweisen, die nicht belohnt werden, gehen in ihrer Häufigkeit zurück. Welpen und heranwachsende Hunde sind intelligent genug, um zu erkennen, dass es besser ist, seine Energie für wichtigere Dinge aufzusparen, wenn es mit dem Bellen sowieso nicht klappt. Es kann eine Weile dauern, bis Ihr Hund das herausgefunden hat, aber irgendwann begreift er es sicherlich.

Kleine Welpen können fürchterlich viel Lärm machen. Versuchen Sie es so einzurichten, dass Ihr bellender Welpe zu einer Zeit in seiner Box ist, wenn der Lärm niemanden stört, sonst werden Sie samt Hund noch wegen Ruhestörung angezeigt.

Sobald Ihr Hund aufhört zu bellen, wird er sich schlafen legen. Achten Sie darauf, dass Sie in seiner Nähe sind, wenn er aufwacht, und nehmen Sie ihn aus seiner Box oder Kiste und bringen Sie ihn nach draußen, bevor er anfangen kann zu bellen.

Wenn Sie Ihren Hund nur in seine Box legen, wenn Sie das Haus verlassen, wird das dazu führen, dass Ihr Hund bellen wird, wenn Sie ihn in seine Box setzen müssen, während Sie zu Hause sind. Dies erschwert das Sauberkeitstraining und nimmt Ihnen ein erstklassiges Erziehungsinstrument, mit dem sich das Annagen, das Hochspringen und andere Verhaltensweisen verhindern lassen. Bringen Sie Ihrem Welpen bei, dass es normal ist, eine Zeit in der Hundebox zu verbringen, auch dann, wenn die Familie zu Hause ist. Deswegen muss er ja nicht ständig in seiner Hundebox sein. Sobald jemand da ist, der aufpasst, dass er keinen Blödsinn machen kann, können Sie Ihren Hund frei laufen lassen.

Spielerisches Beißen

Spielerisches Beißen ist ein ganz normales Welpenverhalten und die Art, wie Welpen ihre Welt erforschen. Welpen spielen, indem sie einander mit den Zähnen festhalten, dieses Beißen hat seine Ursachen also nicht in Aggression oder Angst. Wenn Sie Ihren Welpen beobachten, während er seine Geschwister beißt, werden Sie sehen, dass er ganz entspannt und weder ängstlich noch aggressiv ist. Er hat einfach nur seinen Spaß!

Doch nur weil das spielerische Beißen ein ganz normales Verhalten ist, bedeutet es nicht, dass Ihr Welpe in alles beißen darf, was ihm in den Weg kommt. Die meisten Menschen, vor allem Kinder, empfinden diese Art des Beißens als lästig und vor allem als schmerzhaft. Trotzdem dürfen Sie Ihren Hund für dieses Verhalten nicht bestrafen. Sie wollen schließlich nicht, dass aus einem Welpen, der nur spielen will, ein verängstigter oder sogar aggressiver Hund wird.

Versuchen Sie, Ihrem Welpen das spielerische Beißen in zwei Schritten abzugewöhnen. Bringen Sie ihm zuerst bei, dass unsere Haut sehr empfindlich ist, indem Sie jedes Mal laut und deutlich »Aua!« sagen, wenn Ihr Welpe mit seinen Zähnen an Ihre Haut kommt. Welcher Tonfall und welche Lautstärke die richtigen sind, damit Ihr Welpe auf Sie reagiert, müssen Sie selbst herausfinden. Ihr Ziel sollte sein, dass der Welpe überrascht ist und einen kurzen Augenblick mit seinem Beißen aufhört. Unmittelbar danach drehen Sie sich von ihm weg und ignorieren ihn für ein paar Minuten völlig. Sie müssen davon ausgehen, dass Sie diese Übung öfter machen müssen und auch nicht sofort Ergebnisse sehen werden. Nach und nach werden aber Häufigkeit und Intensität des spielerischen Beißens nachlassen und Sie werden dann allmähliche Verhaltensveränderungen feststellen.

Was Sie Ihrem Welpen beibringen wollen, ist die *Beißhemmung*, ein schicker Begriff, der bedeutet, dass Sie Ihren Hund lehren, nicht zu fest zu beißen. Alle erwachsenen Hunde beißen, wenn sie dazu den richtigen (manchmal auch den falschen) Grund haben. Wenn Ihr Hund die Beißhemmung erlernt, kann das Schlimmes verhindern helfen.

Der zweite Schritt ist, dem Welpen beizubringen, erst gar nicht mit dem spielerischen Beißen anzufangen. Sie erreichen das, indem Sie ihm die Kommandos »Nimm« und »Aus« beibringen.

1. **Nehmen Sie eine kleine Menge seines Trockenfutters in die Hand.**

   Sagen Sie »Nimm«, während Sie ihm ein Stückchen geben.

2. **Halten Sie den Rest des Futters fest umschlossen in Ihrer Faust und halten Sie die Faust direkt über seine Nase in einem Abstand von maximal fünf Zentimetern.**

   Sagen Sie mit sanfter Stimme »Aus«. Er wird an Ihrer Hand knabbern oder mit den Pfoten danach kratzen, um an das Futter zu kommen.

3. **Warten Sie, bis Ihr Hund das Knabbern oder Kratzen drei bis fünf Sekunden lang unterbricht.**

   Sagen Sie dann wieder »Nimm« und geben Sie ihm erneut ein Stückchen Trockenfutter.

4. **Machen Sie diese Übung so lange, bis kein Futter mehr in Ihrer Faust ist.**

   Auf diese Weise bringen Sie Ihrem Hund bei, dass »Aus« bedeutet, dass er etwas nicht berühren soll. Nachdem er einige Tage lang gut auf diese Übung reagiert hat, können Sie das Kommando »Aus« verwenden, sobald er den Versuch startet, Sie spielerisch zu beißen.

In der freien Natur haben Hunde zwei aktive Phasen: in der Morgen- und in der Abenddämmerung. Das entspricht den Zeiten, zu denen auch Sie zu Hause sind. Sie werden wahrscheinlich bemerken, dass Ihr Welpe viel eher zu diesen Zeiten zum spielerischen Beißen aufgelegt ist. Denken Sie also daran, das »Aus«-Kommando zu verwenden; wenn er es nicht befolgt, sollten Sie Übungen mit ihm machen oder ihm eine kurze Auszeit in der Hundebox verordnen.

Sauberkeitstraining

Wenn Sie die Ratschläge in Kapitel 8 befolgt haben, könnte Ihr Welpe bereits stubenrein sein. Sie Glückliche(r)! Wenn nicht, müssen Sie nicht verzagen. Sie erhalten jetzt die ultimativen Anweisungen.

Ihr Ziel ist es, dem Welpen einen ausgewählten Löseplatz zuzuweisen, wo er sein Geschäft machen soll. Dies wird in der Regel immer zu folgenden Zeiten sein:

- ✔ Immer wenn er aufwacht
- ✔ Nachdem er Wasser getrunken hat (je jünger der Welpe, umso eher)
- ✔ Nach dem Fressen (je jünger der Welpe, umso eher)
- ✔ Immer wenn etwas Aufregendes passiert (fünf Minuten Erziehungstraining)
- ✔ Immer wenn Sie mit ihm fünf Minuten lang spielen (Erziehungstraining ist auch Spiel, also machen Sie es so oft wie möglich)
- ✔ Wenn er längere Zeit nicht draußen war
- ✔ Sofort nach dem Aufstehen
- ✔ Kurz vor dem Zubettgehen

Damit die Welpenpflege eine Aufgabe für die gesamte Familie wird, sollten Sie folgende Regel aufstellen: Wer morgens als Erster aufsteht, bringt den Hund nach draußen, damit er sich lösen kann. Wer abends als Letzter ins Bett geht, hat die ehrenvolle Aufgaben, den Hund an seinen Löseplatz zu bringen.

Bringen Sie Ihrem Hund bei, auch angeleint sein Geschäft zu verrichten. Es ist sehr wichtig, dass Ihr Hund dies lernt. Es wird sonst schwierig werden, den Hund in die Ferien und auf sonstige Reisen mitzunehmen. Es kann sehr frustrierend für Sie beide sein, wenn Sie an einem Rastplatz anhalten und Ihr Hund nicht gelernt hat, sich an der Leine zu lösen. Sie wären sicherlich nicht begeistert, Ihren Hund in der Nähe der Autobahn ohne Leine laufen zu lassen!

Bevor Sie mit Ihrem Hund zur Tür hinausgehen, sagen Sie: »Wir wollen ausgehen.« Gehen Sie dann direkt zu seinem Löseplatz. Bleiben Sie dort stehen und sprechen Sie Ihren Welpen nicht an. Beobachten Sie ihn aber aufmerksam. Sobald er Anzeichen macht, sein kleines oder großes Geschäft zu machen, sagen Sie so etwas wie »Geh Pippi«. Loben Sie ihn, während er sein Geschäft macht: »Brav Pippi«. (Seien Sie dabei aber nicht zu laut, damit Sie ihn nicht verschrecken.) Denken Sie daran, ihm noch etwas Zeit zu geben, falls er sich noch ein zweites Mal lösen muss.

Wenn Sie jedes Mal sofort wieder ins Haus gehen, nachdem er sich gelöst hat, wird er vielleicht »aufhalten«, damit er länger draußen bleiben und spielen kann. Wenn Sie mit ihm ein paar Minuten spielen, nachdem er sich gelöst hat, wird er lernen, sein Geschäft schnell zu erledigen, damit er mit Ihnen spielen kann.

Wenn Ihr Welpe sich nach fünf Minuten noch nicht gelöst hat, nehmen Sie ihn wieder mit ins Haus. Spielen Sie mit ihm, beobachten Sie ihn genau oder setzen Sie ihn wieder in die Hundebox (aber beobachten Sie ihn auch dort). Wenn Sie ihn das nächste Mal herausnehmen, wird er sich wahrscheinlich sofort lösen. Wenn nicht, kann er seine Blase wahrscheinlich schon länger kontrollieren, als Sie angenommen haben.

Ist Ihr Welpe wieder im Haus, sollten Sie daran denken, dass stets jemand den Welpen beobachten muss. Ist dies nicht möglich, sollte er in seiner Hundebox sein. Wenn Joel dies seinen Kunden sagt, nicken diese in der Regel und sagen: »Ja, klar, wir werden ihn ständig beobachten.« Joel unterstreicht dann gerne noch einmal, dass der Welpe während des Sauberkeitstrainings ständig unter Kontrolle sein muss. Wir können das nicht genug betonen! Es ist nicht einfach, derartig wachsam zu sein, aber es ist bei weitem die schnellste und einfachste Methode, um seinen Welpen stubenrein zu bekommen. Wenn Ihr Welpe nie in die Verlegenheit gekommen ist, sein Geschäft im Haus zu machen, dann wird er sehr schnell lernen.

Vergessen Sie auch nicht zu sagen: »Wir wollen ausgehen«, und zwar genau in dem Moment, in dem Sie die Tür öffnen, um den Welpen mit hinaus zu nehmen. Er wird die Bedeutung dieser Worte sehr bald verstehen. Beobachten Sie Ihren Welpen im Haus, ob er zu schnüffeln beginnt, sich dreht oder zur Tür läuft, nehmen Sie ihn dann sofort an die Leine und bringen Sie ihn nach draußen. Klasse! Sie und Ihr Welpe machen das ganz hervorragend!

Sobald Ihr Welpe Anstalten macht, sich im Haus zu lösen, sagen Sie »Ausgehen«, vielleicht ein bisschen schärfer als sonst, und schicken ihn dann sofort nach draußen. Falls er zu diesem Zeitpunkt bereits ins Haus gemacht hat oder Sie später eine Pfütze oder einen Haufen finden, warten Sie mit dem Saubermachen, bis Ihr Hund wieder in seiner Hundebox ist. Denken Sie daran, dass Bestrafung keinen Zweck hat. Ihr Hund hat offensichtlich noch nicht gelernt, wo sein Löseplatz ist, und es war Ihre Aufgabe, ihn rechtzeitig nach draußen zu bringen. Weisen

Sie ihm keine Schuld zu und bestrafen Sie auch nicht sich selbst. Tun Sie Ihr Möglichstes, um weitere Unfälle durch bessere Anleitung zu verhindern. Vergessen Sie auch nicht, das Missgeschick mit Essigwasser gründlich sauber zu machen, um den Geruch zu überdecken, der Ihrem Hund signalisiert, dass er sich an dieser Stelle noch einmal lösen könnte.

Die beste Zeit für Erziehungsübungen mit Ihrem Welpen ist, wenn er gerade draußen sein Geschäft erledigt hat. Denken Sie aber trotzdem daran, dass das Training mit Ihnen für den Hund aufregend ist. Wenn er also anfängt, sich schnüffelnd und suchend davonzumachen, sollten Sie ihn noch einmal nach draußen bringen. Vorbeugen ist besser als heilen!

Erziehungstipps, -tricks und -methoden

11

In diesem Kapitel

- Dem Hund beibringen, was man annagen darf und was nicht
- Dem Hund beibringen, wie man Menschen begrüßt
- Dem Hund beibringen, die wichtigsten Befehle zu beherrschen
- Dem Hund beibringen, an der Leine und bei Fuß zu gehen
- Einen Hundetrainer engagieren
- Den Hundeführerschein machen
- Mit dem Hund die Freizeit verbringen

Solange Ihr Hund lebt, werden Sie ihn ausbilden und ihm neue Dinge beibringen. Wenn Sie mit positiver Bestärkung arbeiten, werden Sie Unarten wie Bellen oder spielerisches Beißen schnell in den Griff bekommen und Ihr Hund wird im Handumdrehen stubenrein sein. Ihr Hund wird außerdem schnell lernen, nicht an anderen Menschen hochzuspringen, an was er herumnagen darf und an was nicht. Mit den hier beschriebenen Methoden lernt Ihr Labrador, Ihnen zuzuhören und eine ganze Reihe typischer Kommandos wie »Sitz«, »Platz«, »Aus«, »Komm«, »Nimm«, »Fuß« und viele mehr zu beherrschen. Sind Sie bereit? Lassen Sie Ihren Hund draußen sein Geschäft machen, holen Sie in wieder ins Haus, halten Sie die Belohnungsleckerchen bereit und schon kann es losgehen!

Gutes Benehmen ist keine Kunst

Wenn Sie Ihren kleinen Welpen konsequent führen, vor allem wenn Sie ihn bereits mit Locken und Belohnen geschult haben, wird sich Ihr Labrador sicherlich immer besser benehmen. Er muss jedoch noch sehr viel mehr lernen und hier kommt das Arbeiten mit positiver Bestärkung ins Spiel.

Anknabbern

Es ist vollkommen normal, dass Welpen und erwachsene Hunde an etwas rumknabbern. Hunde nagen aus den verschiedensten Gründen:

- Weil sie zahnen
- Weil ihnen langweilig ist
- Weil sie etwas Neues untersuchen
- Weil sie Stress haben
- Weil es ihnen Spaß macht

Sie sollten Ihrem Hund unbedingt beibringen, was von Ihnen zum Anknabbern freigegeben ist und was nicht, anstatt es ihm vollständig zu verbieten. Deshalb brauchen Sie für Ihren Hund unbedingt Kauspielzeug. Am besten eignen sich die festen, hohlen Teile aus Naturkautschuk.

Joel gibt seinen Hunden am liebsten ein Kong-Kauspielzeug, ein praktisch unverwüstliches Teil, das sich perfekt für die wilden Kauspiele eignet, die Labradore so lieben.

Manche Hunde kauen vom ersten Tag an diesen Spielzeugen. Falls Ihr Labrador jedoch kein Interesse an seinem Spielzeug zeigt, füllen Sie Leckerlis hinein. Wenn Sie etwas in ein hohles Kauspielzeug stecken, sollte das etwas sein, was Ihr Hund gerne frisst, aber nur mit Mühe aus diesem Spielzeug herausbekommt. Versuchen Sie es einmal mit einem etwas größeren Hundekuchen und ein paar kleineren Stückchen Trockenfutter, die sofort herausfallen, wenn er das Spielzeug ins Maul nimmt. Dann wird der Anreiz größer.

Nachdem Sie ein Kauspielzeug gefunden haben, das Ihren Hund wirklich interessiert, nehmen Sie es in die Hand, sagen: »Kau Spielzeug« und geben es ihm dann. Loben Sie ihn dafür, dass er auf dem Spielzeug herumkaut. Indem Sie ihm beibringen, täglich an seinem Kauspielzeug herumzunagen, helfen Sie ihm, eine Vorliebe für dieses Spielzeug zu entwickeln und allmählich Ihre Möbel, Schuhe, Kinderspielzeug oder was auch immer in Ruhe zu lassen. Sie sollten stets eine Reihe Kauspielzeuge griffbereit haben (verteilen Sie im ganzen Hause welche). Wenn Ihr Hund mal wieder an etwas anderem knabbern will, sagen Sie »Kau Spielzeug« und achten darauf, dass er es auch tut.

Lassen Sie Ihren Hund nur mit einem gefüllten Kauspielzeug spielen, wenn er nicht in seiner Hundebox ist. Solange er in seiner Box ist, sollte er ein normales, nicht gefülltes Kauspielzeug haben, an dem er sich austoben kann.

Hochspringen

Die meisten Menschen mögen es nicht, wenn ein Hund an ihnen hochspringt, auch wenn das Verhalten bei einem Welpen eher geduldet wird. Sie fühlen sich vielleicht geschmeichelt. »Oh, sieh mal. Er mag mich. Braver Hund!« Dummer Mensch! Sie bestärken damit ein Verhalten, das alles andere als niedlich ist, wenn Ihr Hund erst einmal 35 Kilo wiegt und den Flur entlang auf Sie zustürmt, um Sie zu begrüßen.

Hunde springen an einem hoch, weil sie einem ins Gesicht sehen wollen. Sie können an Ihrem Gesichtsausdruck erkennen, in welcher Stimmung Sie sind und ob Sie vielleicht zum Spielen aufgelegt sind. Aber die armen Hunde sind ganz unten am Fußboden. Sie können Ihren Hund also nicht dafür bestrafen, dass er an Ihnen hochspringt, um Sie besser sehen zu können. Schließlich kann er Sie ja nicht fragen, wie Sie sich heute fühlen oder ob Sie gerade Lust haben zu spielen oder lieber in Ruhe gelassen werden möchten. Außerdem ist das Lecken eine typische Begrüßung unter Hunden. Sich das Maul zu lecken ist eine Beschwichtigungsgeste.

Das Hochspringen zählt zu den normalen Verhaltensweisen eines Hundes, das Sie mit positiver Bestärkung in den Griff bekommen. Betrachten Sie es einfach vom menschlichen Standpunkt aus: Stellen Sie sich vor, Sie treffen einen Freund und legen Ihren Arm um ihn oder Sie nehmen seine Hand und schütteln Sie freundschaftlich. Und nun stellen Sie sich vor, dass er Ihnen im Gegenzug eine Ohrfeige gibt. Für Ihre Beziehung wäre das sicherlich nicht gerade förderlich. Würden Sie Ihren besten Hundefreund so behandeln wollen? Für Ihren Hund ist das Hochspringen so etwas wie eine freundschaftliche Umarmung. Also bestrafen Sie Ihren Hund nicht dafür, dass er freundlich zu Ihnen ist. Das soll aber nicht heißen, dass Sie Ihrem Hund nicht beibringen können, nicht an Ihnen hochzuspringen.

Welpen springen häufig hoch, damit sie sehen können, was vor sich geht. Die meisten Menschen streicheln den kleinen Welpen, wenn er seine Pfoten auf ihre Beine legt, mit dem Schwanz wedelt und niedlich schaut. Sechs Monaten später erhalten Sie dann schlaue Ratschläge, wie Ihrem Hund auf die Pfoten zu treten oder andere dumme, für den Hund unangenehme Dinge zu tun.

Versuchen Sie es stattdessen lieber wie folgt:

1. **Legen Sie Ihrem Hund ein Halsband an und nehmen Sie ihn an die Leine.**

2. **Lassen Sie ihn »Sitz« machen.**

3. **Lassen Sie die Person, die er gerne kennen lernen möchte, ganz ruhig seine Brust kraulen.**

Wenn Sie mit dieser Methode arbeiten, werden Sie bald einen Hund haben, der sitzt, wenn er Menschen begrüßt. Bekommt er im Sitzen viel Aufmerksamkeit und Streicheleinheiten, wird er gerne vor Ihnen oder anderen Menschen, von denen er Aufmerksamkeit bekommt, absitzen.

So hört Ihr Hund Ihnen zu

In seiner Eigenschaft als Hundetrainer hört Joel immer wieder Klagen von Menschen, deren Labrador Retriever nicht auf sie hören. Haben auch Sie den Eindruck, dass Ihr Hund Ihnen nicht zuhört? Bevor Sie sich nun vor lauter Verzweiflung die Haare raufen, sollten Sie sich fragen, auf was Ihr Hund denn hören soll. Es wäre wundervoll und sehr angenehm, wenn Hunde die menschliche Sprache verstehen würden. Dann könnten Sie ihm einfach sagen, was Sie von ihm wollen.

Aber leider verstehen Hunde weder Deutsch noch eine andere Sprache, trotzdem verstehen sie Sie auf ihre Weise. Sie interpretieren Ihren Gesichtsausdruck, Ihre Körpersprache, den Tonfall und manche Wörter, deren Bedeutung Sie ihnen sorgfältig beigebracht haben. Ihr Hund kennt Sie und weiß, wie Sie in bestimmten Situationen reagieren. Er achtet auf Hinweise von Ihnen, er will belohnt werden, also achtet er auf das, was Sie tun. Den Umstand, dass der Hund Sie aufmerksam beobachtet, können Sie sich zunutze machen, indem Sie lernen, wie Sie mit Ihrem Hund kommunizieren müssen, damit er Sie versteht. Natürlich muss er dafür weiterhin belohnt werden.

Wenn wir sagen, dass der Hund unsere Sprache nicht versteht, dann meinen wir damit, dass er sie niemals auf die komplexe Weise verstehen wird wie wir Menschen. Sie können ihm jedoch die Bedeutung bestimmter Wörter beibringen. Diese Wörter, die meistens als *Kommandos* bezeichnet werden, werden in Form von Aufforderungen vermittelt. Warum sollten Sie im Befehlston arbeiten, wenn eine freundliche Aufforderung ausreicht? Wie heißt das Sprichwort: Mit Speck fängt man Mäuse!

Auch wenn ein Kommando als Aufforderung vermittelt werden soll, so heißt das nicht, dass es als Frage formuliert werden soll. Sprechen Sie das Kommando als eine freundliche Aufforderung aus, jedoch ohne Ihre Stimme am Ende zu erheben.

Wenn Ihr Hund nicht beim ersten Mal Ihre Aufforderung Folge leistet, vor allem nachdem Sie bereits Übungen, die auf Belohnungen basieren, gemacht haben, dann versteht er Ihr Kommando wahrscheinlich nicht. Wenn Sie das Kommando wiederholen, bevor der Hund Gelegenheit hatte, Ihrer Aufforderung nachzukommen, bringen Sie ihm bei, erst nach dem zweiten – oder fünften! – Kommando zu gehorchen. Bringen Sie ihm das Kommando bei, bis er es beim ersten Mal befolgt.

Sitz

AUS-PROBIEREN

»Sitz« ist wahrscheinlich das erste Kommando, das Ihnen in den Sinn kommt, wenn Sie an Hundeausbildung denken. Bringen Sie es Ihrem Hund mit der Locken-und-Belohnen-Methode bei. Dazu sollte Ihr Hund gut ausgeruht und hungrig sein. Versuchen Sie dann Folgendes:

1. **Verwenden Sie das Trockenfutter des Hundes als Lockmittel und nehmen Sie ein Stückchen zwischen Daumen und Zeigefinger.**

   Wenn Trockenfutter als Köder nicht ausreicht, versuchen Sie es mit einer verlockenderen Belohnung, beispielsweise mit einem kleinen Stückchen Käse oder Würstchen.

2. **Wenn der Hund steht, halten Sie ihm das Futter direkt vor die Schnauze, so dass es fast seine Lippen berührt.**

3. **Bewegen Sie das Futterstückchen ganz langsam nach oben, so dass es einen Bogen von seinen Lippen bis fast über seinen Kopf beschreibt.**

   Die meisten Hunde werden dem Futter mit ihrer Nase folgen und dabei ihren Hintern auf den Boden bringen.

4. **Sagen Sie dann »Ja« und geben Sie dem Hund die Belohnung.**

   Ihr Hund hat »Sitz« gemacht! Große Klasse!

5. **Nachdem Sie diese Übung ein paar Mal durchgeführt haben, fügen Sie mit freundlicher Stimme das Kommando »Sitz« hinzu, und zwar bevor Sie das Futterstückchen nach oben bewegen.**

6. **Wenn Ihr Hund sich jetzt hinsetzt, sagen Sie wieder ganz freundlich »Ja«.**

7. **Geben Sie Ihrem Hund dann seine Belohnung.**

Viele halten nichts davon, Kommandos mit Futter als Belohnung zu trainieren, da ihrer Meinung nach Lob als Belohnung für jeden Hund ausreichend sein muss. Sicherlich ist Lob ganz nett. Sie mögen es auch, wenn Ihr Chef Ihnen sagt, dass Sie Ihre Arbeit gut gemacht haben. Aber eine Gehaltserhöhung ist doch eine viel bessere Motivation, nicht wahr? Ihr Hund liebt es, gelobt zu werden, aber wenn Sie das Lob gastronomisch etwas aufwerten, hat er bestimmt nichts dagegen!

Steh

Viele Hunde erlernen das »Sitz«-Kommando relativ schnell, aber viele Hundebesitzer denken nicht daran, auch das »Steh«-Kommando zu trainieren. Dieses Kommando ist praktisch, wenn Sie Ihren Hund bürsten wollen, wenn Sie mit ihm ausgehen wollen oder wenn Sie eine neue Übung ausprobieren wollen.

So bringen Sie Ihrem Hund das Kommando »Steh« bei:

1. **Wenn Ihr Hund sitzt, halten Sie ihm ein Stückchen Futter direkt unter die Nase.**

2. **Bewegen Sie das Futter nach vorne, parallel zum Boden, aber weit genug weg, so dass Ihr Hund aufstehen muss, um es zu bekommen.**

   Achten Sie darauf, die Belohnung weder zu tief noch zu hoch zu halten.

   Wenn Ihr Hund aufsteht, um sich seine Belohnung zu holen, war die Übung erfolgreich.

3. **Wenn Ihr Hund die Aufgabe verstanden hat, fügen Sie mit freundlicher Stimme das Kommando »Steh« hinzu.**

4. **Wenn Ihr Hund jetzt aufsteht, sagen Sie wieder ganz freundlich »Ja«.**

5. **Geben Sie Ihrem Hund seine Belohnung.**

Platz

»Platz« ist ein hervorragender Befehl, wenn Sie wollen, dass sich Ihr Hund zu Ihren Füßen hinlegt und sich anständig benimmt. Jeder wird beeindruckt sein, wie wohl erzogen Ihr Hund ist, aber Sie und Ihr Hund wissen, dass Sie sich darauf verständigt haben, wann es Zeit ist zum Spielen und wann zum Hinlegen und Entspannen.

Befolgen Sie einfach folgende Anweisungen:

1. **Wenn Ihr Hund sitzt, halten Sie ihm ein Stückchen Futter direkt unter die Nase.**

2. **Bewegen Sie das Futterstückchen von seiner Nase aus nach unten auf den Boden.**

   Bewegen Sie es nicht nach vorne. Die meisten Hunde werden dem Futter nach unten folgen und sich dann hinlegen.

Sollte sich Ihr Hund auch nach ein paar Versuchen nicht hinlegen, dann achten Sie darauf, dass Sie den Köder so langsam wie möglich bewegen. Wenn er sich dann immer noch nicht hinlegt, müssen Sie das Futter eventuell etwas näher an ihn heran oder etwas weiter von ihm weg bewegen. Sollte das immer noch nicht funktionieren, suchen Sie Rat bei einem guten Hundetrainer.

   Wenn der Hund sich hinlegt, um sich seine Belohnung zu holen, dann hat er »Platz« gemacht.

3. **Wenn Ihr Hund die Aufgabe verstanden hat, fügen Sie mit freundlicher Stimme das Kommando »Platz« hinzu.**

4. **Wenn Ihr Hund sich jetzt hinlegt, sagen Sie ganz freundlich »Ja«.**

5. **Geben Sie Ihrem Hund seine Belohnung.**

Nimm/Aus

»Nimm« und »Aus« sind zwei wunderbare Kommandos, mit denen Sie Ihrem Hund beibringen, etwas aus Ihrer Hand zu nehmen oder etwas nicht zu berühren.

Wenn Sie Ihrem Hund beibringen wollen, etwas aus Ihrer Hand zu nehmen, verwenden Sie das »Nimm«-Kommando. Sie können es auch benutzen, wenn Ihr Hund etwas vom Boden aufheben soll. Sie haben Ihre Schlüssel fallen lassen? Dann fordern Sie Ihren Hund auf: »Nimm«. Labradore tragen sehr gerne etwas im Maul spazieren. Lassen Sie Ihrer Fantasie freien Lauf und bald haben Sie einen Gefährten, der Ihnen hilft, Dinge zu tragen. Der Clou dabei ist nämlich, dass ein Hund, der etwas im Maul trägt, nichts Verbotenes aufnehmen kann.

Sie können viele ganz alltägliche Verhaltensweisen Ihres Hundes mit dem »Aus«-Kommando lenken. Sei es nun das spielerische Beißen, das Hochspringen oder das Aufnehmen verbotener

Gegenstände, das Stupsen mit der Nase, das Abschlecken oder eine andere für uns unangenehme Verhaltensweise, auf alle können wir das Aus-Kommando anwenden.

Diese beiden Befehle können Sie Ihrem Hund in einer Übung beibringen:

1. **Nehmen Sie eine kleine Hand voll Trockenfutter.**
2. **Sagen Sie »Nimm« und geben Sie dem Hund ein Stückchen.**
3. **Belassen Sie das restliche Futter fest umschlossen in Ihrer Faust und sagen Sie freundlich »Aus«.**

   Wahrscheinlich wird Ihr Hund an Ihrer Hand lecken, knabbern oder mit der Pfote danach kratzen. Eine so große Versuchung in so großer Nähe! Aber bleiben Sie standhaft.

4. **Belassen Sie Ihre Hand in der Position und warten Sie, bis Ihr Hund Ihre Hand drei bis fünf Sekunden lang nicht berührt.**
5. **Sagen Sie dann »Nimm« und geben Sie ihm ein Stückchen Trockenfutter.**

   Diese Methode funktioniert fantastisch. Der Hunde lernt, dass er, sobald er Sie nicht mehr berührt, wenn Sie »Aus« sagen, von Ihnen das »Nimm«-Kommando und eine Belohnung erhält. Das Schöne dabei ist, dass er das ganz ohne ein scharfes Wort von Ihnen lernt.

Geh Platz

Dieses Kommando ist recht nützlich, wenn Sie Ihrem Hund beibringen wollen, zu einem bestimmten Platz oder in einen bestimmten Bereich zu gehen. Wir verwenden »Geh Platz«, um ihn aufzufordern, in seine Hundebox oder in seinen Hundekorb zu gehen. Sie können als Kommando auch »Geh schlafen« wählen.

1. **Setzen Sie sich und Ihren Hund vor den Hundekorb oder die Hundebox.**
2. **Halten Sie in der rechten Hand ein Stückchen Trockenfutter und lassen Sie Ihren Hund links von sich sitzen. Halten Sie ihn mit der linken Hand sanft am Halsband.**
3. **Sagen Sie »Geh Platz«, werfen Sie ein Leckerchen in die Hundebox/den Hundekorb und lassen Sie den Hund los, wenn er in die Box oder den Korb zieht.**
4. **Sagen Sie »Brav Platz« und schließen Sie im Falle der Hundebox die Tür.**
5. **Falls Ihr Hund nicht in die Box oder den Korb hineinzieht, setzen Sie ihn sanft hinein und geben ihm dann eine Belohnung.**

Komm

Das »Komm«-Kommando ist sicherlich eines der wichtigsten, das Sie Ihrem Hund beibringen. Wenn Ihr Hund auf Kommando zu Ihnen kommt, können Sie ihn eines Tages vielleicht vor Gefahren warnen oder ihm sogar das Leben retten. Ein Hund, der zu Ihnen kommt, ist auch leichter zu lenken, was wiederum die Beziehung zwischen Ihnen fördert.

AUSPROBIEREN

Wenn Sie Ihrem Hund dieses Kommando mit der Locken-und-Belohnen-Methode beibringen, ist das sehr einfach und macht obendrein auch noch Spaß. Achten Sie darauf, dass Ihr Hund hungrig und ausgeruht ist und dass Sie eine schmackhafte Belohnung für ihn bereit haben. (Erste Wahl sollte allerdings das normale Trockenfutter des Hundes sein.) Üben Sie mit Ihrem Hund an einem sicheren Ort, an dem es nichts Besseres gibt als Sie und Ihre Belohnung (keine Eichhörnchen, die man jagen könnte, Kinder, mit denen man spielen könnte, oder andere Hunde, denen man einen Besuch abstatten könnte).

1. **Nehmen Sie Ihren Köder (das Futter) zwischen Daumen und Zeigefinger und legen Sie Ihren Handrücken auf Ihren Oberschenkel, etwa in der Mitte Ihres Körpers, so dass der Hund das Futter sehen kann.**

2. **Lächeln Sie den Hund an und sagen Sie sehr freundlich mit leicht erhöhter Stimme »(Name des Hundes), komm«.**

   Übertreiben Sie nicht, aber machen Sie auch keinen gelangweilten Eindruck.

3. **Wenn Ihr Hund nicht auf Sie zu gerannt kommt, zeigen Sie ihm das Futter in Ihrer Hand.**

   Fast alle hungrigen Welpen und erwachsenen Hunde kommen sofort zu Ihnen gelaufen (siehe Abbildung 11.1). Wenn nicht, sollten Sie ihm das Futter zeigen. Gleichzeitig gehen Sie in die Hocke (oder setzen Sie sich auf einen Stuhl, falls einer in der Nähe ist). Ihr Hund wird viel eher zu Ihnen kommen, wenn Sie auf sein Niveau heruntergehen. Wenn er dann immer noch nicht kommt, entfernen Sie sich von ihm. Wenn er Ihnen folgt, locken Sie ihn in die »Sitz«-Position und belohnen ihn, berühren sein Halsband und sagen »Ja«, so als ob er sofort zu Ihnen gekommen wäre.

4. **Wenn Ihr Hund zu Ihnen kommt, locken Sie ihn in die »Sitz«-Position, geben ihm seine Belohnung mit der rechten Hand und kraulen ihn langsam mit der linken Hand in der Nähe des Halsbands. Sagen Sie »Ja«, während Sie das tun.**

   Wenn Ihr Hund sich von Ihnen in einem unsicheren Gebiet entfernt, ist es sehr wichtig, ihn zu rufen. Sie wollen nicht, dass er Ihnen entkommt, wenn Sie nach seinem Halsband greifen, denn Sie wollen ihn ja an die Leine nehmen, um ihn unter Kontrolle zu haben. Deshalb sollten Sie immer Ihre Hand an sein Halsband legen, wenn er zu Ihnen kommt (siehe Abbildung 11.2).

Abbildung 11.1: Die meisten Labradore kommen schnell, wenn es eine Belohnung gibt.

Abbildung 11.2: Kraulen Sie den Hals Ihres Labradors im Bereich des Halsbands, wenn er zu Ihnen kommt.

Es ist wichtig, dass der Hund zu Ihnen kommt, selbst dann wenn es eine oder zwei Minuten dauert. Jedes Mal, wenn er zu Ihnen kommt und eine Belohnung erhält, wird er beim nächsten Mal noch schneller kommen.

Sitzen bleiben

Sie wollen erreichen, dass Ihr Hund eine bestimmte Zeit lang sitzen bleibt. Manche Hundebesitzer verwenden dazu das Kommando »Bleib« und bestrafen Ihren Hund, wenn er sich bewegt. Das ist nicht fair, denn Ihr Hund weiß gar nicht, was das Kommando »Bleib« bedeutet.

Arbeiten Sie lieber mit der folgenden netten und sehr positiven Methode, damit Ihr Hund in der »Sitz«-Position bleibt. Nachdem Sie ihm das Kommando »Sitz« beigebracht haben, können Sie ihm zeigen, dass »Sitz« bedeutet, dass er so lange in dieser Position bleiben soll, bis er ein anderes Kommando hört. Bevor Sie mit diesem Kommando arbeiten, sollte Ihr Hund das »Sitz«-Kommando sicher beherrschen.

So bringen Sie Ihrem Hund bei, sitzen zu bleiben:

1. **Beginnen Sie mit einer kleinen Hand voll Leckerlis in Ihrer linken Hand, die Sie jedoch hinter Ihrem Rücken versteckt halten.**

   Nehmen Sie immer ein Leckerli in Ihre rechte Hand, wenn Sie Ihrem Hund eine Belohnung geben wollen. Sie haben Ihrem Hund beigebracht, einem Leckerli mit der Nase und dem Körper zu folgen. Wenn Sie mehr als ein Leckerli in der rechten Hand haben und Sie geben ihm eins und bewegen dann die Hand mit dem bzw. den anderen Leckerli vom Hund weg, wird er Ihrer Hand folgen. Genau das haben Sie ihm schließlich beigebracht.

2. **Lassen Sie Ihren Hund »Sitz« machen, sagen Sie dann nach ein paar Sekunden »Brav Sitz« und geben Sie ihm ein Leckerchen.**

3. **Lassen Sie Ihren Hund mehrmals »Sitz« machen und erhöhen Sie die Zeitspanne zwischen dem »Sitz«-Kommando und dem Zeitpunkt, an dem Sie »Brav Sitz« sagen.**

   Geben Sie ihm sofort eine Belohnung, nachdem Sie »Brav Sitz« gesagt haben.

Sie sollten versuchen, dass Ihr Hund zwei bis drei Minuten sitzen bleibt. Arbeiten Sie mit diesem Kommando, wenn Sie an einer Ampel warten oder während Sie mit einer Nachbarin auf Ihrem täglichen Spaziergang reden. Wenn Sie wollen, dass Ihr Hund für längere Zeit an einem Platz bleibt, arbeiten Sie mit dem »Platz«-Kommando (wird im nächsten Abschnitt beschrieben), das für Ihren Hund angenehmer ist.

Während Sie das Absitzen trainieren, könnte Ihr Hund sich bewegen. Setzt er sich binnen 30 Sekunden wieder hin, warten Sie fünf Sekunden, sagen »Brav Sitz« und belohnen ihn dann. Achten Sie unbedingt darauf, fünf Sekunden zu warten, bevor Sie »Brav Sitz« sagen und ihn belohnen, weil er sonst annehmen könnte, dass Sie wollen, dass er aufsteht und sich hinsetzt. Falls sich Ihr Hund nach 30 Sekunden nicht wieder hinsetzt, sagen Sie »Sitz« und locken ihn wieder in die Position.

Liegen bleiben

Sie wollen erreichen, dass sich Ihr Hund hinlegt und längere Zeit wartet, bis Sie ihm ein anderes Kommando geben. Dieses Kommando wird genauso gelehrt wie das Sitzenbleiben. Sie sagen »Platz«, warten ein paar Sekunden, sagen dann »Brav Platz« und geben dem Hund eine Belohnung. Erhöhen Sie die Zeitspanne zwischen den beiden Kommandos.

Dieses Kommando kann ruhig 30 Minuten oder länger dauern. Joel verwendet dieses Kommando, wenn er am Computer arbeitet. Seine Hunde bleiben gerne neben ihm liegen, solange er mag. Sie sehen Joel öfters von unten an, als ob sie denken würden: »Joel gibt mir schon noch meine Belohnung.«

Für die Aufhebung des Kommandos haben Sie verschiedene Möglichkeiten. Joel verwendet gerne »Geh spielen« und wirft seinem Hund eine Belohnung hin. Der Hund darf dann machen, was er will. Wenn Ihr Hund bei Ihnen liegen bleiben will, ist das auch in Ordnung. Fühlen Sie sich geschmeichelt!

Leinenführigkeit

Eines der größten Probleme von Hundebesitzern besteht darin, den Hund zum An-der-Leine-Gehen ohne Ziehen und Zerren zu erziehen. Sie haben bestimmt auch schon Welpen und erwachsene Hunde gesehen, die ihre Besitzer die Straße entlang gezogen haben. Warum tun Hunde das? Weil es funktioniert. Als sie jung waren, haben sie an der Leine gezogen und ihre Besitzer sind mit ihnen dort hingegangen, wo sie hinwollten. Warum sollten sie damit aufhören?

Bereits vor Jahren hat Joel eine einfache Methode entwickelt, um Hunden beizubringen, an einer lockeren Leine zu gehen. Er nennt sie die Zen-Methode der Leinenführigkeit. Befolgen Sie diese Schritte:

1. **Legen Sie Ihrem Hund ein Halsband an und gehen Sie mit einer etwa zwei Meter langen Leine nach draußen. Lassen Sie dort Ihren Hund »Sitz« machen.**

2. **Suchen Sie sich einen Weg aus, der möglichst gerade auf einen Punkt in der Landschaft (beispielsweise einen Baum) zuläuft und gehen Sie geradewegs dorthin.**

3. **Solange die Leine locker ist, gehen Sie weiter. Sobald die Leine straff wird, halten Sie an und versteinern.**

   Mit Versteinern meinen wir, dass Sie mit leicht gebeugten Knien stehen und das Ende der Leine (die Schlaufe) mit beiden Händen in Bauchhöhe halten.

4. **Bleiben Sie so stehen, bis der Hund sich hinsetzt, hinlegt oder die Leine locker lässt.**

5. **Gehen Sie dann weiter.**

Die Logik, die hinter dieser Methode steckt, ist, dass der Hund immer positive Bestärkung bekommt, wenn er an lockerer Leine geht (dann darf er mit Ihnen gehen). Wenn er die Leine anspannt, erhält er stets eine negative Bestärkung (es macht keinen Spaß, an einem versteinerten Besitzer zu hängen; das ist langweilig).

Wenn Ihr Hund hinter Ihnen zurückbleibt, gehen Sie einfach weiter. Er wird sich fast immer entscheiden, mit Ihnen zu gehen. Wenn Sie ihn hinter sich herziehen müssen, sollten Sie die Richtung ändern. Will er dann noch immer nicht mit Ihnen gehen, versuchen Sie es mit einem leckeren Köder.

Falls diese Methode bei Ihnen nicht klappt, weil Sie entweder nicht so lange versteinert stehen bleiben wollen oder weil Ihnen nichts anderes übrig bleibt, als Ihren Hund ständig frustriert hinter sich her zu ziehen, dann fragen Sie einen Hundetrainer um Rat, der Ihnen zeigen kann, wie man einem Hund beibringt, an der lockeren Leine zu gehen.

Fuß

Nachdem Sie Ihrem Hund bereits das »Sitz«-, »Platz«- und »Auf«-Kommando beigebracht haben, sind Sie nun für das Fußtraining ohne Leine bereit. Sie gehen auf der linken Seite des Hundes, dessen Halsband etwa auf der Höhe der Außennaht Ihrer Hose ist und der nicht angeleint ist. (Ja, richtig! Ohne Leine. Sie brauchen keine Leine, wenn Ihr Hund mit Ihnen arbeiten will. Und er will mit Ihnen arbeiten, weil Sie ihn so gut belohnen!) Beim Fußtraining lernt Ihr Hund, mit Ihnen Schritt zu halten und in Position zu bleiben. Können Sie sich vorstellen, wie oft Sie an der Leine reißen müssten, damit er dieses Konzept versteht? Mit unserer Methode des Köderns und Belohnens ist das alles kein Problem!

1. **Lassen Sie Ihren Hund »Sitz« machen und halten Sie ein Leckerchen in Ihrer linken Hand auf Höhe seiner Nase.**

2. **Sagen Sie »(Name des Hundes), Fuß«.**

3. **Gehen Sie mit dem linken Fuß los und machen Sie einige Schritte.**

   Wenn Sie das Leckerchen in der richtigen Position halten, ist Ihr Hund in der Fußposition. Falls es schwierig ist, dass der Hund bei Ihnen bleibt, achten Sie darauf, dass er hungrig ist oder arbeiten Sie mit einer attraktiveren Belohnung. Versuchen Sie es weiter. Allmählich wird er merken, was Sie wollen und wird Ihnen gerne folgen (und dem Leckerchen).

4. Locken Sie Ihren Hund in die »Sitz«-Position.

5. Sagen Sie »Ja« und geben Sie ihm seine Belohnung.

Üben Sie das Fußtraining ohne Leine an einem sicheren Ort – nicht an einer stark befahrenen Straße oder bei Ablenkungen! Ihr Hund muss sich in einer absolut sicheren Umgebung befinden.

Einen guten Trainer finden

Manchmal benehmen sich Hunde einfach nicht so, wie wir Menschen wollen, egal wie genau wir die Erziehungsanweisungen befolgt haben. Ob Ihr Hund nun eine schlechte Vergangenheit hinter sich hat oder einfach nur sehr schwierig ist, unter Umständen müssen Sie einen Hundetrainer engagieren, der mit positiven Erziehungsmethoden arbeitet. Ein Fachmann kann Ihnen verschiedene Methoden zeigen und Ihnen helfen, richtig mit Ihrem Hund zu kommunizieren.

Es ist manchmal schwieriger, einen guten Hundetrainer zu finden als einen guten Tierarzt. Tierärzte haben eine klar definierte Ausbildung gemacht, was man von Hundetrainern oder Leitern von Hundeschulen nicht immer sagen kann.

Wenn Sie also einen Hundetrainer suchen, suchen Sie nach jemandem, der folgende Eigenschaften besitzt:

- ✔ Er/Sie versteht, wie Hunde lernen. Diese Wissenschaft bietet keinen Raum für Spekulationen.
- ✔ Er/Sie bildet Sie zum Erziehen Ihres Welpen aus und setzt dabei auf positive Methoden ohne Konfrontationen.
- ✔ Er/Sie ist vertraut mit Methoden wie Locken und Belohnen und/oder dem Klickertraining.
- ✔ Er/Sie weiß, dass acht Wochen alte Welpen sehr wohl in der Lage sind, alle Kommandos zu befolgen, die sie zu guten Begleitern und Freunden machen.
- ✔ Er/Sie versteht, dass Sie bei der positiven Erziehung Ihres Welpen Hilfe brauchen, um ihn richtig zu führen und Gefahren von ihm abzuwenden.
- ✔ Er/Sie kennt sich aus mit Erziehungsmethoden, die positive Bestärkung einsetzen.
- ✔ Er/Sie kann Erfahrungen in der Hundeerziehung nachweisen.
- ✔ Er/Sie bietet Privatunterricht an oder betreibt eine Hundeschule.
- ✔ Er/Sie kann Ihnen Referenzen liefern, die Sie auch überprüfen sollten. Vielleicht kann Ihr Tierarzt Ihnen ja auch einen geeigneten Hundetrainer empfehlen.

Braucht Ihr Hund einen Hundeverhaltensberater?

Wenn Sie nicht wissen, ob Ihr Hund und Sie professionelle Hilfe benötigen, versuchen Sie, Antworten auf die folgenden Fragen zu finden. Bejahen Sie auch nur eine Frage, könnte sich ein Besuch bei einem Hundetrainer oder einem Hundeverhaltensberater lohnen:

- ✔ Haben Sie Ihren Hund bereits länger als ein paar Monate und er verrichtet sein Geschäft noch immer in Ihrem Haus?
- ✔ Verschlimmern sich die Verhaltensprobleme Ihres Hundes?
- ✔ Bemerken Sie Anzeichen von ängstlichem Verhalten? Hat Ihr Hund beispielsweise neuerdings Angst vor dem Postboten oder Familienmitgliedern, vor denen er vorher keine Angst hatte? Vielleicht sieht er auch nur verängstigt aus? Sie sind der Experte, wenn es um das Verhalten Ihres Hundes geht.
- ✔ Beobachten Sie bei Ihrem Hund, dass er aus Unterwürfigkeit oder Aufregung uriniert?
- ✔ Verhält sich Ihr Hund aggressiv? Bellt er andere Menschen aggressiv an, knurrt er Sie an oder beißt er sogar?
- ✔ Haben Sie ernsthafte Probleme, das Verhalten Ihres Hundes in den Griff zu bekommen?
- ✔ Möchten Sie Ihren Hund am liebsten bestrafen?
- ✔ Verschlechtert sich die Beziehung zu Ihrem Hund?
- ✔ Nagt Ihr Hund exzessiv an Gegenständen, die sein Leben gefährden, oder Ihnen sehr wertvoll sind?

Wenn Sie einen Experten um Rat fragen, bedeutet das nicht, dass Sie versagt haben. Gute Verhaltensberater haben jahrelange Erfahrung im Umgang mit Problemen, von denen Sie noch nicht einmal gehört haben. Sie können Ihnen Ihre Aufgabe erheblich erleichtern und die Beziehung zu Ihrem Hund verbessern helfen.

Joel wundert sich immer wieder, wenn Leute ihm erzählen, dass sie mit ihrem Hund ins Begleithundetraining gehen, aber den Name des Hundetrainers nicht kennen. Sie kennen doch auch die Namen der Lehrer Ihrer Kinder, oder? Bauen Sie eine Beziehung zu dem Trainer Ihres Hundes auf, um die Beziehung zwischen sich und Ihrem Hund zu verbessern. Begleithundekurse und private Trainingsstunden sind wunderbare Möglichkeiten, um Ihren Hund zu erziehen, vorausgesetzt, der Hundetrainer arbeitet mit positiven Erziehungsmethoden.

Begleithundekurse sind weitaus billiger als Privatstunden bei einem Hundetrainer, aber beide Methoden haben ihre jeweiligen Vorteile. Viele Verhaltensweisen sind bei einem erfahrenen Hundetrainer, der zu Ihnen ins Haus kommt und Ihnen beim Sauberkeitstraining, beim Hochspringen oder bei Problemen mit Annagen oder spielerischem Beißen zur Hand geht, in den besseren Händen. Wenn Ihr Hund aggressives oder verängstigtes Verhalten zeigt, sollten Sie sich nach einem Hundeverhaltensberater umsehen (mehr dazu im grauen Infokasten in diesem Kapitel), der bereits Erfahrung auf diesem Gebiet nachweisen kann.

Von Hundetrainern oder Büchern, die empfehlen, mit der Erziehung Ihres Welpen erst nach sechs Monaten zu beginnen, können Sie nicht viel erwarten. Was für ein Verlust an wertvoller Erziehungs- und Bindungszeit! Aus diesen Quellen erhalten Sie auch Ratschläge, die den Einsatz von Würgehalsbändern und anderen Erziehungsmitteln befürworten. Da diese harten Strafen jedoch für ganz junge Welpen gefährlich sein können, wird der Beginn des Erziehungsalters so hoch angesetzt.

Wenn Sie sich nach einem Hundetrainer umsehen, erkundigen Sie sich ganz genau, welche Methoden zum Einsatz kommen. Leider funktionieren diese negativen Erziehungsmethoden bei manchen Hunden, so dass einige Hundetrainer immer noch mit diesen veralteten auf Strafe basierenden Methoden arbeiten.

Lebenslanges Lernen

Die Verhaltensweisen eines Hundes ändern sich ständig, entweder zum Guten oder zum Schlechten. Das hängt ganz davon ab, was im Leben Ihres Hundes passiert. Wenn Sie mit Belohnungen arbeiten, um das Verhalten Ihres Hundes zu verbessern, besteht die Möglichkeit, dass sich dieses Verhalten verbessert. Falls sich jedoch einige Verhaltensweisen verschlechtern, müssen Sie hieran verstärkt arbeiten. Seien Sie wachsam. Hunde müssen wie Menschen ihr Leben lang lernen. Üben Sie daher häufig und mit viel Spaß an der Freude.

Wenn Ihr Labrador nicht mehr so viel von Ihrer Zeit beansprucht, sind Sie vielleicht versucht, weniger Zeit mit ihm zu verbringen. Jetzt könnten Sie endlich wieder etwas von dem nachholen, was Sie versäumt haben. Nun, das ist natürlich zum Teil richtig. Welpen beanspruchen sehr viel Zeit, doch können Sie, nachdem sie stubenrein oder wohl erzogen sind, einfach wieder zu Ihrem früheren Leben ohne einen Labrador zurückkehren? Warum sollten Sie eigentlich? Das Leben mit einem Labrador ist die reinste Freude, vor allem wenn Sie die Möglichkeit haben, Ihr Leben mit einem Labrador in allen Lebensbereichen auszukosten (mehr dazu in Kapitel 12). Alle Gelegenheiten, bei denen Sie mit Ihrem Hund zusammen sind, bieten Zeit für Erziehungs- und Bindungsspiele oder einfach nur für viel Spaß miteinander.

Zu Hause und unterwegs lernen

Wenn Sie Ihren Labrador nicht nur zu Hause, sondern auch erziehen, wenn Sie mit ihm in Urlaub sind, dann passiert etwas Wunderbares. Ihr Labrador wird sich noch besser benehmen und wird an viel mehr Orten willkommen sein, als Sie angenommen haben.

Etwas Ähnliches passiert, wenn Sie Ihren Labrador überall, wo Sie sich befinden, erziehen. Ihr Hund gehorcht Ihnen dann, egal wo Sie sind. Sie protestieren jetzt vielleicht und sagen: »Mein Labrador kennt seine Kommandos. Er gehorcht immer, egal wo ich bin.« Glauben Sie mir, Hunde, die es gewohnt sind, nur zu Hause auf Kommandos zu hören, gehorchen auch nur dort. Befolgen Sie unseren Rat und erziehen Sie Ihren Hund, wo immer Sie auch sind, damit Sie nie zu diesen verzweifelten und sich entschuldigenden Hundebesitzern zählen, die immer wieder behaupten: »Zu Hause kann er das! Wirklich!«

Gehen Sie nicht davon aus, dass Sie sich, wenn Sie und Ihr Hund zu Hause sind, ständig um ihn kümmern müssen. Binden Sie ihn in Ihren Tagesablauf ein und er wird ein Teil davon werden. Schon bald werden Sie gar nicht mehr wissen, wie Sie jemals Ihre Zähne ohne ihn geputzt, ohne ihn ferngesehen oder ohne ihn am Computer gearbeitet haben.

Die (mindestens) 30 Minuten am Tag, die nur Ihrem Labrador gehören

Abgesehen von kleineren Mini-Trainingseinheiten sollten Sie eine Übungszeit reservieren, die nur für Sie und Ihren Hund gedacht ist. Während dieser wertvollen »Ich und mein Labrador«-Zeit widmen Sie Ihre gesamte Aufmerksamkeit Ihrem geliebten Freund und Begleiter und den Erziehungsspielen, die Sie miteinander machen.

Junge Welpen können das noch nicht 30 Minuten lang durchhalten, aber sobald Ihr Labrador seinen ersten Geburtstag gefeiert hat, wird er sicherlich in der Lage sein, eine Stunde lang mit Ihnen zu arbeiten. Erziehungsspiele sollten Ihnen beiden Spaß machen. Falls Ihr Labrador die Lust am Training vor dem Ablauf der 30 Minuten verliert, müssen Sie Ihre Spiele interessanter gestalten.

Der Erziehungsspaziergang

Da die gesundheitlichen Vorteile des Spazierengehens mittlerweile hinlänglich bekannt sind, machen viele Menschen regelmäßig einen Spaziergang. Sie können Ihren Labrador Retriever in diese gesunde tägliche Aktivität einbeziehen und ihn während des Spazierengehens erziehen. So ein Erziehungsspaziergang eignet sich wunderbar, um ihm beizubringen, dass er Ihre Befehle unabhängig von der Umgebung befolgt. Wenn Sie täglich mit ihm einen solchen Spaziergang machen, verstärkt sich dieses Verhalten und wird dann zur Routine.

Während Sie mit Ihrem Hund spazieren gehen, halten Sie immer mal wieder an und lassen Sie ihn einige Kommandos ausführen. Gehen Sie dann wie gewohnt weiter. Gehen Sie vielleicht 300 Meter weiter (je nachdem, was sich auf Ihrem Spazierweg anbietet). Sie können sich bestimmte Stellen, wie Straßenschilder, Bäume oder Kreuzungen, als Übungspunkte aussuchen. Das Weitergehen ist dann die Belohnung und Ihr Hund wird lernen, Ihren Kommandos an vielen verschiedenen Stellen zu folgen. Eigentlich ist es doch ganz einfach, einen Hund gut zu erziehen, oder?

Der geprüfte Hund

Wenn Sie mit Ihrem Labrador bereits ein paar Kurse in einer Hundeschule absolviert haben und demnächst mit Ihrem Hund angeben wollen, dann melden Sie ihn zum VDH-Hundeführerschein an. Der Verband für das Deutsche Hundewesen (VDH) e.V. und seine Mitgliedsvereine bieten seit einigen Jahren ein fundiertes und umfassendes Ausbildungsangebot für alle Hundehalter an. Die grundlegenden Säulen des Hundeführerscheins sind die Sachkunde des Hundehalters, Gehorsam und Sozialverträglichkeit des Hundes. Außerdem werden der sozialverträgliche Hund und das rücksichtsvolle Auftreten von Hund und Halter im Alltag in den Mittelpunkt gestellt.

Die Prüfung kann nur von VDH-Mitgliedsvereinen oder speziell dazu vom VDH ermächtigten Vereinen durchgeführt werden. Diese Vereine bieten auch Vorbereitungskurse auf diesen Führerschein an. Auf der Webseite des VDH finden Sie unter `www.vdh.de` alles Wissenswerte zu diesen Kursen und dem Führerschein selbst.

Um die Prüfung zu bestehen und den Führerschein zu erhalten, muss Ihr Hund die folgenden Übungen beherrschen:

✔ **Leinenführigkeit:** Der Hund muss auf den Befehl »Fuß« hin auf der linken Seite in allen Gangarten und Wendungen folgen.

✔ **Gehen durch eine Personengruppe:** Beim Gehen durch eine Gruppe aus mehreren Personen soll der Hund seinem Herrchen oder Frauchen bereitwillig auf der linken Seite folgen.

✔ **Sitzen aus der Bewegung:** Auf den Befehl »Sitz« hat sich der Hund zu setzen und sitzen zu bleiben, obwohl sein Besitzer weitergeht.

✔ **Platz aus der Bewegung mit Heranrufen:** Auf den Befehl »Platz« hat sich der Hund hinzulegen und muss liegen bleiben, auch wenn sein Besitzer weitergeht. Der Hund darf erst auf das Rufen des Besitzers zu ihm kommen.

✔ **Ablegen des Hundes unter Ablenkung:** Der Hund wird vom Besitzer abgelegt und an einer ein bis zwei Meter langen Leine befestigt. Herrchen oder Frauchen entfernt sich etwa 30 Schritte vom Hund und bleibt dann stehen. Der Hund darf während dieser Übung nicht aufstehen.

✔ **Freilaufen und Platz aus der Entfernung:** Der Hund soll sich frei bewegen und auf den Befehl »Platz« hinlegen. Er muss dann an dieser Stelle liegen bleiben, bis er abgeholt wird.

✔ **Begegnung mit Personengruppen:** Der angeleinte Hund soll sich Passanten gegenüber unbefangen zeigen.

✔ **Begegnung mit Radfahrern:** Der angeleinte Hund soll sich Radfahrern gegenüber unbefangen zeigen.

- **Begegnung mit Autos:** Der angeleinte Hund soll sich Autos und anderen Verkehrsteilnehmern gegenüber unbefangen zeigen.
- **Begegnung mit Joggern oder Inlineskatern:** Der angeleinte Hund soll sich gegenüber überholenden oder entgegenkommenden Joggern oder Inlineskatern unbefangen zeigen.
- **Begegnung mit anderen Hunden:** Der angeleinte Hund soll sich gegenüber überholenden oder entgegenkommenden Hunden und ihren Besitzern neutral und unauffällig verhalten.

Wenn Sie das alles geschafft haben, kann man Ihnen und Ihrem Hund nur gratulieren! Wenn nicht, versuchen Sie es ein anderes Mal. Arbeiten Sie weiter mit Ihrem Hund. Wenn er dann seinen Hundeführerschein schafft, können Sie beide aufeinander stolz sein.

Freizeitpartner Labrador

Was könnte schöner sein als ein glücklicher, gut ausgebildeter und wohl erzogener Hund? Wenn diese Beschreibung auf Ihren Freund zutrifft und Sie nicht mehr wissen, welche Übungen Sie noch mit ihm machen sollen, weil Ihr Labrador bereits alle grundlegenden Kommandos beherrscht, sollten Sie vielleicht ein paar nette kleine Prüfungen ablegen.

Begleithundekurse können ein großer Spaß für Sie und Ihren Hund sein. Idealerweise sollten Sie allerdings ein paar Kurse in einer Hundeschule besucht haben. Bestimmt gibt es auch in Ihrer Nähe eine Hundeschule die neben Welpenkursen auch Junghundekurse oder Erziehungskurse anbietet. Wenn Ihr Hund die Gehorsamkeitsübungen in diesen Kursen gemeistert hat, ist er bereit für die erste große Prüfung: die Begleithundeprüfung.

Der Sinn und Zweck dieser Erziehungskurse besteht darin, dass Ihr Hund lernt, Ihre Anweisungen zuverlässiger und schneller auszuführen. Die Ablenkung durch andere Hunde und Personen ist fester Bestandteil der Übungen. So lernt der Hund den Gehorsam auch unter schwierigeren Bedingungen. Manche Hundeschulen bieten fortgeschrittenen Hunden auch Fährtensuchkurse an, in denen Labrador Retriever ihren ausgeprägten Geruchssinn unter Beweis stellen können. Allerdings verlangt dieser Sport sowohl Ihnen als auch Ihrem Hund sehr viel Energie ab.

Bei den Begleithundeprüfungen steht allerdings nicht nur Ihr Hund auf dem Prüfstand, auch Sie müssen einen Sachkundenachweis erbringen. Nehmen Sie die Sache aber nicht zu ernst. Ihr Labrador muss bereitwillig und mit Freuden an diesen Kursen teilnehmen wollen. Wenn Sie zu ehrgeizig werden und darüber vergessen, dass Sie diese Kurse eigentlich besuchen, damit Ihr Hund und Sie Spaß miteinander haben, dann haben Sie bereits verloren.

Begleithundeprüfung (BHP)

Die Begleithundeprüfung soll zeigen, dass der Hund so erzogen und ausgebildet ist, dass er sich zu Hause und in der Öffentlichkeit nicht störend, belästigend oder gefährdend verhält, und dass man sich mit ihm überall ohne Beanstandungen bewegen kann.

Hunde, die im ersten Teil der VDH-Begleithundeprüfung (Prüfung auf einem Übungsplatz) nicht 70 Prozent der Punkte erzielen, werden nicht zur Prüfung in den Verkehrsteil aufgenommen. Bei der Prüfung auf dem Übungsplatz sind insgesamt 60 Punkte zu erreichen.

Vor der Zulassung zur Prüfung müssen sich die Hunde einer Unbefangenheitsprobe/einem Verhaltenstest unterziehen, bei der bzw. dem auch die Identität durch Kontrolle der Tätowiernummer und/oder Chip-Nummer erfolgt. Hunde, die nicht identifizierbar sind, haben keine Startberechtigung in einer Prüfung. Die Beurteilung der Unbefangenheit erfolgt auch während der gesamten Prüfung. Als bestanden gilt der Test, wenn sich der Hund neutral, selbstbewusst, sicher, aufmerksam, temperamentvoll und unbefangen benimmt. Er darf auf keinen Fall scheu, schreckhaft, bissig oder aggressiv sein.

Solange Ihr Hund das für diese Prüfung erforderliche Alter von 15 Monaten hat, steht seiner Teilnahme nichts im Wege. Selbst hitzige Hündinnen werden zugelassen, allerdings müssen diese verständlicherweise gesondert von den anderen Hunden gehalten werden. Sind Hündinnen offensichtlich trächtig oder säugend, werden sie von der Prüfung ausgeschlossen. Dasselbe gilt für kranke und ansteckungsverdächtige Tiere.

Die Inhalte der Begleithundeprüfung ähneln ziemlich stark denen des Hundeführerscheins (mehr zu diesem Führerschein weiter vorn in diesem Kapitel):

✔ **Leinenführigkeit:** Ihr Hund muss an lockerer Leine bei Fuß gehen und mit Ihnen Schritt halten, egal ob Sie geradeaus gehen, eine Kehrtwendung, eine Rechts- oder eine Linkswendung machen. Sie müssen einige Schritte im Laufschritt und in langsamem Schritt machen und wenn Sie stehen bleiben, muss Ihr Hund sich setzen. Außerdem müssen Sie durch eine Gruppe von mindestens vier Personen gehen, wobei sich die Personen bewegen. Wenn Ihr Hund zurückweicht, vordrängt oder seitlich abweicht, ist das ebenso ein Fehler, wie wenn Sie zögern.

✔ **Freifolgen:** Sie müssen Ihren Hund ableinen und ihn bei Fuß wieder durch die Personengruppe führen und dort mindestens einmal anhalten.

✔ **Sitzübung:** Ihr Hund folgt Ihnen frei bei Fuß und auf das Kommando »Sitz« muss er sich schnell setzen. Sie gehen weiter, ohne sich umzusehen, bleiben nach etwa 30 Schritten stehen und drehen sich nach Ihrem Hund um. Sie müssen dann zu Ihrem Hund zurückgehen und sich neben ihn hinstellen. Wenn sich Ihr Hund, anstatt zu sitzen, hinlegt oder stehen bleibt, gibt es Punktabzug.

✔ **Ablegen in Verbindung mit Herankommen:** Sie gehen mit Ihrem Hund frei bei Fuß und auf das Kommando »Platz« muss er sich schnell hinlegen. Sie gehen weiter, ohne sich umzusehen, bleiben nach etwa 30 Schritten stehen und drehen sich nach Ihrem Hund um. Dann rufen Sie Ihren Hund heran, der sich dicht vor Ihnen hinsetzen muss.

- **Ablegen des Hundes unter Ablenkung:** Bei dieser Übung müssen Sie Ihren Hund zu Beginn der Unterordnung eines anderen Hundes ohne Leine an einem angewiesenen Platz ablegen, sich entfernen und nach 30 Schritten mit dem Rücken zu Ihrem Hund stehen bleiben. Während der Ablage muss Ihr Hund ruhig liegen bleiben. Auf Anweisung gehen Sie dann zurück zu Ihrem Hund und geben das »Sitz«-Kommando.
- **Verschiedene Übungen im öffentlichen Verkehrsraum:** Hierzu zählen Begegnungen mit Personengruppen wie Radfahrern, Joggern oder Inlineskatern sowie mit Autos und mit anderen Hunden und Tieren.

Wir können in diesem Buch nicht die gesamten Vorschriften für die Begleithundeprüfung aufzählen, aber es gibt zu diesem Thema jede Menge Literatur und sicherlich weiß die Hundeschule vor Ort oder der Labrador Club Deutschland, wo Sie sich weitere Informationen beschaffen können.

Arbeitsprüfung mit Dummys für Retriever (APD/R)

Bei dieser Arbeitsprüfung wird das Apportieren von Dummys (Segeltuchsäckchen) und die allgemeine Wesensfestigkeit Ihres Labrador Retrievers beurteilt. Es werden jagdähnliche Situationen simuliert, denen die praktische Jagdausübung zugrunde liegt.

Zu den Eigenschaften, die Ihr Labrador Retriever zeigen sollte, gehören Arbeitsfreude, Initiative, Standruhe, Apportierfreudigkeit, Markierfähigkeit, eine gute Nase, Ausdauer Gehorsam und Lenkbarkeit. Für die Teilnahme an dieser Prüfung muss Ihr Hund zehn Monate alt sein und eine anerkannte Ahnentafel besitzen.

Zu den Bestandteilen der Arbeitsprüfung zählen unter anderem folgende Aufgaben (wobei die letzteren bereits für Fortgeschrittene sind):

- Ihr Hund muss ein Dummy an Land sowie aus einem tiefen Gewässer apportieren (Einzelmarkierung Land/Wasser).
- Ihr Hund muss in einem Gelände versteckte Dummys suchen (Verlorensuche).
- Sie müssen Ihren Hund zu einem zuvor ausgeworfenen Dummy schicken (Appell).
- Ihr Hund muss zwei Dummys (einer an Land, einer im Wasser) apportieren (Doppelmarkierung).
- Sie müssen Ihrem Hund zeigen, wo er einen für ihn nicht sichtbar ausgelegten Dummy finden kann (Einweisen).
- Sie müssen mit Ihrem nicht angeleinten Hund in einer Gruppe gehen, wobei einer der Hunde ein Dummy apportieren muss, während die anderen ruhig bei ihren Besitzern warten (Walk Up).

Diese Prüfung ist für den apportierfreudigen Labrador genau das Richtige. Das Arbeiten mit Dummys kommt seinen ursprünglichen Aufgaben wahrscheinlich am nächsten und eignet sich sowohl für jagdlich als auch für nicht jagdlich geführte Labrador Retriever. Es gibt diese Prüfungen in drei Leistungsstufen; die Aufgabenstellung ist vorher bekannt.

Fährtenarbeit

Bei der Fährtensuche hat Ihr Hund Gelegenheit, in einer natürlichen Umgebung eine Spur zu verfolgen, eine Beute zu finden und zu apportieren. Der Hund bekommt bei der Fährtenarbeit eine vom Menschen gelegte Fährte angeboten und diese soll er bis zum Ende nicht verlassen. Für Anfänger muss die Fährte wenigstens drei Minuten liegen (in dieser Zeit sind die Geruchsstoffe am stärksten). Bei den Profis können es bis zu drei Stunden sein. Sie können mit diesem Training bereits beginnen, wenn Ihr Hund acht Wochen alt ist. Wenn Sie bereit sind, Leckerchen zu vergraben, ständig in Gummistiefeln herumzuwaten und Ihren Hund gerne in seinem Element sehen, könnte dies das Richtige für Sie sein. Fragen Sie doch einfach einmal bei Ihrem örtlichen Hundesportverein oder einer ortsansässigen Hundeschule nach, ob dort entsprechende Kurse angeboten werden und eventuell sogar Fährtenhundprüfungen abgenommen werden.

Die verschiedenen Prüfungen, die in den letzten Abschnitten beschrieben wurden, bieten Ihnen und Ihrem Labrador eine hervorragende Gelegenheit, sich mit Gleichgesinnten zu treffen. Wenn dieser Sport Ihrem Hund gefällt und Sie die Zeit und das Geld dafür haben, werden Sie mit Ihrem Hund bestimmt viel Spaß haben. Denn nur wenn Sie auch gemeinsam Spaß haben, wirkt sich das positiv auf die Beziehung zu Ihrem Labrador aus.

Teil IV

Ihr Labrador Retriever – ein Mitglied der Familie

»Es REICHT, Kira! Ich werde dieses Ding nicht mehr für dich werfen!«

In diesem Teil ...

Wenn Sie wie wir sind, dann ist Ihr Labrador ein voll integriertes Familienmitglied. Aber wie häufig können Sie ihn in Ihre Aktivitäten einbeziehen? Öfter als Sie vielleicht denken! Dieser Teil enthält eine ganze Reihe von Vorschlägen, wie Sie Ihren Labrador in Ihren Tagesablauf integrieren können, sei es nun daheim, beim Spielen, beim Sport und manchmal sogar bei der Arbeit.

Wir geben Ihnen auch sehr viele Tipps und Ratschläge rund um das Reisen mit Ihrem Hund, egal ob Sie mit ihm nur in die Stadt fahren, um Besorgungen zu machen, oder ob Sie ihn mit in den Familienurlaub nehmen. Andere Hundebesitzer tun das auch, immer öfter.

Das Leben mit einem Labrador Retriever

12

In diesem Kapitel

- Auch während der Arbeit Zeit mit Ihrem Labrador verbringen
- Während der Mahlzeiten und bei der Morgentoilette Ihren Hund um sich haben
- Es sich auch beim Fernsehen mit Ihrem Labrador gemütlich machen

Die tägliche Routine ist für Hunde genauso wichtig wie für uns Menschen. Wenn Sie Ihren Labrador in Ihren Tagesablauf integrieren können, weiß er genau, was er zu erwarten hat und wie er sich zu benehmen hat. Sie werden auch schnell merken, dass es sehr viel mehr Möglichkeiten gibt, Ihre Zeit mit Ihrem Labrador zu verbringen, als Sie bisher gedacht haben. Was für eine schöne Überraschung! In diesem Kapitel zeigen wir ein paar Gelegenheiten auf, bei denen Sie Ihre Zeit mit Ihrem Hund verbringen können.

Das *Ablegen* ist eine der nützlichsten Fähigkeiten, die Sie Ihrem Labrador beibringen können (in Kapitel 11 steht, wie Sie Ihrem Hund dies mit dem »Platz«-Kommando beibringen). Sie werden bald merken, wie wertvoll diese Fähigkeit in Ihrem Tagesablauf sein kann, vor allem wenn Ihr Labrador nichts lieber macht, als Ihnen auf Schritt und Tritt zu folgen. Wenn Ihr Labrador noch recht jung ist, sollten Sie darauf achten, dass er ein paar »Sitz«-, »Auf«- und »Platz«-Übungen macht, bevor Sie ihm das Kommando zum Ablegen erteilen. Auf diese Weise kann er ein bisschen Energie verbrennen und wird sich dann gerne zu Ihren Füßen hinlegen.

Wenn Sie im Internet surfen

Heutzutage verbringen die meisten von uns zumindest einen kleinen Teil ihrer Zeit am Computer. Wenn es Ihnen wie uns geht, dann verbringen Sie ziemlich viel Zeit am Computer und hacken in die Tasten. Aber Sie müssen ja nicht alleine arbeiten! Die Zeit, die Sie am Computer sitzen müssen, eignet sich ideal als Trainingszeit für das Ablegen. Wenn Sie dieses Kommando mit Ihrem Hund üben, sollten Sie allmählich den zeitlichen Abstand zwischen dem Kommando und der Belohnung vergrößern. Wenn Ihre Arbeit Sie langweilt, freuen Sie sich über diese Unterbrechung.

Wenn Ihr Labradorwelpe etwas Besseres vorhat, als zu Ihren Füßen abzuliegen (und Sie wissen, dass Sie ihm noch nicht trauen können, wenn er alleine durchs Haus streift), dann legen Sie ihn an eine lange Leine. Sichern Sie das eine Ende der Leine mit Ihrem Fuß oder befestigen Sie es an einem standfesten Möbelstück, so dass er nur seine unmittelbare Umgebung erkunden kann.

Wenn Sie telefonieren

Wenn Sie gerne lange telefonieren, eignet sich das Ablegen hervorragend, um diese Zeit optimal zu nutzen. Denken Sie daran, dass Sie Ihren Labrador nicht jedes Mal mit Worten loben müssen, wenn Sie ihm eine Belohnung geben oder seine Ohren kraulen.

Wenn Sie arbeiten

Wenn Sie selbstständig sind, können Sie Ihren Labrador auch mit in die Arbeit nehmen. Wenn Sie angestellt sind, können Sie vielleicht Ihren Chef davon überzeugen, dass Ihr Labrador ein wohlerzogener Hund ist und bestimmt prima ins Team passt. Nachdem Ihr Chef dann Ihren gut ausgebildeten Labrador getroffen hat, werden Sie vielleicht überrascht von seiner spontanen Zustimmung sein!

Nicht alle Arbeitsplätze sind hundefreundlich, aber es gibt doch einige. Befolgen Sie einfach unsere Erziehungstipps, während Sie am Computer oder am Telefon sitzen, und Ihr Labrador wird bald die perfekte Bürobegleitung sein. In Arbeitsbereichen, wo sehr viele Menschen herumlaufen, sollten Sie (zumindest solange er noch ein Welpe ist) die Hundebox mitbringen, damit er keinen Unsinn anstellen kann. Nachdem Sie Ihrem Hund beigebracht haben, an einem Ort liegen zu bleiben, werden Sie die Hundebox nicht mehr brauchen, es sei denn, Sie müssen den Raum für eine Weile verlassen. Viele Büros sind im Grunde genommen hundefreundlich. Wir haben im Folgenden einige Tätigkeiten aufgeführt, die sich ganz gut für Hunde eignen:

- ✔ Einzelhandelsgeschäfte (allerdings keine Lebensmittelgeschäfte)
- ✔ Berufe, die mit Tieren zu tun haben, also vom Tierarzt bis zum Hundefriseur. Achten Sie jedoch darauf, dass Ihr Labrador sich gut mit anderen Hunden verträgt.
- ✔ Büros, in denen es etwas lockerer zugeht
- ✔ Landschaftsarchitekten, Bauingenieure, Forstwirte und andere Tätigkeiten, bei denen man an der frischen Luft sein kann (Achten Sie allerdings darauf, dass Sie Ihren Hund immer unter Kontrolle haben, damit ihm eine Baustelle nicht zum Verhängnis werden kann.)
- ✔ Berufsfahrer – die meisten Labradore lieben es, Auto zu fahren (Kapitel 13 enthält Sicherheitstipps)

✔ Vertreter – wenn Ihre Kunden Hundeliebhaber sind, werden Sie ihnen gleich sympathisch sein; wenn nicht, lassen Sie Ihren Hund im Auto (natürlich nicht an heißen Tagen) oder in seiner Hundebox.

Wenn Sie der Meinung sind, dass Sie Ihren Labrador gut mit in die Arbeit nehmen könnten, sich aber nicht sicher sind, wie er am Anfang reagieren wird, lassen Sie ihn zuvor an ein oder zwei Wochenenden die Örtlichkeiten erkunden, bevor Sie ihn dann an einem Werktag mitnehmen. Zeigen Sie ihm alles, während er an der Leine ist, und machen Sie ein paar Übungen mit ihm, damit er sich daran gewöhnt, auch an Ihrer Arbeitsstelle auf Ihr Kommando zu hören.

Wenn Sie Ihren Hund mit ins Büro oder Geschäft nehmen, empfinden Sie es vielleicht auch als angenehm, dass Ihr Hund Sie auf der Fahrt dorthin begleitet. Sie sollten allerdings darauf achten, dass Ihr Labrador ordnungsgemäß im Auto gesichert ist (mehr dazu in Kapitel 13).

Wenn Ihr Arbeitsumfeld für Hunde ungeeignet oder zu gefährlich ist oder Ihr Chef von der Idee, dass Sie Ihren Hund mit in die Arbeit bringen, überhaupt nichts hält, brauchen Sie keine Schuldgefühle zu entwickeln. In der Regel schlafen Hunde, wenn sie nichts zu tun haben, und passen gerne für Sie auf Ihr Haus auf (es braucht ja außer uns niemand zu wissen, dass unsere Labrador Retriever als Wachhunde völlig ungeeignet sind).

Ihr Hund wird es natürlich genießen, wenn Sie mittags nach Hause kommen. Solange Ihr Labrador noch ein Welpe ist, müssen Sie sowieso mittags bei ihm vorbeischauen und ihn Gassi führen. Doch selbst wenn Ihr Hund älter wird und länger aushalten kann, möchte er Sie gerne mittags sehen und Zeit mit Ihnen verbringen. Für Sie wird es außerdem eine nette Abwechslung im grauen Arbeitsalltag sein. Wenn Sie den ganzen Tag arbeiten müssen, können Sie es sicherlich so einrichten, dass sich andere Familienmitglieder – Großeltern oder Kinder – am Nachmittag um Ihren Labrador kümmern.

Wenn Sie essen

Labrador Retriever fressen für ihr Leben gern. Ist da nicht Ärger vorprogrammiert, wenn Sie Ihren Labrador »Platz« machen lassen, während Sie dieses köstliche Menschenessen zu sich nehmen? Wenn Sie Ihrem Hund nie Leckerbissen vom Tisch geben, wird er sie auch nicht erwarten. Sie können ihn jederzeit mit Stückchen seines eigenen Futters belohnen und solange Sie ihm nicht die Reste Ihres T-Bone-Steaks geben, weil er »so brav« war, werden Sie keinerlei Probleme mit ihm haben.

Wenn Sie jedoch Ihr Abendessen ohne Ihren Hund genießen wollen und Sie mit ihm ohnehin den ganzen Tag über viel Zeit verbracht haben, brauchen Sie sich nichts dabei zu denken, wenn Sie ihn in seine Hundebox oder in seinen Hundekorb schicken. Wir denken, dass es Ihr gutes Recht ist, sich auch den anderen Familienmitgliedern zu widmen.

Wenn Sie Ihren Körper pflegen

Wenn Sie sich morgens frisch machen – Zähne putzen, das Gesicht waschen, die Haare kämmen oder duschen –, können Sie Ihren Labrador durchaus mitnehmen. Bei dieser Gelegenheit können Sie den Hund gleich mitbürsten und ihm ebenfalls die Zähne putzen (denken Sie dabei jedoch daran, die Hundezahnpasta und nicht Ihre zu verwenden).

Wenn Sie fernsehen

Wenn Sie fernsehen und Ihr Labrador bei Ihnen ist, haben Sie während der zahlreichen Werbepausen jede Menge Zeit, ein paar Übungen mit ihm zu machen. Sie wollen Ihre Zeit doch sowieso nicht mit diesen Werbespots verplempern.

Wenn Sie Besorgungen erledigen

Wenn Sie irgendwo hinfahren oder hingehen müssen, um Besorgungen zu erledigen, sollten Sie Ihren Labrador mitnehmen. Ihr Hund kommt auf diese Weise aus dem Haus, er sieht mal etwas anderes, leistet Ihnen Gesellschaft und lernt dabei immer wieder neue Menschen und Situationen kennen.

Wenn Sie einkaufen gehen

Natürlich können Sie mit Ihrem Hund nicht in einen Supermarkt oder eine Metzgerei gehen, aber in Kaufhäuser können Sie ihn ruhig mitnehmen. Bei kleineren Geschäften fragen Sie am besten den Besitzer, ob es recht ist, wenn Sie Ihren Hund mit hinein nehmen. In Zoohandlungen sind Sie mit Ihrem Vierbeiner immer willkommen.

Mit dem Labrador Retriever auf Reisen

13

In diesem Kapitel

- Mit dem Hund sicher Auto oder Wohnmobil fahren
- Mit dem Hund in Urlaub fahren
- Wenn der Hund nicht mit kann

Was könnte schöner sein, als alleine in einem Auto zu fahren? Ihren Labrador bei sich zu haben, während Sie durch die Stadt fahren oder mit der gesamten Familie in den Urlaub aufbrechen, kann die Fahrt sehr viel angenehmer machen und die Reise sogar sicherer gestalten. Oder glauben Sie, dass sich schlechte Menschen Ihrem Auto nähern würden, wenn sie sehen, dass Sie einen großen Hund dabei haben? Außerdem fühlen Sie sich besser, Ihren Hund in Ihrer Nähe als allein zu Hause zu wissen. Kurzum: Alle werden glücklicher sein.

In diesem Kapitel geben wir Ihnen ein paar Tipps, wie Sie mit Ihrem Labrador sicher reisen, wie Sie Ihre Reisen optimal gestalten, egal ob Sie kurz oder für längere Zeit unterwegs sein werden. Wir zeigen Ihnen auch, wie Sie noch mehr Zeit mit Ihrem Labrador verbringen können, indem Sie ihn an Orte mitnehmen, an die selbst Sie noch nicht gedacht haben.

Wenn Sie in die Stadt fahren

Erstellen Sie eine Liste von den Fahrten, die Sie regelmäßig erledigen müssen. Wohin fahren Sie am häufigsten? Zum Supermarkt? Zur Bank? Zur Post? Um die Kinder von der Schule oder ihren außerschulischen Aktivitäten abzuholen? Kennzeichnen Sie die Fahrten, die Sie durchaus auch zusammen mit Ihrem Labrador erledigen könnten (und denken Sie dabei jetzt noch nicht daran, wie Sie das überhaupt realisieren können). Was? Sie haben jede einzelne Fahrt auf Ihrer Liste für hundetauglich erklärt? Dann geht es Ihnen wie uns!

Ihr Labrador kann Sie an mehr Orte begleiten, als Sie vielleicht glauben. Joel bildet Familien in Hundeerziehung aus, die in und um Washington, D.C., leben. Er verbringt viel Zeit im Auto und jede Woche eine oder zwei Stunden bei jedem einzelnen Kunden zu Hause. Seit über zehn Jahren bringt er wenigstens einen seiner Labrador Retriever mit, heute sind es sogar meistens zwei Labradore und ein Rottweiler. Er nimmt sie das ganze Jahr hindurch mit und es funktioniert bei entsprechender Planung hervorragend. Wenn Joel im Sommer zu einem Kunden muss, ist seine erste Frage, ob er dort auch seinen Wagen im Schatten parken kann. Auch Sie können Ihren Labrador überall mit hinnehmen, wenn Sie sorgfältig vorausplanen.

Denken Sie aber auch an die Gefahr eines Hitzschlags. Bereits bei Außentemperaturen um 20 Grad Celsius kann es selbst bei einem im Schatten geparkten Auto (und geöffnetem Fenster) zu für den Hund unerträglichen Temperaturen im Innenraum kommen. Steigt die Körpertemperatur Ihres Hundes über 42 Grad Celsius, kann das tödlich für ihn enden.

Im Winter brauchen Sie sich bezüglich eines Hitzschlags keine Sorgen zu machen. Doch obwohl Labrador Retriever Kälte besser vertragen als Hitze, sollten Sie an extrem kalten Wintertagen darauf achten, dass er sich keine Erfrierungen zuzieht.

Die Wahl des richtigen Autos

Wer kauft sich schon ein Auto extra für den Hund? Viele Leute! Auch wenn Sie mit einem Labrador in einem Kleinwagen durch die Stadt brausen können, ist er nicht ideal, um den Hund für längere Zeit darin spazieren zu fahren.

Schatz, du kannst mein Auto haben (es ist zu klein für meinen Labrador)

In den meisten Autos wird für Ihren Labrador die Luft zum Atmen bald knapp, wenn er dort auf Sie warten muss. Sie müssen daher auf gute Belüftung und die richtige Temperatur achten. Kaufen Sie am besten ein Auto mit Klimaanlage! Wenn Sie die Fenster so weit öffnen, dass Ihr Hund ausreichend Frischluft bekommt und es angenehm kühl bleibt, ist es vermutlich so weit geöffnet, dass Ihr Labrador aus dem Wagen springen kann, um hinter der Katze herzujagen, die er gerade gesichtet hat. Wenn Sie Ihren Labrador samt seiner Hundebox im Auto haben, können Sie die Fenster sperrangelweit offen lassen, allerdings könnte dann jemand Ihr Auto samt Hund stehlen. Das sollte besser nicht passieren!

Kombis bieten zwar mehr Platz, aber mit der Belüftung ist es auch nicht viel besser. Ihr Labrador hat natürlich mehr Bewegungsfreiheit, trotzdem ist er auch dort nicht vor einem Hitzschlag sicher, wenn die einzige Luftzufuhr durch die Luftdüsen im Font kommt. Viel besser als ein Kombi oder ein Kleinbus sind Wohnmobile (dazu mehr in den nächsten Abschnitten).

Lassen Sie Ihren Labrador niemals auf einem offenen Transporter mitfahren; das ist ohnehin gesetzlich verboten. Selbst ein noch so kleiner Unfall oder plötzliches Abbremsen könnte Ihren Freund töten. Auch sollte Ihr Hund niemals seinen Kopf während der Fahrt aus dem Fenster halten. Es könnte ihn ein Insekt, ein Stein oder eine brennende Zigarette verletzen, ganz zu schweigen davon, dass andere Fahrer durch Ihren Hund abgelenkt werden könnten. Auf der Straße können Sie nicht vorsichtig genug sein!

Cocoas Entscheidung

Vor einigen Jahren, als es Joels Labradorhündin Cocoa allmählich immer schwerer fiel, in seinen Kombi zu springen, zogen die beiden los, um ein Auto zu kaufen. Und ob Sie es glauben oder nicht: Nicht ein einziger Autohändler beschwerte sich, wenn Cocoa zum Probeliegen ins Auto stieg. (Ihnen hätte ja ein Käufer verloren gehen können.) Als Cocoa in den Kofferraum eines Dodge Caravan-Kleinbusses einstieg, legte sie sich auf den Sitz und sah Joel an, als wollte sie sagen: »Okay, den kannst du kaufen!« Und genau das tat Joel. Cocoa verbrachte viele glückliche Jahre in ihrem Dodge Caravan und der Verkäufer, der damals so schnell und einfach diesen Wagen loswurde, wird sich immer noch gerne an die beiden erinnern.

Vans und Kleinbusse

Wenn Sie zu einer Hundeausstellung fahren, sieht es auf dem Parkplatz aus wie bei einem Händler für Vans und Kleinbusse (obwohl Sie hier und da auch mal ein Wohnmobil sehen). Kleinbusse eignen sich hervorragend für Hunde aller Arten, weil sie viel Platz bieten. Mehrere Fenster können zur besseren Lüftung geöffnet werden und es gibt jede Menge Platz, um die Kinder, den Hund und den ganzen anderen Kram, den beide auf Reisen brauchen, unterzubringen.

Große Kombis oder Geländefahrzeuge bieten auch viel Platz für Ihren Labrador, aber testen Sie auch, wie einfach für ihn das Ein- und Aussteigen ist. Wenn Ihr Hund nämlich langsam ins Alter kommt und/oder an Arthrose, Hüftgelenk-Dysplasie oder einer anderen schmerzhaften Erkrankung leidet, ist ein Kleinbus mit niedriger Einstiegshöhe genau das Richtige – einfach zum Einsteigen, einfach zum Aussteigen und sehr bequem.

Wohnmobile

Wohnmobile sind nicht gerade billig und Sie sind wahrscheinlich der Ansicht, dass der Preis für Sie momentan überhaupt nicht diskutabel ist, ganz egal, wie sehr Sie Ihren Labrador lieben. Allerdings lieben Labrador Retriever Wohnmobile über alles. Sie sind das ideale Transportfahrzeug für Ihren Hund. Sie werden wahrscheinlich immer wieder gefragt, warum Sie in der Stadt mit einem Wohnmobil herumfahren, aber Sie und Ihr Labrador werden glücklich sein!

Natürlich machen Wohnmobile mehr Sinn für weite Fahrten. Wenn Sie sich gerade in einer Lebensphase befinden, in der Sie gerne mit Ihrem Hund in der Weltgeschichte umherreisen würden, könnte so ein Wohnmobil die ideale Anschaffung sein. Sie werden viel Spaß haben, wenn Sie von Stadt zu Stadt fahren, sich Sehenswürdigkeiten ansehen, neue Menschen treffen und sich in Ihrem Haus auf vier Rädern entspannen.

Joel fährt viel zu Seminaren und als es an der Zeit war, sich ein neues, sicheres Auto für seine Hunde anzuschaffen, das er sowohl vor Ort als auch auf Reisen einsetzen konnte, beschloss er, sich mit der Materie ein bisschen näher auseinander zu setzen. Im Internet hat er dann einen Campingbus gefunden, der nicht nur eine gute Belüftung hatte, sondern auch eine Dachluke und Fenster, die mit Moskitonetzen versehen waren. An ganz heißen Tagen konnte man sogar das Dach aufstellen, das sich dann in eine Art Zelt verwandelte. Der einzige Wermutstropfen bei diesem Fahrzeug war der Preis. So ein Campingbus ist alles andere als billig.

Auf der Suche nach Gras

Sogar jemand, der in puncto Reisen sehr viel Erfahrung hat, sieht sich immer wieder neuen Herausforderungen ausgesetzt. 1993 fuhr Joel mit seiner Labradorhündin Cocoa von Maryland nach Kalifornien, um an einem Treffen der Association of Pet Dog Trainers teilzunehmen. Cocoa war bereits ein Profi, was Reisen anging, und hatte Joel auf viele Seminare begleitet. Als Joel seine erste Pinkelpause in der Wüste machte, sah sich Cocoa verdutzt um und sah dann zu Joel, als wollte sie sagen: »Und, wo ist hier Gras?« Joel lachte und sagte: »Wenn du warten willst, bis es wieder Gras gibt, wirst du Pech haben.« Cocoa beschloss anzuhalten und auf Labradorart teilte sie Joel mit, unterwegs an Spielkasinos anzuhalten, wo es rundherum stets wunderschönes saftiges Gras gab. Nachdem Cocoa ihr Geschäft gemacht hatte, sah sie Joel an, als wollte sie sagen: »Vielen Dank fürs Anhalten. Jetzt räum' es noch schnell weg und dann können wir weiterfahren.«

Die Wahl des richtigen Fahrzeugs

Ihre Entscheidung wird zu einem großen Teil davon abhängen, wie Ihre persönlichen Bedürfnisse aussehen und wie Sie normalerweise reisen. Vergessen Sie jedoch Ihren Labrador nicht, wenn Sie Ihr nächstes Fahrzeug auswählen. Wir haben für Sie ein paar Aspekte zusammengestellt, die Sie beim Kauf eines hundefreundlichen Fahrzeugs berücksichtigen sollten:

- ✔ Passt die Hundebox hinein?
- ✔ Wie gut ist die Lüftung?
- ✔ Bleibt es im Schatten kühl? (Autos mit heller Lackierung bleiben kühler)
- ✔ Kann Ihr Labrador gut ein- und aussteigen?
- ✔ Ist noch genug Platz für Ihren Hund, wenn alle Familienmitglieder im Auto sind?
- ✔ Können Sie Ihren Labrador ausreichend sichern?
- ✔ Ist genug Platz, um alles einzupacken, was Ihr Hund braucht (Notfallapotheke, Wasser, Fressnapf und Apportierspielzeug)?
- ✔ Hat das Auto eine Klimaanlage?

Wenn Sie Kinder haben, wissen Sie längst, dass Sportwagen nicht mehr den Reiz haben, den sie früher hatten, und wenn Sie früher einmal einen besessen haben, werden Sie ihn heute wohl eher ziemlich unbequem finden. Jetzt sind Sie ein Hundebesitzer und müssen auch Ihren Labrador in Ihre Überlegungen mit einbeziehen. Nehmen Sie sich Zeit, sehen Sie sich um, probieren Sie aus und wählen Sie dann ein Auto, das es Ihnen ermöglicht, Ihren Labrador problemlos auf Reisen mitzunehmen.

Das hundesichere Auto

Jedes Mal, wenn Sie mit dem Auto fahren, setzen Sie sich der Gefahr eines Unfalls aus. Aus diesem Grund legen Sie den Sicherheitsgurt an, weil Sie hoffen, sich damit im Falle des Falles schützen zu können. Aber wie verhindern Sie, dass Ihr Labrador verletzt wird, wenn Sie einen Autounfall haben?

Als Hundebesitzer liegt es in Ihrer Verantwortung, dass die Sicherheit Ihres Hundes gewährleistet ist. Sie sollten auch bedenken, dass Ihr Labrador Sie und den Rest der Familie bei einem Unfall ernsthaft verletzen kann, wenn er unkontrolliert durch das Wageninnere katapultiert wird. Treffen Sie alle Vorsichtsmaßnahmen und sichern Sie Ihren Labrador immer im Auto, wenn er mit Ihnen unterwegs ist.

Wenn Sie Ihren Hund im Auto nicht sicher unterbringen können, weil Sie entweder keinen Sicherheitsgurt für Hunde haben oder die Hundebox nicht hineinpasst, dann lassen Sie ihn zu Hause. Sie sollten mit Ihrer eigenen Sicherheit und der Ihres Hundes nicht leichtsinnig umgehen.

Sie haben zwei Möglichkeiten, Ihren Hund im Auto zu sichern. Falls er bereits so weit ist, dass er nur noch an seinen Kauspielzeugen herumnagt, zählt der Hundesicherheitsgurt zu der von uns favorisierten Lösung. Er besteht aus einem Brustgeschirr, das mit einem Sicherheitsgurt ausgestattet ist, der sich problemlos in die gängigen Pkw-Gurtsysteme einrasten lässt. Sie erhalten ihn in Zoogeschäften und im Versandhandel für Hundebedarf. Selbst wenn Ihr Labrador angeschnallt ist, kann er sich auf dem Rücksitz hinsetzen, hinlegen oder aufstehen und ist trotzdem gesichert.

Solange Ihr Labrador noch alles annagt, müssen Sie die Übungen in Kapitel 11 durchführen, um ihm beizubringen, was er annagen darf und was nicht. Sicherheitsgurte gehören eindeutig zu den Gegenständen, die nicht durchgekaut werden dürfen. Ihr Welpe sollte in diesem Fall lieber in seiner Hundebox reisen. Achten Sie darauf, dass die Hundebox mit dem Sicherheitsgurt oder anderen Hilfsmitteln so im Auto gesichert ist, dass sie sich im Falle eines Unfalls nicht in ein Geschoss verwandeln kann. Die Hundebox sollte genau die richtige Größe für Ihren Labrador haben: groß genug, um aufzustehen, sich umzudrehen und sich hinzulegen, aber nicht so groß, dass er jedes Mal, wenn Sie um die Kurve fahren, hin- und hergeworfen wird.

Die Hundebox ist die einzige Lösung, solange Ihr Labrador noch alles annagt. Geben Sie ihm erst gar nicht die Gelegenheit, in Ihrem Auto irgendetwas anzunagen. Erlauben Sie Ihrem Labrador erst dann angeschnallt mitzufahren, wenn Sie absolut sicher sind, dass er sich benehmen kann und Ihr Auto nicht zerstören wird.

Urlaub mit Familie und Hund

Als Sie sich entschlossen haben, einen Labrador ins Haus zu holen, war Ihnen ganz klar, dass er ein Teil der Familie werden sollte. Sie haben ihn in Ihren Tagesablauf eingebunden, also warum sollten Sie ihn jetzt nicht auch mit in den Urlaub nehmen? Er gehört doch zur Familie, oder? Uns ist natürlich klar, dass nicht jeder Urlaub für Hunde geeignet ist, aber wir hoffen, dass Sie versuchen, Ihre Familienurlaube so hundefreundlich wie möglich zu gestalten, damit Sie Ihren Hund immer mitnehmen können. Er möchte bei Ihnen sein und die gesamte Familie wird sehr viel Spaß haben, wenn Ihr Labrador wohl erzogen und gut ausgebildet ist (und das ist Ihrer sicher oder wird es zumindest bald sein – siehe Teil III).

Labrador Retriever geben dem Familienurlaub einen besonderen Reiz. Viele Menschen, die in der Regel niemals einen Fremden auf der Straße ansprechen würden, tauen auf und sprechen Sie und Ihren Labrador an. Vielleicht treffen Sie auch andere Labradorliebhaber und Hundefreunde an Ihrem Urlaubsort, vielleicht entstehen sogar echte Freundschaften.

Wenn Sie solo sind und Ihren Labrador mit auf die Reise nehmen, wird die Urlaubsfreude noch dadurch gesteigert, dass Sie einen Gefährten dabei haben, der mit Ihnen die Ferien verbringt. Andere Hundeliebhaber werden Verständnis dafür haben, dass Sie gewisse Dinge mit Ihrem Hund besprechen müssen (»Ist das nicht eine wunderschöne Aussicht, Bella!«). Ihr Labrador kann Ihnen auch unangenehme Zeitgenossen vom Leib halten, denn trotz seiner freundlichen Natur wirkt ein großer Hund zunächst einmal abschreckend.

Versuchen Sie, auch während des Urlaubs den Tagesablauf des Hundes so normal wie möglich zu halten, weil Ihr Hund sich dann sicherer fühlt und glücklicher ist. Bürsten und füttern Sie ihn zu seinen gewohnten Zeiten und schicken Sie ihn auch wie gewohnt am Abend auf seinen Schlafplatz. In der übrigen Zeit genießen Sie die vielen Urlaubsaktivitäten, bei denen Sie Ihren Hund einbinden können: Wandern, Zelten oder Schwimmen.

Wenn Sie wissen, dass Sie während Ihres Urlaubs keine Zeit für Ihren Hund haben werden oder dass Ihr Urlaubsziel für Hunde ungeeignet ist, lassen Sie ihn zu Hause. Sie brauchen kein schlechtes Gewissen zu haben. Sie müssen nur sicherstellen, dass sich jemand während Ihrer Abwesenheit um ihn kümmert, und sich etwas Besonderes für Ihre Rückkehr ausdenken. Beim nächsten Mal planen Sie dann einen hundefreundlicheren Urlaub.

Der Erfolg liegt in der Planung

Labrador Retriever lieben einen geregelten Tagesablauf, daher wird Ihr Hund auch unterwegs dieselben Bedürfnisse haben und dieselbe Routine haben wollen wie zu Hause. Natürlich kann der Ablauf im Urlaub nicht genauso aussehen wie zu Hause, sonst bräuchten Sie ja nicht in den Urlaub zu fahren. Aber Sie können zumindest die Fütterungs- und Ausgehzeiten einigermaßen gleich halten. Wenn Ihr Hund normalerweise in seiner Hundebox schläft, nehmen Sie diese mit, damit er sich nachts sicher fühlt. Wenn er in der Regel bei Ihnen schläft, verbieten Sie es im Urlaub nicht plötzlich.

Sie müssen auch für Notfälle gerüstet sein. Was passiert, wenn Ihr Hund krank wird? Unter Umständen müssen Sie in einem fremden Land einen Tierarzt suchen. Die Hunde-Notfallapotheke sollte auf jeden Fall mit im Reisegepäck sein.

Der Urlaubsspaß beginnt ja erfahrungsgemäß bereits mit den Vorbereitungen. Wenn ein Hund mit auf Reisen geht, brauchen Sie in der Regel etwas länger. Also werden Sie noch mehr Spaß haben!

Die Wasserqualität ist nicht überall gleich und das Verdauungssystem Ihres Hundes kann sensibel auf diese Veränderung reagieren (so wie es bei Ihnen auch der Fall sein könnte). Benutzen Sie im Zweifelsfall Mineralwasser ohne Kohlensäure.

Urlaubscheckliste

Jedes Mal, wenn Sie mit dem Hund auf Reisen gehen, müssen Sie die folgenden Vorsichtsmaßnahmen treffen. Diese zusätzliche Vorbereitungszeit wird sich im Notfall als sehr nützlich erweisen. Bevor Sie also alle Türen und Fenster verriegeln und sich zu einem bekannten oder unbekannten Urlaubsziel aufmachen, sollten Sie an Folgendes denken:

- ✔ Halsband mit Steuer- und Kennmarke
- ✔ Mehrere Flaschen stilles Mineralwasser
- ✔ Wassernapf (es gibt spezielle Wassernäpfe fürs Auto)
- ✔ Hundebox und Brustgeschirr mit Sicherheitsgurt
- ✔ Hundefutter für die Dauer des Urlaubs (lieber etwas mehr zur Sicherheit)
- ✔ Hunde-Notfallapotheke
- ✔ Kauspielzeug
- ✔ Dummy oder Ball zum Apportieren (Ihr Hund hat schließlich auch Ferien!)
- ✔ Zusätzliches Halsband und Leine (für alle Fälle)
- ✔ Flexi-Leine

- Eventuell Medizin oder Vitamine für den Hund
- Bürste, Kamm, Nagelzange, Zahnbürste etc.
- Alte Handtücher und Decken, um das Auto vor einem dreckigen Hund zu bewahren
- Plastiktüten und Papiertücher für die Beseitigung von Missgeschicken
- Impfpass (EU-Heimtierausweis)
- Dieses Buch! Jetzt haben Sie endlich Zeit, die ganzen Übungen auszuprobieren.

Hundefreundliche Nachtquartiere suchen

Manche Menschen planen gerne ihre Ferien bis ins letzte Detail, bevor sie überhaupt ihr Haus verlassen. Wenn Sie auch zu diesen Menschen zählen, haben Sie sicherlich bereits eine hundefreundliche Übernachtungsmöglichkeit gefunden. Wenn Sie lieber einfach drauflosfahren und sich überraschen lassen, wie weit Sie kommen werden, und Ihre Reise nicht gerne fest planen, kann es mitunter etwas schwierig sein, auf den letzten Drücker noch eine hundefreundliche Übernachtungsmöglichkeit zu finden.

Es kann sehr frustrierend sein, wenn Sie spät nachts, bereits müde und gereizt, noch nach einem Nachtquartier suchen müssen, in dem auch Hunde willkommen sind. Sie können bitten und betteln, erklären, dass Sie eine Hundebox dabei haben, sogar der Hotelleitung Ihren wohl erzogenen Hund vorführen, manche lassen sich trotzdem nicht erweichen.

Bei den meisten großen Hotelketten sind Hunde kein Problem. Allerdings müssen Sie damit rechnen, dass Sie für den Hund auch extra bezahlen müssen. Denken Sie auf jeden Fall daran, rechtzeitig an die Quartiersuche zu denken und lieber etwas eher loszufahren, damit der erste Urlaubstag nicht gleich stressig endet.

Wenn Sie eine gute Übernachtungsmöglichkeit gefunden haben, bei der auch Hunde willkommen sind, sollten Sie sich das vermerken. Wenn Sie sich eine Liste mit hundefreundlichen Nachtquartieren zusammenstellen, können Sie darauf immer mal wieder zurückgreifen und auch Bekannten, die mit ihrem Hund auf Reisen gehen, nützliche Tipps geben.

Hundefreundliche Urlaubsadressen

In den letzten Jahren sind eine ganze Reihe von Büchern geschrieben worden, die Informationen rund um den Urlaub mit dem Hund enthalten. Das Internet ist auch eine gute Informationsquelle auf der Suche nach hundefreundlichen Urlaubsquartieren. Auch in Hundezeitschriften finden sich Anzeigen von Hotels, Pensionen oder Ferienhäusern, bei denen Hunde willkommen sind.

Wenn Sie für längere Zeit an einen bestimmten Ort fahren, können Sie sich beim dortigen Fremdenverkehrsamt nach hundefreundlichen Einrichtungen und auch nach einer Liste der Tierärzte erkundigen.

Flugreisen

Sie wollen mit dem Flugzeug verreisen? Dann lassen Sie Ihren Hund zu Hause, wenn es irgendwie geht. Hunde, die mehr als sechs Kilo wiegen, müssen im Frachtraum des Flugzeugs transportiert werden (also auch Ihr Labrador Retriever). Ist eine Mitnahme unvermeidlich, müssen Sie einen Flug buchen, bei dem eine Maschine mit klimatisiertem Frachtraum eingesetzt wird. Billigflieger nehmen grundsätzlich keine Hunde mit.

Wenn Sie Ihren Hund unbedingt mitnehmen müssen, treffen Sie folgende Vorkehrungen:

- ✔ Reservieren Sie den Platz für Ihren Hund rechtzeitig und lassen Sie ihn sich bestätigen (am besten zwei Mal).
- ✔ Nehmen Sie nur Direktflüge. Beim Umsteigen könnte durchaus etwas schief gehen.
- ✔ Schicken Sie Ihren Labrador erst dann in seine flugtaugliche Hundebox, wenn es absolut erforderlich ist, und lassen Sie ihn auf jeden Fall vorher noch einmal Pippi machen.
- ✔ Achten Sie darauf, dass die Hundedecke und der Wassernapf gut gesichert sind und nicht verrutschen können.
- ✔ Bleiben Sie bis zur letzten Minute bei Ihrem Hund und achten Sie darauf, dass er auch sicher verladen wird.
- ✔ Bringen Sie ein großes Schild mit der Aufschrift »Hallo, ich heiße Kira« (oder wie Ihr Hund auch heißen mag) an. Vielleicht schaut dann jemand vom Flugpersonal mal in die Box und begrüßt den Hund, außerdem erinnert das Schild daran, dass in dieser Kiste ein sehr wichtiges, lebendiges Wesen steckt.
- ✔ Gehen Sie sofort nach dem Flug zur Gepäckausgabe, um Ihren Hund wieder in Empfang zu nehmen. Seien Sie ruhig lästig, es ist wichtig, ihn so schnell wie möglich wieder in die Arme zu schließen.

Wahrscheinlich hat Ihr Labrador den Flug gut überstanden und wenn es sich nicht vermeiden lässt, müssen Sie eben mit ihm fliegen. Generell empfehlen wir jedoch, mit dem Hund nur Autoreisen zu planen. Wenn Sie fliegen müssen, lassen Sie Ihren Hund zu Hause und bitten jemanden, sich um ihn zu kümmern.

Vorkehrungen treffen, wenn Sie ihn nicht mitnehmen können

Es gibt einfach Gelegenheiten, da kann man seinen Labrador nicht mitnehmen. Vielleicht müssen Sie auf Geschäftsreise, fliegen nach Übersee oder planen einen Wellness-Urlaub in einem Hotel, das keine Hunde erlaubt. Was auch immer der Grund sein mag, wenn Ihr Labrador Sie nicht begleiten kann, dann muss eine andere Lösung gefunden werden. Er wird Sie sicherlich vermissen und sich fragen, wo Sie sind, aber Sie können seinen Aufenthalt zu Hause so angenehm und normal wie möglich gestalten. Was glauben Sie, wie er sich freuen wird, wenn Sie dann endlich wieder nach Hause kommen? Was kann schöner sein, als aus dem Urlaub zu kommen und von einem Freund begrüßt zu werden, der überglücklich ist, einen zu sehen? (Passen Sie auf seinen Schwanz auf, der wird wie verrückt wedeln!)

Wenn Sie Ihren Labrador zu Hause lassen müssen, müssen Sie dafür sorgen, dass er in Ihrer Abwesenheit gut versorgt wird. Sie haben mehrere Möglichkeiten zur Auswahl: Sie können einen Hundesitter engagieren, ihn in einer Hundepension einmieten, ihn bei einem Freund lassen oder jemanden bitten, während Ihres Urlaubs, Haus und Hund zu hüten.

Wenn Sie nur einen Tag unterwegs sein werden, bitten Sie eine freundliche Nachbarin, ob sie nicht tagsüber nach dem Hund sehen und vielleicht mit ihm spazieren gehen kann. Bei längerer Abwesenheit sollten Sie jedoch niemanden mit dieser Aufgabe betrauen, der nicht bereit ist, die damit verbundene Zeit und Energie zu investieren. Außerdem sollten Sie von niemandem erwarten, dass er diesen Service kostenlos ausführt.

Hundesitter

Wenn Sie verreisen müssen und Ihren Labrador nicht mitnehmen können, ist ein Hundesitter eine gute Lösung. Ihr Hund kann in seiner gewohnten Umgebung bleiben, und auch wenn Sie nicht da sind, bleibt doch alles beim Alten. Mittlerweile gibt es einige gute Hundesittervermittlungen, so dass Sie wahrscheinlich schnell den geeigneten finden werden.

Um eine Adresse von einem guten Hundesitter herauszufinden, ist es ratsam, sich an den Deutschen Tierschutzbund (die Adresse finden Sie im Anhang) zu wenden. Außerdem kann über den Deutschen Tierschutzbund der Ratgeber »Tier & Urlaub« angefordert werden, der Informationen zum Thema »Nimmst du mein Tier, nehm' ich dein Tier« enthält. Der Tierschutzbund oder der Tierschutzverein in Ihrer Nähe kann Ihnen auch Tierheime nennen, die einen Urlaubsservice anbieten. Im Anhang finden Sie noch weitere Adressen von Organisationen, die bei der Hundesittervermittlung behilflich sind.

Von der Internetseite des Deutschen Tierschutzbund können Sie zudem einen Betreuungsvertrag herunterladen (`www.deutscher-tierschutzbund.de`), wenn Sie sich rechtlich absichern wollen.

Da Sie Ihren Hund sicherlich nicht in x-beliebige Hände geben wollen, sollten Sie sich eingehend mit dem Hundesitter bekannt machen. Fragen Sie ihn ruhig nach seinen Erfahrungen und achten Sie darauf, wie Ihr Hund sich gegenüber dem Hundesitter verhält. Wenn sich die beiden gleich auf Anhieb verstehen, ist das sicherlich ein gutes Zeichen.

Hundepensionen

Eine andere Unterbringungsmöglichkeit ist die Hundepension. Verlassen Sie sich bei der Suche nicht nur auf die Gelben Seiten. Fragen Sie andere Hundebesitzer nach ihren Erfahrungen und sehen Sie sich dann verschiedene Hundepensionen an, die Ihnen geeignet scheinen. Arrangieren Sie möglichst schon einige Wochen vor Ihrem Urlaub eine Besichtigungstour, damit Sie die Entscheidung nicht übers Knie brechen müssen. Wenn Ihr Labrador schon von zu Hause weg muss, dann sollte er wenigstens einen netten Urlaub haben. Manche Hundepensionen bieten zusätzliche Spielzeiten, Aktivitäten und Spaziergänge an. Andere wiederum haben große Freilaufflächen und bieten erstklassigen Fellpflegeservice.

Es ist nicht nötig, dass Sie Ihren Labrador während Ihrer Abwesenheit mit Luxus verwöhnen, aber Sie sollten sicherstellen, dass die Pension sauber und gut geführt ist, dass Ihr Hund gut gefüttert und mindestens zwei Mal am Tag bewegt wird. Reden Sie auch mit den Mitarbeitern der Pension und sparen Sie nicht an ein paar Euro. Auch wenn teurer nicht unbedingt besser heißt, bekommen Sie doch in den meisten Fällen das, wofür Sie bezahlen.

Ein guter Freund

Manche Menschen können sich mit einem, wenn auch noch so erfahrenen, Hundesitter nicht anfreunden. Sie wollen ihren Hund nicht jemandem überlassen, den sie nicht kennen. Wenn es Ihnen auch so geht und Sie einen Freund oder Nachbarn haben, dem Sie vertrauen, dann bitten Sie ihn, Ihr Haus inklusive Hund zu hüten, während Sie in Urlaub sind. Vielleicht kann Ihr Hund ja auch zu Ihrem Freund ziehen.

Wenn der Freund weder Ihr Haus hüten noch den Hund zu sich nehmen kann, sollte er mehrmals am Tag vorbeikommen und nach dem Hund sehen. Sie müssen sich jedoch ganz sicher sein, dass Sie sich auf diesen Freund hundertprozentig verlassen können und er sich auch wirklich Zeit für Ihren Hund nimmt. Wenn Sie jemanden auswählen, den Ihr Hund bereits kennt und mit dem er sich gut verträgt, ist das sicherlich ideal. Ihrem Labrador wird es unter diesen Umständen während Ihrer Abwesenheit bestimmt gut gehen. Vergessen Sie nicht, Ihren Freund für die Gefälligkeit zu entlohnen oder ihm zumindest eine Aufmerksamkeit aus dem Urlaub mitzubringen. Ihr Hund und Ihr Freund sollten es Ihnen wert sein!

Stellen Sie klar, dass weder der Hundesitter noch die Hundepension Ihren Hund erziehen soll, es sei denn, die Person, die den Hund ausbildet, findet Ihre Zustimmung, und Sie sind sicher, dass nur positive Erziehungsmethoden angewendet werden. Ihr Labrador braucht auf keinen Fall ein Würgehalsband, Strafen oder grobe Behandlung. Wenn Sie zurück sind, machen Sie mit Ihrem Hund wieder seine gewohnten Übungen. Er wird in der Zwischenzeit nicht vergessen, was er gelernt hat.

Den Hund auf die Trennung vorbereiten

Sie können Ihren Hund auf die Zeit Ihrer Abwesenheit vorbereiten, indem Sie sicherstellen, dass er gut versorgt und umsorgt wird und sein Tagesablauf so geregelt wie möglich verläuft. Machen Sie viele Erziehungsspiele mit ihm und unternehmen Sie ganz viel mit ihm, kurz bevor Sie abfahren. Lassen Sie ihn in seiner Hundebox ausruhen, bevor Sie zur Tür hinausgehen. Das ist ein guter Moment, um die Koffer ins Auto zu laden, denn das macht viele Hunde nervös – sie merken dann, dass etwas los ist.

Wenn Sie sich schuldig fühlen und daher Ihrem Labrador extrem viel Aufmerksamkeit schenken, wird es für ihn noch viel schlimmer werden, wenn Sie wegfahren. Wenn Sie viel Zeit mit ihm verbringen wollen, verschieben Sie das auf Ihre Rückkehr. Bevor Sie wegfahren, sollten Sie sich so normal wie möglich benehmen. Machen Sie keine große Sache daraus, dass Sie wegfahren, oder Ihr Hund glaubt, dass er sich Sorgen machen muss. Verhalten Sie sich ganz normal, weichen Sie am Abfahrtstag möglichst nicht von der täglichen Routine ab und verabschieden Sie sich von ihm, als ob Sie in die Arbeit fahren würden. Dann sollten Sie einfach gehen. Wenn Sie der Person vertrauen, die auf Ihren Hund aufpassen wird, und wissen, dass Sie alle erdenklichen Vorkehrungen getroffen haben, sollten Sie sich entspannen und Ihren Urlaub genießen. Ihrem Labrador wird es gut gehen.

Den Labrador – und sich selbst – gesund halten

14

In diesem Kapitel

- Wandern, spazieren gehen und schwimmen
- Sportveranstaltungen für Mensch und Tier

Wir wollen alle einen gesunden Labrador und deswegen ist Vorbeugung das Zauberwort. Bewegung ist das beste Mittel, damit Ihr Labrador gesund und glücklich ist (und es kommt auch Ihnen zugute!). Dieses Kapitel soll Ihnen aus dem Sofa helfen und Sie und Ihren Hund an die frische Luft schicken, damit Sie beide mehr vom Leben haben.

Wenn Sie nicht nur einen Labrador, sondern auch Kinder haben, können wir die Kinder nur beglückwünschen. Und Ihren Labrador natürlich auch! Labrador Retriever und Kinder sind ein ideales Gespann, allerdings nur wenn Ihr Hund an den Umgang mit Kindern gewöhnt ist und die Kinder alt genug sind, um zu verstehen, dass ein Hund mit Liebe und Respekt behandelt werden muss. (Manche Labrador Retriever verstehen sich sogar prima mit Krabbelkindern und verzeihen selbst ein gelegentliches Zupfen am Ohr oder lassen es über sich ergehen, dass sie verkleidet werden.)

Auf in die Berge

Wenn Sie in der Nähe der Berge wohnen, können Sie mit der gesamten Familie zum Wandern gehen. Wandern ist ideal für Mensch und Tier und die gute Luft und die schöne Landschaft beleben die Sinne. Warten Sie mit Wanderungen, bis Ihr Welpe mindestens ein Jahr alt ist! Vorher könnten die Anstrengungen seinen Gelenken schaden. Ihrem Labrador wird das Wandern gefallen und wenn Sie unterwegs an einem Bach oder See vorbeikommen, wird er liebend gerne ein Bad nehmen oder einen Stock aus dem Wasser apportieren. Denken Sie daran, an heißen Tagen auf Ihren Wanderungen Wasser für sich und den Hund mitzunehmen. Und vergessen Sie nicht den Erste-Hilfe-Kasten (siehe Kapitel 6).

AUS-PROBIEREN

Weil mittlerweile immer mehr Menschen mit ihren Hunden auf Wanderschaft gehen, haben sich die Hersteller allerlei Produkte einfallen lassen, die man beim Wandern gut gebrauchen kann. Da gibt es faltbare Wassernäpfe, die in jeden Rucksack passen, spezielle Rucksäcke, in denen Sie die gesamte Ausrüstung Ihres Hundes unterbringen können, und auch Tragetaschen für den Hund, damit er seine Siebensachen bequem selbst tragen kann. Diese Taschen muss man allerdings rechtzeitig abmachen, wenn ein See in Sicht kommt!

Auf in den Park

Wenn Sie regelmäßig in Freizeitparks gehen, wissen Sie bereits, ob Hunde dort erlaubt sind. Sind Sie nicht sicher, fragen Sie bei der Parkleitung nach. In den meisten Parks müssen Sie Ihren Hund an der Leine führen. Ideal ist hier eine Flexi-Leine, die Ihrem Hund zwar Bewegungsfreiheit gibt, mit der er aber immer unter Kontrolle ist.

Hunde dürfen nur noch in wenigen städtischen Parkanlagen ohne Leine laufen. Sie sollten dies sowieso nur tun, wenn Sie sicher sind, dass Ihr Hund das »Komm«-Kommando einwandfrei beherrscht.

Spezielle Hundespielplätze (sichere, eingezäunte Areale, in denen Hunde miteinander spielen sollen) können ein großer Spaß für Hund und Hundebesitzer sein. Sie sollten diese Plätze jedoch mit einem Welpen so lange meiden, bis er alle seine Impfungen erhalten hat. Außerdem sollten Sie nicht mit einem Junghund oder einem erwachsenen Hund auf einen solchen Hundespielplatz gehen, wenn Ihr Hund nicht ausreichend Erfahrung im Umgang mit anderen Hunden hat. Sie wollen sicherlich nicht, dass dieser Ausflug mit einer Rauferei endet.

Auf zum Schwimmen

Labrador Retriever wurden gezüchtet, um Fische, Fischernetze und Wasservögel aus dem Wasser zu apportieren. Es ist also kein Wunder, dass Wasser ihr Element ist! Doch nur weil Labrador Retriever Wasser so sehr mögen, heißt das nicht, dass Sie Ihren Welpen einfach in den Teich schubsen und erwarten können, dass er es toll findet. Würden Sie Ihr Kind in einen Teich schubsen, wenn es noch nicht schwimmen könnte? Erinnern Sie sich noch daran, als Sie schwimmen gelernt haben? Und erinnern Sie sich daran, wie unheimlich es anfangs war?

Führen Sie Ihren Labrador behutsam an das Wasser heran. Suchen Sie sich ein flaches Gewässer, in dem Sie herumwaten können und in dem Ihr Welpe Ihnen folgen kann. Wundern Sie sich nicht, wenn er nicht sofort hineinspringt. Je mehr Wind Sie um die ganze Sache machen, desto zögerlicher wird Ihr Hund Ihnen folgen. Mit ein bisschen Geduld wird Ihr Labrador aber sicherlich zumindest bis zum Bauch ins Wasser gehen (siehe Abbildung 14.1). Wir versuchen, junge Welpen etwa mit sechs bis sieben Wochen an das Wasser zu gewöhnen (die Außentemperaturen dürfen natürlich nicht zu niedrig sein). Wenn Ihr Labrador noch zögert, kommen Sie ein anderes Mal wieder und zeigen Sie Ihrem Welpen, wie viel Spaß Sie im Wasser haben. Sie können aber auch einen anderen Hund mitnehmen, der bereits gut schwimmen kann. Dann wird Ihr Welpe bald merken, worum es bei der Sache geht!

Achten Sie darauf, dass das Wasser, in das Sie Ihren Labrador schicken, so sauber ist, dass auch Sie hineingehen würden. Wenn es Ihnen zu dreckig ist, sollten Sie auch Ihren Hund nicht hineinschicken. Meiden Sie auch Stellen mit starken Strömungen, die für Ihren Hund gefährlich werden könnten. Wenn Sie das Wasser für sich und Ihre Kinder als sicher erachten, sollte es auch für Ihren Labrador sicher genug sein.

Wie halten Sie es mit der Sauberkeit?

Wenn alle Hundebesitzer den Dreck ihrer Hunde wegräumen würden, hätten die Leute, die für die Freizeitparks, städtischen Parkanlagen, Wanderwege, Spielplätze und Sportanlagen verantwortlich sind, eine gute Meinung von Hunden. Wenn Hundebesitzer jedoch den Dreck ihrer Hunde liegen lassen, beschweren sich viele Menschen. Dies wirft ein schlechtes Licht auf die Hunde und ihre Besitzer. Zu viele Hundebesitzer haben es versäumt, den Dreck ihrer Hunde wegzuräumen, weshalb in vielen Bereichen Hunde nicht mehr erlaubt sind, obwohl es wunderschöne Orte für Sie und Ihren Hund wären.

Heutzutage gibt es so viele Produkte, mit denen sich die Hinterlassenschaften Ihres Hundes einfach und sauber entsorgen lassen, aber ein paar Papiertücher und eine verschließbare Plastiktüte erfüllen auch ihren Zweck. (Nehmen Sie sich auch Feuchtreinigungstücher für die Hände mit!) Gehen Sie also mit gutem Beispiel voran, und wenn andere es Ihnen gleich tun, werden Hunde vielleicht wieder an mehr Orten zugelassen.

Abbildung 14.1: Labrador Retriever lieben das Wasser. Nehmen Sie Ihren Hund mit an den Strand, an einen See oder einen Fluss. Sie können auch ein Planschbecken im Garten aufstellen. Es wird ihm gefallen.

Nehmen Sie immer ein paar Handtücher mit, um Ihren Hund nach einem Bad abzutrocknen, bevor Sie ihn wieder ins Auto lassen. Achten Sie auch darauf, dass er sich nicht überanstrengt oder unterkühlt. Denken Sie daran, dass Labrador Retriever wie Kinder sind und man sich auf sie nicht verlassen kann, wenn sie etwas tun, was ihnen Freude macht. Sie können sich vollkommen verausgaben, wenn sie ihren Spaß haben und Ihnen gefallen wollen. Sie müssen einschreiten, wenn Sie das Gefühl haben, dass es genug ist. Trocken Sie auch die Ohren ab, damit sich innen keine Wasserpfütze hält!

Haben Sie immer ein Auge auf Ihren Labrador, wenn er in einem Swimmingpool ist. Er sollte genau wissen, wie er dort wieder herauskommt, weil er sonst ertrinken könnte. Eine schlechte Erfahrung kann traumatische Folgen für einen Welpen haben und zu lebenslanger Angst vor Wasser führen.

Der sportliche Labrador

Labrador Retriever spielen für ihr Leben gern und viele Sportarten mit Mensch und Tier sind nur entstanden, weil der Mensch nach etwas gesucht hat, bei dem er noch mehr Spaß mit seinem Hund haben kann (hierzu mehr in den Kapiteln von Teil V). Wenn Sie oder Ihre Kinder sportlich aktiv sind, wird Ihr Labrador auch gerne am Spielfeldrand sitzen und zusehen. Nehmen Sie ihn zum Fußball, Tennis, Beach-Volleyball oder zur Leichtathletik mit.

Nehmen Sie Ihren Labrador ruhig zu kleineren oder ländlichen Sportveranstaltungen mit, bei denen sehr viele Menschen sind und es recht laut zugeht. Das ist eine gute Übung für die Selbstbeherrschung Ihres Hundes und Sie können zeigen, wie gut Sie Ihren Hund im Griff haben (siehe Kapitel 8). Ihr Labrador muss wissen, dass er nicht auf das Spielfeld laufen darf, auch wenn Ihr Sohn gerade am Ball ist. Wenn Sie jedoch bereit für diese Herausforderung sind, sollten Sie nicht zögern, Ihren Hund mitzunehmen. Je häufiger Sie ihn an solchen Veranstaltung teilnehmen lassen, umso besser wird er sich benehmen. Außerdem ist es doch am schönsten, wenn die ganze Familie als Fangemeinde anwesend ist.

Die tägliche Körperpflege

Tägliches Bürsten ist gut für die Haut und das Fell Ihres Labradors, denn dadurch bleibt das Fell glänzend und Ungeziefer hat keine Chance. Wenn Sie Ihren Hund täglich bürsten und kämmen, fallen Ihnen auch mögliche Gesundheitsprobleme sofort auf und Ihr Labrador bleibt von der Schwanzspitze bis zu den Zähnen fit und schön.

Die tägliche Körperpflege hilft Ihnen auch, einen engen körperlichen und seelischen Kontakt zu Ihrem Hund aufzubauen. Mehr Tipps zur Körperpflege enthält Kapitel 5.

Teil V

Sport, Spaß und Show mit Ihrem Labrador Retriever

»Mit diesem Labrador muss ich noch viel arbeiten. Er macht Wiederbelebungsversuche und Herzmassage, er bringt sogar die Vögel wieder zurück ins Nest. Aber meinst du, ich könnte ihn dazu bringen, auch nur einen zu apportieren?«

In diesem Teil ...

Jetzt ist es an der Zeit für jede Menge Spaß! In diesem Teil geht es um Vereine und Veranstaltungen, die das richtige Terrain für Hundeaktivitäten bieten. Wir stellen verschiedene Hundesportarten vor und wie Sie Ihren Hund für die Jagd ausbilden können.

Wenn Ihr Labrador einfach klasse aussieht, führen wir Sie in die geheimnisvolle Welt der Hundeausstellungen ein. Wer weiß, vielleicht steckt in Ihrem Hund ein Champion. Für Sie wird Ihr Hund natürlich immer der schönste sein, egal ob er Preise gewinnt oder nicht, und je mehr Zeit Sie mit ihm verbringen, umso schöner wird Ihr Leben mit ihm sein.

Jede Menge Spaß mit Agility und anderen Hundesportarten

15

In diesem Kapitel

- Agility-Wettbewerbe
- Ein Flyball-Team zusammenstellen
- Ihren Labrador zum Tanz auffordern
- Obedience ist auch ein Sport

Vielleicht haben Sie mit Ihrem Labrador bereits die Begleithundeprüfung bestanden (mehr dazu in Kapitel 11). Diese Freizeitbeschäftigung mit Ihrem Hund hat Ihnen Spaß gemacht und jetzt suchen Sie nach neuen Herausforderungen. Lernt Ihr Labrador schnell Tricks, kann er gut springen und schnell laufen? Was halten Sie von der Idee, durch einen Hindernisparcours zu laufen?

Wenn Sie viel Spaß haben wollen, sollten Sie Ihrem Hund Agility, Flyball oder Dog Dancing beibringen und dann an Wettbewerben teilnehmen. In diesem Kapitel erfahren Sie Genaueres über diese Hundesportarten.

Agility – die Sache mit den Hindernissen

Agility ist der letzte Schrei bei Hundeveranstaltungen. Warum? Weil es sehr viel Spaß macht! Ihr Labrador muss einen Parcours aus allerlei Geräten absolvieren und dabei mit anderen Hunden wetteifern, um herauszufinden, wer am Ende den Kurs mit der größten Genauigkeit, Geschwindigkeit, Aufmerksamkeit auf seinen Führer (das sind Sie!) und Eleganz passiert.

Agility eignet sich auch hervorragend, um Ihren Labrador in Form zu halten, mit ihm Spaß zu haben, das Grundlagentraining zu verstärken und zu verbessern und um einem geneigten Publikum zu zeigen, wie wohlerzogen, talentiert, aufmerksam und agil Ihr Hund ist. Agility-Wettbewerbe ziehen häufig große Menschenmengen an, weil das Zuschauen fast genauso viel Spaß macht.

Die Vorschriften

Wenn Sie an von der F.C.I. anerkannten, offiziellen Agility-Prüfungen teilnehmen wollen, die zur Verleihung eines F.C.I.-Agility-Diploms führen und für die Auswahl in den nationalen

Prüfungen sowie für die F.C.I.-Agility-Weltmeisterschaft zählen – Sie also das Ganze richtig wettkampfmäßig betreiben wollen –, dann gelten folgende Regeln:

- ✔ Es werden Hunde aller Rassen zugelassen.
- ✔ Die Hunde müssen älter als 18 Monate sein.
- ✔ Die Hunde müssen in einem von der F.C.I. anerkannten Zuchtbuch eingetragen sein.
- ✔ Der Hundeführer oder der Hundebesitzer muss Mitglied eines Klubs einer der F.C.I. angeschlossenen Landesorganisation sein.
- ✔ Die teilnehmenden Hunde müssen einen Leistungsnachweis vorweisen (beispielsweise die Begleithundeprüfung).

Bei nicht anerkannten Prüfungen, also wenn Sie die Sache mit dem Agility mehr als Spaß denn als echten Wettkampf betrachten, gelten etwas entschärfte Regeln:

- ✔ Die Hunde müssen älter als 18 Monate sein.
- ✔ Eine Ahnentafel ist nicht erforderlich.
- ✔ Die Hunde müssen tätowiert sein oder einen Mikrochip tragen.
- ✔ Der Hundeführer oder der Hundebesitzer muss Mitglied in einem Klub sein, dessen Landesorganisation wiederum Mitglied der F.C.I. ist.

Damit die Hunde untereinander eine reelle Chance haben, sich zu messen, werden sie anhand ihrer Größe und Leistungsfähigkeit in unterschiedliche Kategorien eingeteilt. Von der Größe des Hundes ist dann auch die Höhe der Hindernisse abhängig. Bei der Größe wird unterschieden in:

- ✔ **S (klein):** Schulterhöhe kleiner als 35 cm
- ✔ **M (mittel):** Schulterhöhe kleiner als 43 cm
- ✔ **L (groß):** Schulterhöhe ab 43 cm

Bei den Leistungsklassen sieht die Unterteilung wie folgt aus:

- ✔ **Agility 1:** In dieser Klasse starten Hunde ohne bisheriges Leistungsergebnis, die also noch nie an einer Agility-Prüfung teilgenommen haben. Vorausgesetzt wird jedoch die Begleithundeprüfung.
- ✔ **Agility 2:** Hunde, die drei Mal in Klasse A 1 unter den ersten drei Teilnehmern waren und dort vorzüglich abgeschnitten haben.
- ✔ **Agility 3:** Hier werden nur Hunde zugelassen, die bereits mehrmals vorzüglich in Klasse A 2 abgeschnitten haben.

Weder der Verband noch der ausrichtende Verein ist für Verletzungen während eines Agility-Wettbewerbs verantwortlich. Es liegt in Ihrer Verantwortung, dafür zu sorgen, dass die Sicherheit Ihres Hundes gewährleistet ist. Wenn Ihr Hund krank oder verletzt ist oder wenn er an Hüftgelenk-Dysplasie leidet, so dass er Schmerzen beim Springen hat, sollten Sie ihn vom Wettkampfgeschehen abmelden, bis es ihm wieder besser geht.

Der Parcours

Das eigentlich Interessante am Agility-Wettbewerb ist der Hindernisparcours selbst, der sich aus 12 bis 20 Hindernissen zusammensetzt, die in einer vorgeschriebenen Reihenfolge bewältigt werden müssen. Wohl die größten Schwierigkeiten haben die Hunde mit den *Kontaktzonenhindernissen*. Diese haben klar gekennzeichnete Kontaktzonen, die der Hund betreten muss, während er das Hindernis überwindet. Zu diesen Hindernissen gehören die Schrägwand, der Laufsteg und die Wippe. Das Problem dabei ist nicht etwas der Schwierigkeitsgrad an sich, sondern dass die Hunde so voller Begeisterung sind, dass sie genau die Zonen, die sie berühren müssen, einfach überspringen.

Die folgenden Hindernisse gehören zu einem Agility-Hindernisparcours:

- ✔ Bei den **Hürden** wird der Einfach- und der Mehrfachsprung unterschieden. Es kann hierbei nicht nur passieren, dass der Hund die Hürden abwirft, er kann das Hindernis auch gänzlich unterlaufen.
  - **Einfachsprung:** Die Höhe der Hürde kann an die verschiedenen Größenklassen angepasst werden. Sie können mit Stangen, ausgefüllten oder durchbrochenen Flächen oder mit Bürsten ausgestattet sein. Alle Flächen schließen oben mit einer Abwurfstange ab.
  - **Mehrfachsprung:** Zwei Einfachsprünge, die allerdings ausschließlich mit Stangen ausgestattet sind, werden zusammengestellt, um einen Doppelsprung zu formen. Die Stangen werden in aufsteigender Form mit einem Höhenunterschied von 15 bis 25 cm aufgelegt.
- ✔ **Viadukt und Mauer:** Dieses Hindernis ist eine ausgefüllte Fläche, die ein oder zwei Öffnungen in Form eines Tunnels enthält. Auf den oberen Teil der Mauer werden abnehmbare Elemente in Form eines Rundbogens gesetzt.
- ✔ **Tisch:** Auf dem Tisch müssen die Hunde in einer bestimmten Position (abhängig von der Leistungsklasse) fünf Sekunden verharren. Der Tisch muss stabil (kippsicher) mit einer rutschsicheren Oberfläche sein.
- ✔ **Laufsteg:** Die Breite der Laufflächen muss 30 cm betragen. An beiden Seiten sind Rampen angebracht, um den Aufstieg zu erleichtern und ein Abrutschen zu verhindern. Die unteren Teile der Rampen sind auf einer Länge von 90 cm vom Boden gemessen (auf der Oberseite und den Schmalseiten) andersfarbig gestrichen, um damit die Kontaktzonen zu kennzeichnen.

- **Wippen:** Es gibt Hunde, die vom ersten Tag an über dieses Hindernis laufen, andere wiederum brauchen sehr lange, um zur Wippe Vertrauen zu fassen. Die Wippe gehört ebenfalls zu den Kontaktzonenhindernissen. Der Hundeführer muss also aufpassen, dass der Hund nicht eher abspringt, bis mindestens eine Pfote die Kontaktzone berührt hat. Die Wippe muss gut ausbalanciert sein (nicht zu schnell und auch nicht zu langsam), um auch kleinen Hunden problemlos die Bewegung zu ermöglichen.
- **Schrägwand:** Die Wand setzt sich aus zwei Elementen zusammen, die ein »A« bilden. Aufgrund ihrer breiten Lauffläche ist sie sehr einfach zu erlernen. Auch hier gibt es im unteren Teil der Rampe eine Kontaktzone, die vom Hund berührt werden muss.
- **Slalom:** Dieses Hindernis muss meistens am längsten geübt werden. Nur mit viel Lob und Übung schafft man es, dass der Hund im angemessenen Tempo den Slalom absolviert. Ein Slalom kann aus acht, zehn oder zwölf Stangen bestehen, die eine Höhe von 1,00 bis 1,20 m haben und in einem Abstand von 50 bis 65 cm aufgestellt werden.
- Das Lieblingshindernis vieler Hunde sind die beiden verschiedenen **Tunnel:**
  - Der **Stofftunnel** hat zwar eine feste Öffnung, da er jedoch aus Stoff ist, liegt er flach am Boden. Wenn die Hunde erst einmal gemerkt haben, dass ihnen im Tunnel keinerlei Gefahr droht, durchqueren sie ihn ohne zu zögern.
  - Der flexible **Plastiktunnel** kann aus einem oder mehreren Bögen bestehen und geradeaus oder in verschiedenen Winkeln gelegt werden.
- **Reifen:** Der Öffnungsdurchmesser des Reifens ist mindestens 38 cm und höchstens 60 cm. Der Reifen ist durch ein System von Ketten in der Höhe verstellbar. Der Hund kann bei diesem Hindernis also nichts abwerfen, er kann ihn aber unterlaufen oder seitlich daran vorbeispringen, was zu Punktabzug führt.
- **Weitsprung:** Er besteht aus zwei bis fünf Einheiten mit einer Höhe von 15 bis 28 cm, die gleichmäßig in ansteigender Aufstellung zu einer Weite zwischen 1,20 bis 1,50 m Länge aufgestellt werden und in einem übersprungen werden sollen. Der Sprung darf nur in der angegebenen Richtung vom Hund durchgeführt werden.

So sieht der Parcours also aus. Je nachdem, in welcher Leistungsklasse Ihr Labrador startet, ändert sich die Anzahl der Hindernisse. Bei jedem Parcours müssen Start und Ziel eindeutig gekennzeichnet sein und jedes Hindernis oder jeder Sprung muss nummeriert sein, damit die Reihenfolge erkennbar ist. Vor dem Start haben Sie Zeit, die Strecke zu inspizieren. Nach dem Start muss Ihr Hund den Parcours ohne Leine (und aus Sicherheitsgründen ohne Halsband) oder andere Hilfsmittel zurücklegen. Sie können Ihren Hund nur mit Ihrer Stimme oder mit Gestik leiten.

Das richtige Timing

Ihr Hund muss nicht nur die Hindernisse in diesem Parcours überwinden, er muss dies auch noch in einer vorgegebenen Zeit schaffen. Deshalb sollte Abweichen vom Kurs oder Zögern vor einem Hindernis unbedingt vermieden werden. Ihr Hund erhält nämlich Strafpunkte, wenn er länger als die vorgegebene Standardzeit für die Absolvierung des Parcours braucht. Die Standardzeit für die Strecke wird von den Wertungsrichtern festgesetzt und ist abhängig von der Länge des Parcours. Je höher die Leistungsklasse, umso schneller muss der Hund sein. Die Zeitnahme beginnt, sobald Ihr Hund die Startlinie überschreitet, und endet, sobald er die Ziellinie durchläuft.

Unter `www.agility.de` finden Sie jede Menge nützliche Informationen und weitere Links zu dieser Sportart.

Flyball für Ballakrobaten

Wenn Sie und Ihr Labrador geborene Athleten sind, nach noch mehr Kreativität bei Ihren Aktivitäten suchen und einfach ein gutes Mannschaftsspiel suchen, dann sollten Sie sich für Flyball interessieren. Diese Sportart findet mittlerweile immer mehr Verbreitung und eventuell gibt es ja auch in Ihrer Nähe eine Hundeschule oder einen Hundeverein, die bzw. der Flyball anbietet. Flyball macht sowohl Spaß, wenn man mitmacht, als auch, wenn man zuschaut. Die Regeln sind nicht so streng wie bei vielen anderen offiziellen Hundesportarten und es ist ein toller Spaß, bei dem man Zeit mit seinem Hund verbringen kann.

Flyball ist eine Art Hundestaffel, bei dem Teams aus vier Hunden gebildet werden, die jeweils über vier Hürden springen und hinter der letzten Hürde den Auslöser einer Ballmaschine betätigen müssen. Daraufhin wird ein Tennisball herausgeschleudert, den der Hund fangen muss. Dann läuft er über die vier Hürden zu seinem Besitzer zurück, übergibt diesem den Ball und der nächste Hund läuft los.

AUS-PROBIEREN

Sie können mit Ihrem Labrador bereits im Welpenalter Flyball trainieren, sollten aber mit wettkampfmäßigem Training lieber warten, bis der Hund ausgewachsen und voll belastbar ist. Immer wenn Sie Apportieren üben, laufen Sie von Ihrem Welpen weg, nachdem Sie den Ball oder Dummy geworfen haben. Das wird ihn dazu bewegen, hinter Ihnen herzujagen, was ihn schneller werden lässt und in ihm den Grundstein für den Staffellauf legt.

Flyball ist der ideale Sport für ballbegeisterte Hunde. Weitere Informationen zu diesem in Deutschland noch relativ jungen Sport finden Sie unter `www.flyball.de`.

Dog Dancing – ein Tänzchen in Ehren

Vielleicht sind Sie eher der kreative Typ oder wollen lieber mit Ihrem Hund spielen, anstatt ihm bei Staffellauf zuzuschauen. Dann könnte Dog Dancing das Richtige für Sie sein! *Dog Dancing* ist eine Erweiterung des Trainings, das Sie mit Ihrem Hund bereits bei der Begleithundeausbildung gemacht haben, allerdings kommt Musik und Choreografie dazu. Die Idee, sich mit seinem Hund zu Musik zu bewegen, stammt aus Nordamerika und wurde 1980 als

»Freestyle« in Kanada bekannt. 1989 arbeitete die Amerikanerin Daw Jecs zusammen mit einer Choreografin Tanzelemente für Hundeführer und Hunde aus und die erste öffentliche Vorführung war die Geburtsstunde des heutigen Dog Dancing. 1990 war Dog Dancing erstmalig in England zu sehen, von dort schwappte die Welle über die Schweiz und Österreich dann auch nach Deutschland. Diese bei uns noch relativ neue Sportart wurde anfangs immer mal wieder auf Hundeausstellungen oder Messen als Pausenprogramm vorgeführt und gewinnt allmählich auch bei uns an Bedeutung.

Es macht sehr viel Spaß, beim Dog Dancing zuzusehen. Wenn Sie also die Gelegenheit bekommen, bei einem Training oder einer Veranstaltung zuzusehen, sollten Sie diese ergreifen. Das Wichtigste an einem erfolgreichen Auftritt ist nämlich die Kreativität und die Originalität.

Beim Dog Dancing geht es darum, die natürlichen Fähigkeiten Ihres Hundes zu einer bestimmten Musik herauszustreichen – sei dies nun Talent, Schönheit oder Anmut. Die Wahl der Musik und die Art der Choreografie sollte sowohl auf die Rasse und die Persönlichkeit des Hundes als auch auf die Beziehung zwischen Hund und Hundeführer abgestimmt sein. Ist Ihr Labrador lebhaft und selbstbewusst? Anmutig und feminin? Oder eher der geborene Clown? Wählen Sie die Musik aus, die zur Persönlichkeit Ihres Hundes passt. Bedenken Sie außerdem, dass auch Ihre Persönlichkeit zählt. Sie stehen zusammen mit Ihrem Hund vor dem Publikum. Teamwork ist also gefragt!

Die technische Grundlage für eine Choreografie besteht aus zwei Positionen: entweder ist der Hund vor dem Hundeführer oder läuft bei Fuß. Wichtig beim Dog Dancing sind die Originalität, die Kreativität und die künstlerische Note. Wenn Bewegungen und Bewegungsablauf dann auch noch gut zum Rhythmus passen, ist die Sache perfekt. Entscheidend ist außerdem, dass Sie beide Spaß an der Sache haben und dass dies bei der Aufführung auch sichtbar ist. Sie sollten zudem die zur Musik passende Kleidung tragen.

Da das Dog Dancing über die Schweiz nach Deutschland gekommen ist, gilt bei Turnieren das so genannte Schweizer Reglement. Mischlinge wie Rassehunde sind ebenfalls zugelassen, solange die Hunde gesund und geimpft sind. Getanzt wird mit und ohne Leine zu einem Musikstück, das je nach Klasse zwischen einer und dreieinhalb Minuten dauert. Zu den Pflichtelementen einer Kür zählen beispielsweise:

✔ **Twist oder Drehen:** Der Twist besteht in einer Drehung – oder mehreren Drehungen – des Hundes vor oder neben dem Hundeführer.

✔ **Slalom:** Beim Slalom fädelt der Hund wie bei einem Slalomlauf um die Beine des Hundeführers.

✔ **Sprung:** Hierzu stellt sich der Hundeführer vor eine Wand und macht mit dem linken Fuß einen Schritt nach vorne, so dass die Fußsohle die Wand berührt. Der Hund befindet sich links von seinem Hundeführer. Auf Kommando springt der Hund über den Fuß.

✔ **Back:** Unter Back versteht man das Rückwärtsgehen des Hundes.

✔ **Seitliches Fußlaufen:** Dazu muss der Hund zuerst seine exakte Position in der Fußarbeit kennen. Der Hund steht oder sitzt neben dem Hundeführer. Dieser macht den Hund aufmerksam, dreht sich leicht mit dem Oberkörper zum Hund und versucht dann, den Hund zum »Nachrücken« zu bringen.

✔ **Distanzarbeit:** Darunter versteht man, dass Hund und Hundeführer ein Stück voneinander entfernt, aber doch miteinander arbeiten. Wenn das Back bereits gut mit dem Hund klappt und der Hund sich so vom Hundeführer entfernt, so ist das bereits Distanzarbeit. Es ist jedoch auch Distanzarbeit, wenn der Hund auf einer Stelle bleibt, sich zum Beispiel setzt, steht oder Drehungen macht und sich der Hundeführer entfernt.

Je höher die Klasse, in der Ihr Hund tanzt, umso schwieriger werden die Anforderungen und der künstlerische Anspruch.

Sie brauchen kein perfekter Tänzer zu sein, um ein guter Hundeführer beim Dog Dancing zu sein. Allerdings ist ein gutes Rhythmusgefühl ganz hilfreich. Was im Endeffekt zählt, sind die Harmonie zwischen Ihnen und Ihrem Hund und der Spaß an der Musik. Machen Sie einfach mal ein bisschen Musik, wenn Sie mit Ihrem Hund üben, und versuchen Sie ein paar Bewegungen. Wenn es Ihnen und Ihrem Hund gefällt, melden Sie sich bei der nächsten Hundeschule für einen Kurs an.

Obedience – noch eine neue Sportart

Bei dieser Sportart geht es um die Fähigkeit Ihres Hundes, unter schwierigen Bedingungen und Wettkampfdruck Ihren Befehlen zu gehorchen. Es geht also nicht um körperliche Anstrengung wie bei Agility oder Flyball, sondern um die Konzentrationsfähigkeit von Hund und Halter.

Das englische Wort »Obedience« bedeutet »Gehorsam« und genau darum geht es. Zu den Übungen, die beim Obedience gezeigt werden, gehören Sitz, Platz, Fuß, Apportieren, Vorausschicken und Ablegen.

Der Unterschied zur »normalen« Unterordnung besteht allerdings darin, dass die Übungen beim Obedience sehr viel genauer ausgeführt werden müssen, als man es normalerweise auf Hundeplätzen sieht. Auch der Schwierigkeitsgrad ist höher als bei den Übungen, die Sie bereits aus der Begleithundeprüfung kennen (siehe Kapitel 11). So wird der Hund beispielsweise in einen abgegrenzten Bereich vorausgeschickt, in dem er abliegen muss, und es werden nicht nur Objekte aus Holz, sondern auch aus Kunststoff und Metall apportiert.

Wie beim Agility gibt es beim Obedience verschiedene Leistungsklassen, die man bei Prüfungen durchlaufen muss (Beginner, Obedience 1, 2 und 3). Wenn der Hund bei einer Prüfung jeweils eine Mindestpunktzahl erreicht, gilt sie als bestanden. Wird eine höhere Punktzahl erreicht, kann der Hund in die nächste Klasse aufsteigen.

Auch beim Obedience-Training wird natürlich mit positiver Bestärkung gearbeitet, um dem Hund die verschiedenen Übungen beizubringen, letztendlich wird auch die Mitarbeit des Hundes bewertet. Der Umgang von Mensch und Hund ist sogar ein fester Bestandteil der Prüfungsordnung. (Wichtige Adressen und Hinweise zu Lesestoff finden Sie im Anhang.)

Jagdhundeprüfungen und Field Trials

16

In diesem Kapitel

- Prüfungen und Wettbewerbe für jagdlich orientierte Labrador Retriever
- Anforderungen für Jagdhundeprüfungen
- Wettbewerbe für jagdlich geführte Labrador Retriever

Labrador Retriever wurden gezüchtet, um bei der Jagd eingesetzt zu werden. Die ersten Hunde dieser Rasse halfen dem Menschen im kalten Neufundland zu überleben, indem sie ihm beim Apportieren von Fisch und Wild halfen. Auch heute noch nehmen viele Jäger ihren Labrador als Jagdbegleiter und -helfer mit, denn bei der Zucht wird noch immer Wert auf die jagdlichen Qualitäten der Rasse gelegt. Wenn Sie ein Jäger sind, Sie die Jagdhundeführung interessiert oder Sie sich mit Ihrem Labrador gern dem jagdlichen Wettkampf mit anderen Labrador Retrievern stellen, ist dies das richtige Kapitel für Sie.

Jagdhundeprüfungen

Bei diesen Prüfungen soll getestet werden, wie gut Ihr Labrador Retriever mit Ihnen bei der Jagd zusammenarbeitet. Dabei wird versucht, realistische Jagdbedingungen zu simulieren. Sie als Führer müssen natürlich über einen gültigen Jagdschein verfügen.

Die Fähigkeit Ihres Hundes, Federwild oder Haarwild zu apportieren, wird unter verschiedenen Bedingungen – an Land wie im Wasser – geprüft. Alle Prüfungen werden von Richtern des Jagdgebrauchshundeverbands abgenommen.

Die Jagd ist kein Sport. Die Richter achten streng darauf, dass die Hundeführer ihre Hunde nicht misshandeln, und kein Hund darf einen anderen angreifen.

Jede Jagdhundeprüfung ist anders, da die Geländeverhältnisse stets unterschiedlich sind. Alle Teilnehmer tragen Jagdkleidung, auch die Richter. Beispielsweise muss Ihr Labrador sehen und sich merken können, wo Federwild hinfällt. Dann müssen Sie Ihren Hund einweisen und er sollte genau an die Stelle laufen, wo das Federwild hingefallen ist, und es zu Ihnen bringen, ohne es fallen zu lassen. Ihr Labrador wird sowohl an Land als auch im Wasser geprüft und muss unter verschiedenen Bedingungen Haarwild und Federwild apportieren. Die Hunde erhalten Punkte auf folgende Prüfungen:

- **Marking (Merken):** Das *Marking* beschreibt die Fähigkeit des Hundes, zu beobachten und sich zu merken, wo ein Federwild herunterfällt, damit er es finden und apportieren kann. Ein Hund, der ein Federwild nicht findet, erhält einen Punktabzug. Das Marking ist eine der wichtigsten Eigenschaften eines Labrador Retrievers und gehört zu seinen natürlichen Begabungen.
- **Einweisen:** Sie schicken Ihren Hund mit einem Handzeichen oder dem Kommando »Voran« über zum Teil große Entfernungen zu sichtbarem oder nicht sichtbarem Wild. Ihr Hund muss dann in gerader Linie loslaufen. Auf der Höhe des Wildes stoppen Sie ihn mit einem Pfiff oder Kommando und dirigieren ihn dann durch Handzeichen direkt zum Wild. Ihr Hund muss also lernen, in gerader Linie zu laufen und die angegebene Richtung möglichst exakt einzuhalten.
- **Verlorensuche:** Anders als beim Einweisen muss Ihr Hund bei der Verlorensuche möglichst selbstständig ein Gelände nach Haar- oder Federwild, dessen Fall er nicht gesehen hat, absuchen. Um zu verhindern, dass sich Ihr Labrador statt mit der Nase eher mit den Augen orientiert, wird immer in deckungsreichem Gelände gearbeitet.

Abbildung 16.1: Wenn Ihr Labrador gern Jagd auf Federwild macht, sollten Sie seine Fähigkeiten bei einer Jagdhundeprüfung unter Beweis stellen.

- **Schleppe:** Eine Schleppe ist die imitierte Spur eines angeschossenen Wildes, das noch wegläuft. Ihr Hund soll bei dieser Übung also die Spur eines Wildes so lange verfolgen, bis er das verendete Tier findet.

In Deutschland gibt es sehr viele verschiedene jagdliche Leistungsprüfungen, die alle nach etwas anderen Regeln ablaufen. Zu den wichtigsten zählen die Bringleistungsprüfung, die Retriever-Gebrauchsprüfung und die St. John's-Retrieverprüfung sowie die Labrador-Spezialprüfung.

Eine Besonderheit der jagdlich geführten Labrador Retriever, die sich aus ihrem sprichwörtlichen »weichen Maul« ergibt, ist die Tatsache, dass sie gerne Wild lebend apportieren. Als Jäger müssen Sie außerdem wissen, dass nicht alle Labrador Retriever Raubwild-Schärfe zeigen.

Field Trials – jagdliche Wettbewerbe

Wenn Sie den Vergleich mit anderen vorziehen, sind Field Trials für Sie wahrscheinlich geeigneter als die reinen Jagdhundprüfungen mit kaltem Wild. In Field Trials findet eine echte Treibjagd statt, und die Hunde wetteifern unter echten Jagdbedingungen an frisch geschossenem Wild.

Wenn Sie mehr über Jagdhundeprüfungen und Field Trials erfahren wollen, schauen Sie im Internet beim DRC (`www.drc-online.org`) oder LCD (`www.labrador.de`) nach, wo es in Ihrer Nähe, die nächste Möglichkeit für derartige Prüfungen oder Wettbewerbe gibt. Gehen Sie dann zunächst einmal nur als Zuschauer zu einer Veranstaltung und reden Sie dort mit den Teilnehmern. Finden Sie heraus, ob diese Arbeit Sie interessiert. Wenn dem so ist, trainieren Sie mit Ihrem Labrador und sorgen Sie dafür, dass Sie beide dabei jede Menge Spaß haben!

Mit dem Labrador auf Ausstellungen gehen

17

In diesem Kapitel

- Herausfinden, ob Ihr Labrador das Zeug zum Ausstellungshund hat
- Der Ablauf von Hundeausstellungen
- Der ideale Labrador im Vergleich zum perfekten Labrador

Sicherlich wollen Sie mit Ihrem Hund auch so viel Spaß haben wie der Nachbar. Und Agility, Flyball und Joggen durch den Park sind ja eigentlich auch ganz nette Beschäftigungen. Aber vielleicht halten Sie Ihren Labrador ja für eine perfekte Schönheit, vielleicht haben Sie von Anfang an im Sinn gehabt, mit Ihrem Hund Ausstellungen zu besuchen. Oder aber Ihr Labrador hat sich zu einer derartigen Schönheit entwickelt, dass Sie nun diese Möglichkeit in Betracht ziehen. Wie auch immer: Wenn Sie sich überlegen, Ihren Labrador auf Hundeausstellungen zu präsentieren, dann sollten Sie wissen, worauf Sie sich da einlassen, wie diese Ausstellungen ablaufen und – was das Wichtigste ist – ob Hundeausstellungen etwas sind, an dem sowohl Sie als auch Ihr Hund Spaß haben werden.

Eine natürliche Schönheit

Woher sollen Sie wissen, ob die Welt der Hundeausstellungen etwas für Sie ist? Die meisten Leute stellen ihre Hunde aus einem der folgenden zwei Gründe aus:

- ✔ Sie wollen mit Ihrem Hund züchten, und nur Ausstellungsrichter dürfen die Zuchttauglichkeit bescheinigen.
- ✔ Sie machen es einfach nur aus Spaß an der Freude.

Eigentlich spielt der Grund keine Rolle: Um auf einer Hundeausstellung erfolgreich zu sein, muss man den richtigen Hund haben. Aber was ist der richtige Hund? Das ist eine schwierige Frage. Der Hund, der richtig für Sie ist, muss noch lange nicht der geeignete Hund für eine Hundeausstellung sein.

Bei Hundeausstellungen für Labrador Retriever beurteilen Labradorexperten die Hunde danach, inwieweit sie dem Rassestandard entsprechen. Ein *Rassestandard* ist eine vollständige und umfassende Beschreibung des idealen Labrador Retriever. In Deutschland findet der internationale Rassestandard Nr. 122 der F.C.I. Anwendung.

In diesem Standard steht beispielsweise, dass die Augen braun oder haselnussfarben sein sollen und die Rute sehr dick am Ansatz, zur Spitze hin verjüngend, jedoch rundherum stark mit kurzem, dichtem und dickem Fell bedeckt sein soll, was auch als »Otterschwanz« beschrieben wird. Keinesfalls darf der Schwanz lang befedert sein wie es beim Golden Retriever üblich ist. Auch die Größe (Widerristhöhe) ist im Standard angegeben: Sie liegt bei Rüden zwischen 56 und 58 cm und bei Hündinnen zwischen 54 und 56 cm.

Bedeutet das nun, dass Ihre 53 cm große Hündin mit ihren gelben Augen und der langen, dünnen, fedrigen Rute nicht der beste Hund aller Zeiten sein kann? Natürlich nicht. Sie eignet sich nur nicht für das Schauwesen. Wenn Ihr Hund jedoch dem Rassestandard ziemlich genau entspricht, sich gerne produziert und die Aufmerksamkeit auf sich zieht, dann haben Sie vielleicht einen zukünftigen Champion zu Hause.

Mit den Jahren haben sich die Prioritäten bei den Standards verändert. Früher waren diese weniger detailliert und Bemerkungen zum Wesen des Labrador Retrievers gab es überhaupt nicht. Die Ausstellungsrichter legen natürlich den heute gültigen Rassestandard zugrunde, wenn sie Labrador Retriever im Ring beurteilen.

Was es mit dem Rassestandard auf sich hat

Für den Labrador Retriever gilt der F.C.I.-Standard der Gruppe 8, Sektion 1 Apportierhunde Nr. 122 vom 24.6.1987. Natürlich kann kein Hund in allen Bereichen diese Idealwerte erreichen, aber Rassestandards sind eine Richtschnur, damit die Rasse kontinuierlich im Aussehen, in der Gesundheit, dem Temperament und den Fähigkeiten verbessert werden kann. Ausstellungsrichter verwenden Rassestandards, um sich bei der Beurteilung daran zu orientieren.

Die Originalversion sowie die Übersetzung des Rassestandards finden Sie auf der Internetseite der F.C.I., deren Adresse im Anhang nachzulesen ist. Wir haben im Folgenden dem offiziellen Standard ein bisschen von seinem Fachchinesisch genommen und ihn hier und da mit unseren eigenen Kommentaren versehen.

Der F.C.I.-Standard

Allgemeines Erscheinungsbild

Der Labrador Retriever ist ein kräftig gebauter Hund von mittlerer Größe mit einem kurzen, dichten Fell. Er hat einen breiten Schädel und warme, freundliche Augen. Seine Brust und der Rippenkorb sind tief und gut gewölbt, seine Hinterhand und Lende sind breit und stark gebaut. Er ist kurz in der Lende, womit die Länge zwischen der letzten Rippe und den Hüften gemeint ist (im Gegensatz beispielsweise zum Deutschen Schäferhund).

Charakteristika

Er ist ein gutmütiger, sehr bewegungsfreudiger Hund mit einer vorzüglichen Nase, einem weichen Maul und einer begeisternden Wasserfreudigkeit. Der Labrador ist ein anpassungsfähiger und hingebungsvoller Begleiter.

Wesen

Der Labrador Retriever ist ein sehr aktiver, intelligenter Hund, der das große Bedürfnis hat, seinem Besitzer Freude zu bereiten. Er hat ein freundliches Wesen und zeigt weder Anzeichen von Aggressivität noch von unangebrachter Scheu.

Kopf und Schädel

Der Schädel sollte breit sein, aber mit deutlich ausgeprägtem Stop. Der Kopf sollte gut modelliert mit ausgeprägtem Kiefer und ohne fleischige Backen sein. Der Nasenschwamm sollte breit, mit gut ausgebildeten Nasenlöchern sein. Kiefer und Zähne sollten stark und gleichmäßig sein, wobei die obere Schneidezahnreihe knapp über die untere Reihe greift, wenn das Maul geschlossen ist.

Die Ohren sind weder groß noch schwer und liegen dicht am Kopf an. Sie sind hoch und ziemlich weit hinten am Kopf angesetzt. Die Augen sollten das intelligente und freundliche Wesen des Labradors zeigen. Als Farben sind braun oder haselnussfarben zulässig.

Hier finden Sie ein paar Fachbegriffe aus dem offiziellen Standard:

- ✔ Als *Stop* bezeichnet man bei einem Hund die Trennlinie zwischen dem Fang und dem Oberkopf, die eine Änderung der Profillinie markiert.
- ✔ Mit *Scherengebiss* wird ein Gebiss bezeichnet, bei dem die Außenseite der unteren sechs Schneidezähne die Innenseite der oberen sechs Schneidezähne berührt.
- ✔ Als *Behang* werden die hängenden Ohren bezeichnet.

Hals und Körper

Der Hals sollte stark und kraftvoll sein. Der Rücken sollte von den Schultern bis zu Lende geradlinig sein und die Brust eine gute Breite und Tiefe haben, so dass ein stark gewölbter »fassförmiger« Rippenkorb entsteht (siehe Abbildung 17.1). Der Schwanz ist ein sehr charakteristisches Merkmal des Labradors. Er sollte sehr dick am Ansatz sein und sich zur Spitze hin verjüngen. Der Schwanz sollte mit dickem, kurzem Fell bedeckt sein und nicht gebogen über dem Rücken getragen werden.

Abbildung 17.1: Dieser Labrador zeigt die typische Nackenlinie und den geraden Rücken des Rassestandards.

Hier finden Sie wieder einige Fachbegriffe aus dem Rassestandard:

- Die *Kruppe* ist das Hinterteil des Hunderückens vom letzten Lendenwirbel bis zum Rutenansatz (Schwanzwurzel).
- Als *trocken* wird der Hals des Labradors bezeichnet, wenn er keine überschüssigen Hautfalten zeigt.
- Mit *Rute* wird der Schwanz eines Hundes bezeichnet. Otterrute ist ein spezieller Name für den kräftigen, rund wirkenden Schwanz des Labradors.

Gliedmaßen

Der vordere Teil des Hundes sollte muskulös sein und eine ausgewogene Einheit zum hinteren Teil darstellen, so dass die Proportionen von Schultern und Lenden ebenso übereinstimmen wie die von Vorder- und Hinterbeinen. Die Vorderläufe sollten kräftige Knochen haben und vom Ellenbogen zum Boden gerade verlaufen – und zwar sowohl von vorne als auch von der Seite aus betrachtet. Die Schulterblätter sollten lang und schräg anliegend sein. Der hintere Teil des Hundes (ab Lendenpartie) sollte gut ausgebildet und zum Schwanz hin nicht abfallend sein. Die Kniegelenke sollten gut gewinkelt und die Sprunggelenke tiefstehend sein. Die Pfoten sollten rund und kompakt mit gut gewölbten Zehen und gut ausgebildeten Ballen sein.

Im Folgenden erläutern wir wieder ein paar Fachbegriffe für Sie:

- ✔ *Vorderhand* bezeichnet die vorderen Gliedmaßen des Hundes von den Schulterblättern bis zu den Pfoten.
- ✔ Unter *Hinterhand* versteht man die hinteren Gliedmaßen des Hundes von der Lende bis zu den Pfoten.
- ✔ Pfoten werden als *aufgeknöchelt* bezeichnet, wenn die Zehen gut gewölbt und eng beieinander stehen.
- ✔ *Kuhhessigkeit* (»X-Beine«) ist bei Labrador Retrievern ein schwerer Fehler, was so viel bedeutet, dass Sprunggelenke nicht nach innen gedreht sein und die Zehen nicht nach außen zeigen sollen.

Gangwerk/Bewegung

Die Bewegungen eines Labradors sollten frei, raumgreifend und ausgewogen sein. Die Vorder- und die Hinterhand sollten dabei gerade und parallel verlaufen. Alle anderen Körperteile des Hundes sollten sich im Einklang bewegen.

Muss Ihr Hund dem Rassestandard entsprechen?

Selbstverständlich muss Ihr Hund nicht dem F.C.I.-Rassestandard entsprechen. Kein Labrador wird hundertprozentig in allen Aspekten mit diesem Standard übereinstimmen, denn Hunde sind nicht perfekt, auch wenn Ihr Hund für Sie perfekt ist.

Wenn Sie einen Ausstellungssieger wollen, müssen Sie allerdings auf die Rassestandards Wert legen, denn danach wird Ihr Hund von den Ausstellungsrichtern bewertet. Wollen Sie aber einen Familienhund, sollte Ihnen in Sachen Rassestandard nur die Wesensbeschreibung wichtig sein.

Suchen Sie einen guten Jagdbegleiter, dann achten Sie bei der Wahl des Hundes auf gute Merk- und Apportierfähigkeit, Ausdauer und Kraft.

Sicherlich ist es interessant zu wissen, wie der perfekte Labrador aussehen sollte, aber Ihr Hund muss nur Ihren persönlichen Anforderungen genügen. Ein entscheidender Faktor auf dem Weg zum perfekten Hund ist die Art, wie Sie ihn behandeln, erziehen und ausbilden. Glauben Sie nicht, dass Sie einen perfekten Hund frei Haus geliefert bekommen!

Haarkleid/Farbe

Labrador Retriever haben ein kurzes, dichtes, hartes Fell mit einer wetterbeständigen Unterwolle. Nicht erwünscht ist ein welliges Fell mit Befederung. Die Fellfarbe kann einfarbig schwarz, gelb oder leberfarben/schokoladenbraun sein. Beim Gelb sind Farbvarianten von hellcreme bis fuchsrot zulässig. Auch ein kleiner weißer Brustfleck ist gestattet.

Größe

Wird der Labrador vom Boden bis zur Höhe des Schulterblatts gemessen, sollte die ideale Größe

- ✔ bei Rüden zwischen 56 und 58 cm und
- ✔ bei Hündinnen zwischen 54 und 56 cm sein.

Noch ein Fachbegriff:

- ✔ Als *Widerrist* bezeichnet man die Schulterhöhe, die als Maß für die Größe eines Hundes gilt.

Der englische Standard

Da als Ursprungsland der heutigen Labradorzüchtungen Großbritannien gilt, wurde der vom englischen Kennel Club herausgegebene Standard von der F.C.I. übernommen. Die Fédération Cynologique Internationale ist die Weltorganisation der Kynologie. Sie umfasst zurzeit 80 Mitglieds- und Partnerländer (nur ein Verband pro Land), die ihrerseits eigene Ahnentafeln ausstellen und die Richter ausbilden. Die F.C.I. garantiert innerhalb ihrer Organisation die gegenseitige Anerkennung der Abstammungsurkunden der Länder wie auch der Richter.

Die F.C.I. wurde 1911 mit dem Ziel gegründet, die Kynologie und die Rassehundezucht bei Bedarf in allen Belangen zu unterstützen und zu schützen. Zu den Gründerländern zählten Deutschland, Österreich, Belgien, Frankreich und die Niederlande.

Das Generalsekretariat der F.C.I. hat seinen Sitz in Belgien. (Adresse und Telefonnummer finden Sie im Anhang.)

Zu Besuch bei einer Hundeausstellung

Es wird Ihnen sicherlich sehr viel Spaß machen, einmal eine Hundeausstellung zu besuchen, auch wenn Sie und Ihr Hund keine Teilnehmer sind. Dazu besteht überhaupt keine Eile! Ob Sie einfach nur herausfinden wollen, ob Ihnen Hundeausstellungen überhaupt gefallen, oder ob Sie sich einfach nur Labrador Retriever anschauen wollen, weil Ihnen diese Hunde schon immer gefallen haben und Sie sie einfach mal in einer Ausstellung sehen möchten: Es gibt immer einen Grund, warum ein Hundeliebhaber seinen Tag auf einer Hundeausstellung verbringen kann.

Ein paar Worte zum Ablauf

Bei Hundeausstellungen wird der *Formwert* eines Labradors beurteilt. Nur speziell ausgebildete Zuchtrichter dürfen Formwertbescheinigungen ausstellen, die die Zuchttauglichkeit eines Hundes bescheinigen.

Hundeausstellung ist nicht gleich Hundeausstellung. Man unterscheidet

- ✔ **Spezialzuchtschauen:** Hier werden Hunde einer bestimmten Rasse ausgestellt. Jeder Rassehundeverein hat seine eigene Zuchtschau. Auch der Deutsche Retriever Club richtet solche Schauen in eigener Verantwortung aus.
- ✔ **Sonderschauen:** Ein Rassezuchtverein organisiert eine Schau, die sich an Ausstellungen anderer Veranstalter angliedert.

Auf der Hundeausstellung werden die Hunde in verschiedene Klassen eingeteilt, zuerst nach Geschlecht und dann nach Alter. In der Jüngstenklasse wetteifern sechs bis neun Monate alte Welpen, für die Jugendklasse muss Ihr Hund zwischen neun und 18 Monaten sein und ab 15 Monaten kann er in der Offenen Klasse, der Gebrauchshundeklasse (mit Jagdprüfung nach F.C.I.-Vorschrift) oder der Championklasse starten. Hat er dann das gesetzte Alter von acht Jahren erreicht, gehört er in die Veteranenklasse.

Während der Ausstellung erhalten die Hunde von den Ausstellungsrichtern folgende Formwertnoten:

In der Jüngstenklasse gibt es die Beurteilungen vielversprechend (vv), versprechend (v) und wenig versprechend (wv). Die anderen Klassen haben folgende Bewertungen:

- ✔ Vorzüglich (v)
- ✔ Sehr gut (sg)
- ✔ Gut (g)
- ✔ Genügend (ggd)
- ✔ Disqualifiziert (Disq)

Alle Hunde, die mit der Formwertnote »Vorzüglich« bewertet worden sind, bleiben im Ringe, die anderen scheiden aus und dürfen den Ring verlassen.

Damit Ihr Labrador überhaupt an einer Hundeausstellung teilnehmen darf, müssen Sie seine von der F.C.I. anerkannte Ahnentafel und einen gültigen Tollwutimpfschutz vorgelegt haben, außerdem muss ein ordnungsgemäß ausgefülltes Meldeformular bis zum Meldeschluss vorliegen. »Meldungen an der Tageskasse« gibt es hierbei nicht.

Das Fachchinesisch auf Hundeausstellungen

Sie brauchen vielleicht Hilfe, um etwas von dem Fachchinesisch zu verstehen, das auf Hundeausstellungen üblich ist. Jede Interessengruppe hat ihre Fachausdrücke und deshalb ist es auch bei den Hundeausstellern üblich, mit Begriffen um sich zu werfen, die sie untereinander zwar verstehen, die aber für den Außenstehenden nicht oder nur schwer verständlich sind. Bevor Sie sich also auf den Weg zu Ihrer ersten Hundeausstellung machen, sollten Sie sich mit den nachstehenden Fachausdrücken bekannt machen:

- ✔ **Aufstellen:** Ihr Hund sollte frei und ungezwungen vor Ihnen stehen und dabei sein Gewicht gleichmäßig auf alle vier Beine verteilt haben. Auch wenn seine Rute freundlich wedelt, sollte er relativ ruhig stehen und nicht zappeln.
- ✔ **Einzelbewertung:** Bei der Einzelbewertung sieht sich der Richter nur einen Hund an. Er fühlt die Bemuskelung, Rippen und Fellstruktur und prüft das Gebiss. Bei Rüden überprüft er das Vorhandensein beider Hoden. Viele Richter wollen auch die Mimik und die freundliche Ausstrahlung des Hundes beurteilen.
- ✔ **Formwert:** Um den Formwert eines Hundes zu beurteilen, betrachtet der Ausstellungsrichter eingehend den Kopf, das Gangwerk und die Gesamtstatur des Hundes.
- ✔ **Formwertnoten:** Nur die Hunde, die die Formwertnote »Vorzüglich« erhalten, bleiben im Ring, der Rest scheidet aus.
- ✔ **Handler:** So heißt der Hundeführer.
- ✔ **Handling:** Hiermit wird die Art und Weise bezeichnet, wie Sie Ihren Hund im Ring präsentieren.
- ✔ **Katalog:** Zu den Ausstellungsunterlagen, die Sie am Einlass erhalten, gehört ein Katalog, in dem alle Teilnehmer verzeichnet sind.
- ✔ **Richtertisch:** Hier sitzt der Ringsekretär und notiert die Bewertungen des Richters. Von hier aus beobachtet der Richter auch die Hunde, die vor ihm aufgestellt werden.
- ✔ **Ring:** So wird der abgegrenzte Bereich bezeichnet, in dem sich Ihr Hund während der Bewertung bewegen muss.
- ✔ **Ringsekretär:** So wird der Helfer des Richters bezeichnet.
- ✔ **Ringtraining:** So nennt man ein Einsteigertraining für Neulinge, in dem die richtige Präsentation des Hundes unter Anleitung eingeübt werden kann.
- ✔ **Startnummer:** Diese müssen Sie für Richter und Ringsekretär gut sichtbar an Ihrer Kleidung befestigen. Im Ring stellen sich die Teilnehmer nach Startnummern auf.
- ✔ **Vorführen:** Beim »Vorführen in der Bewegung«, wie es ganz korrekt heißt, möchte der Ausstellungsrichter Ihren Hund in einer geraden, gleichmäßigen Bewegung im Trab sehen. Beim Vorführen laufen Sie zunächst mit ihrem Hund ein Dreieck im Ring, wobei sie möglichst die ganze Fläche ausnutzen sollten. Danach laufen Sie eine gerade Strecke vom

Richter weg, am Ende der Strecke drehen Sie Ihren Hund um, indem Sie um ihn herumgehen. Dann laufen Sie gerade auf den Richter zu. Hierbei soll der Hund und nicht Sie auf gleicher Linie mit dem Richter sein. Vor der Endausscheidung müssen noch einmal alle Hunde der Klasse im Kreis laufen, wobei der Hund auf der Innenseite laufen sollte.

- ✔ **Zuchtschau:** Das ist eine andere sehr gebräuchliche Bezeichnung für Hundeausstellung.

Was der Hund und sein Mensch auf einer Ausstellung so alles brauchen

Bei Ihrer ersten Ausstellung werden Sie sicherlich sehr nervös sein, wahrscheinlich nervöser als Ihr Hund. Deshalb haben wir eine kleine Checkliste für Sie zusammengestellt, auf der Sie abhaken können, was Sie bereits eingepackt haben, damit Sie auch wirklich nichts vergessen.

- ✔ Meldebestätigung, Impfpass und Ahnentafel
- ✔ Gegebenenfalls Wegbeschreibung für Anfahrt, Buchungsbeleg fürs Hotel etc.
- ✔ Sicherheitsnadel oder Showclip zum Befestigen der Startnummer
- ✔ Vorführleine sowie normale Leine und Halsband – als Vorführleine empfiehlt sich eine sehr dünne, der Farbe Ihres Hundes angepasste Nylonleine
- ✔ Wassernapf und Wasserflasche für den Hund
- ✔ Hundedecke
- ✔ Leckerlis zur Belohnung beim Vorführen
- ✔ Verpflegung für Hund und Mensch
- ✔ Handtuch, Kamm und Bürste für den Hund, eventuell ein Tuch für die Augen
- ✔ Klappstuhl
- ✔ Säckchen zum Kotaufsammeln

Das erste Mal

Bevor Sie das erste Mal selbst in den Ring steigen, sollten Sie eine Ausstellung ohne Ihren Hund, aber mit einem fachkundigen Freund besuchen und sich alles erklären lassen. Wir haben im Folgenden ein paar Tipps für Sie zusammengestellt, damit Sie Ihre erste Zuchtschau richtig genießen können:

- ✔ Kaufen Sie sich einen Ausstellungskatalog und lesen Sie ihn aufmerksam durch. Hier steht, in welchem Ring die Rasse, an der Sie interessiert sind, bewertet wird. Er enthält auch die Namen der Züchter und Halter aller Hunde, die an der Ausstellung teilnehmen.

- Wenn Sie sich eine bestimmte Rasse ansehen wollen, kommen Sie rechtzeitig. Nachdem diese Rasse bewertet wurde, werden die meisten dieser Hunde wahrscheinlich die Ausstellung verlassen.
- Wenn Sie mit Freunden auf eine Ausstellung fahren, machen Sie einen Treffpunkt aus. Meistens besuchen sehr viele Menschen solche Hundeausstellungen und es ist nicht einfach, immer zusammenzubleiben.
- Manchmal sind Zuschauer in dem Bereich zugelassen, in dem die Aussteller ihre Hunde kämmen und bürsten. Vielleicht interessiert es Sie, was man alles machen kann, damit sich der Labrador von seiner besten Seite zeigen kann.
- Streicheln Sie auf einer Ausstellung niemals einen Hund, ohne vorher um Erlaubnis gefragt zu haben. Falls der Hund gerade für seine Präsentation im Ring gestylt wurde, darf kein Haar verändert werden.
- Bei Hundeausstellungen finden Sie immer Stände, an denen Hundeartikel verkauft werden oder an denen sich Hundevereine präsentieren.
- Ziehen Sie bequeme Schuhe an. Manche Hundeausstellungen sind sehr weitläufig, so dass Sie sehr viel laufen müssen. Außerdem werden Sie viel stehen, denn bei dem für Hundeausstellungen üblichen Andrang gibt es meistens nicht ausreichend Sitzplätze.
- Sprechen Sie mit Züchtern und Haltern von Labrador Retrievern, falls Sie sich mit dem Gedanken tragen, einen Labrador zu kaufen. Sie sind die Fachleute und können Ihnen aus erster Hand etwas über das Leben mit einem Labrador erzählen. Sie sollten jedoch warten, bis sie ihre Hunde präsentiert haben, dann haben sie mehr Zeit für Sie.
- Wenn Sie zu einer Hundeausstellung ein Kleinkind in einem Buggy mitnehmen, müssen Sie auf die Pfoten und Ruten der Hunde achten und sicherstellen, dass Ihr Kind keinen Hund anfasst. Denken Sie daran, dass das Kindergesicht den ganzen Tag lang auf der gleichen Höhe ist mit Hunderten von Hundenasen – vielleicht lassen Sie Ihr Kind doch lieber bei einem Babysitter!

Auch wenn Hundeausstellungen sehr viel Spaß machen, so sind es letztendlich doch Wettbewerbe. Manchmal bezahlen Züchter sogar berufsmäßige Vorführer, damit diese ihre Hunde präsentieren. Wenn ein Hund nämlich Champion wird, wird die Zuchtlinie wertvoller. Vielleicht gefallen Ihnen Agility, Flyball und andere Hundesportarten (wie die in Kapitel 15 und 16 beschriebenen) besser, weil der Wettbewerbsdruck nicht so groß ist. Tun Sie einfach das, wozu Sie und Ihr Labrador Lust haben, und falls das keinen Spaß mehr macht, probieren Sie etwas Neues aus.

Der perfekte Labrador für Sie

Auch wenn es super ist, einen Ausstellungssieger zu haben und Sie darauf mächtig stolz sein können, möchten wir es an dieser Stelle noch einmal betonen: Solange Ihr Labrador für Sie perfekt ist, muss er sich nicht auch noch im Ausstellungsring beweisen. Viele gute Züchter sind bemüht, ideale Hunde zu züchten, stellen aber die Gesundheit und das Wesen der Hunde über die körperlichen Eigenschaften. Joel züchtet in erster Linie hervorragende Familienhunde, und wir sind beide der Meinung, dass dies eine erstklassige Priorität für einen Züchter ist. Hunde sind zu dem geworden, was sie sind, weil wir Menschen einen Freund und Begleiter gesucht haben. Ein Hund, der schön aussieht, aber kein freundliches Wesen hat, ist ungeeignet, selbst wenn er einen Championtitel besitzt.

Ob Welpe oder erwachsener Hund, perfekt geformt oder ein bisschen schief, gesund oder etwas angeschlagen, ein Labrador, der gut ausgebildet und wohl erzogen ist, wird seinem Besitzer mit Treue, Zuneigung und bedingungsloser Liebe entlohnen, wie es wohl selten auf dieser Welt zu finden ist. Sie werden in ihm stets einen Freund haben, egal wie erfolglos, hässlich oder arm Sie sein mögen. Wir wüssten nicht, was schöner sein könnte.

Teil VI

Der Top-Ten-Teil

»Mein Mann würde perfekt zu einem Retriever passen. Jedes Mal, wenn ich etwas wegwerfe, holt er es wieder aus dem Müll und sammelt es in der Garage.«

In diesem Teil ...

Dieser Teil enthält drei Listen mit Tipps und Tricks, wie Sie Ihren Labrador zu einem perfekten Hund erziehen, wie Sie die richtige Hundeschule und die geeignete Klasse finden und welche Möglichkeiten es für Ihren Hund gibt, wenn Sie ihn als Therapiehund oder als Rettungshund einsetzen wollen.

Zehn Tipps für ein erfolgreiches Erziehungstraining

18

In diesem Kapitel

- So macht Erziehung Spaß
- Mit positiver Bestärkung Probleme vermeiden
- Körperliche Strafe gehört nicht zur Hundeerziehung

Dieses Kapitel enthält nicht ganz zehn – um genau zu sein: neun – Tipps für die richtige Erziehung Ihres Labradors.

Durch ständige Erziehung Probleme vermeiden

Ein Labrador, den man nicht gerne um sich hat, ist wahrscheinlich ein Labrador, der nicht gelernt hat, was er tun soll. Es funktioniert nicht, wenn Sie Ihren Hund einfach anschreien, damit er sich hinsetzt oder hinlegt. Sie müssen Ihrem Labrador beibringen, welche Verhaltensweisen belohnt werden (hierzu mehr in den folgenden Abschnitten). Achten Sie darauf, dass Sie mit Ihrem Hund beständig üben, dann werden Sie mit ihm sehr viel Freude haben.

Locken und Belohnen

Joels Lieblingsmethode, wenn er einem Welpen oder einem Hund einen neuen Befehl beibringt, ist das Locken und Belohnen. Positionen und Verhaltensweisen, in die sich ein Hund leicht locken lässt, können schnell vermittelt werden. Kapitel 11 enthält Beispiele für diese Methode, mit der Sie dem Hund die Kommandos »Sitz«, »Platz« und »Steh« beibringen. Mit dieser Methode können Sie Ihrem Hund auch beibringen, »Männchen« zu machen, zu bellen oder sich einmal um die eigene Achse zu rollen. Das Wichtigste bei dieser Methode ist, dass Sie den Hund so »ködern«, dass er ein bestimmtes Verhalten ausführt und ihn dann belohnen. Sobald Sie sich sicher sind, dass der Hund auf Ihren Köder anspricht, arbeiten Sie mit dem Kommando für die Verhaltensweise und loben und belohnen Ihren Hund, sobald er Ihr Kommando ausgeführt hat.

Klickertraining

Der *Klicker* (vergleichbar mit einem Knackfrosch) wird von Joel eingesetzt, wenn er einem Hund neue Kommandos beibringen will, bei denen das Ködern des Hundes nicht so gut funktioniert. Beim Klickertraining assoziiert der Hund das Geräusch, das Sie mit dem Klicker erzeugen, mit einer Belohnung. Wenn Ihr Hund also etwas macht, was Ihnen gefällt, klicken Sie und belohnen dann Ihren Hund.

Die Sache funktioniert ganz einfach: Schnappen Sie sich Ihren hungrigen Welpen, klicken Sie mit Ihrem Klicker und geben Sie ihm ein Stückchen Trockenfutter. Wenn Ihr Welpe dann beginnt, nach jedem Klick nach seinem Futter zu gucken, können Sie anfangen, jedes positive Verhalten des Hundes mit einem Klick und einer Belohnung für das jeweilige Verhalten zu belohnen. Wenn er Ihnen beispielsweise die Pfote gibt, klicken und belohnen Sie. Wenn er eine Rolle macht, klicken und belohnen Sie. Sehr bald wird Ihr Hund merken, was er tun muss, damit Sie klicken und ihn belohnen. Sobald Ihr Welpe ein bestimmtes Verhalten immer wieder macht, können Sie dieser Verhaltensweise ein Kommando zuordnen und erst dann klicken und belohnen.

Wenn Sie keinen Klicker verwenden wollen, können Sie auch ein Schnalzgeräusch machen oder einfach »Ja« sagen. Das Prinzip ist, dass Sie ein Geräusch mit einer Belohnung verbinden. Versuchen Sie Ihrem Hund mit dieser Methode beizubringen, Ihnen die Pfote zu geben, sich an der Nase zu kratzen, seine Augen zu bedecken oder irgendeine andere Verhaltensweise auszuführen, die er regelmäßig macht und bei der das Klickertraining gut zum Einsatz kommt.

Nur mit Belohnung arbeiten

Da Joel sehr viel Zeit mit seinen Labrador Retrievern verbringt und er nicht zu hart mit seinen Hunden arbeiten will, um ihnen ein gewünschtes Verhalten beizubringen, setzt er in letzter Zeit verstärkt das reine Belohnungstraining ein. Es ist sehr einfach und vielleicht auch eine Methode, die sich für Sie und Ihren Labrador eignet.

Führen Sie Ihren Hund an einen Ort, wo Sie sicher mit ihm ohne Leine arbeiten und spazieren gehen können. Sobald Ihr Hund direkt neben Ihnen geht, greifen Sie in die Tasche und geben ihm unterm Laufen eine Belohnung. Wenn der Hund von Ihrer Seite weggeht und dann wiederkommt, belohnen Sie ihn wieder. Ihr Hund wird bald häufiger an Ihrer Seite gehen und immer wieder bei Ihnen vorbeischauen. Da dies so einfach und angenehm ist, sollten Sie diese Übung täglich ausführen. Der Hund lernt dadurch, dass es sich lohnt, in Ihrer Nähe zu sein und trotzdem nebenher ein paar hundetypische Dinge zu tun (wie Schnüffeln und Aufspüren), dann wieder zu Ihnen zu kommen, um nachzusehen, ob eine Belohnung fällig ist, und sich danach erneut Hundedingen zu widmen. Das Einzige, was Sie tun müssen, ist, auf Ihren Hund zu achten und ihn zu belohnen, sobald er zu Ihnen zurückkommt oder ein paar Schritte neben Ihnen herläuft.

Verhaltensprobleme vermeiden

Ein Labradorwelpe zeigt viele für ihn ganz normale Verhaltensweisen, die für Sie und Ihre Familie zum Problem werden können. Welpen machen jedoch in der Regel das, was für sie angenehm ist.

(Manches Verhalten ist angenehm, auch wenn Sie als Besitzer nichts dazu tun. Wenn der Welpe sein Geschäft macht, ist das für ihn durchaus angenehm, denn er fühlt sich hinterher besser. Um diese Probleme zu umgehen, müssen Sie darauf achten, dass sich Ihr Hund zur richtigen Zeit am richtigen Ort befindet. Auch das Annagen eines Gegenstands ist eine angenehme Erfahrung. Sorgen Sie also dafür, dass er an dem richtigen Objekt nagt.)

Wenn Ihr Labrador etwas tut, was Ihnen missfällt, dann beobachten Sie genau, was er tut und was er direkt danach tut. Wenn er an Ihnen hochspringt und Sie ihn anschreien, er danach aber erneut an Ihnen hochspringt, belohnen Sie auf irgendeine Weise sein Hochspringen. Vielleicht ist es allein die Tatsache, dass er Ihre Aufmerksamkeit bekommt, schon Belohnung genug, auch wenn diese Aufmerksamkeit nicht positiv ist. Sie sollten ihn dazu erziehen, dass er vor Ihnen absitzt, anstatt Ihre Aufmerksamkeit durch Hochspringen zu erreichen, und darauf achten, dass Sie auf sein Hochspringen in keiner Weise reagieren. Die meisten problematischen Verhaltensweisen, die schwierig in den Griff zu bekommen sind, werden auf irgendeine Weise von Ihnen unabsichtlich belohnt.

Positiv bleiben

Manchmal tut Ihr Hund einfach nicht das, was Sie wollen. Das ist in der Regel ein Zeichen dafür, dass er nicht wirklich weiß, was Sie von ihm wollen oder dass er etwas anderes als angenehmer empfindet. Sie können dem aber auf positive Weise entgegenwirken. Versuchen Sie, Ihren Hund behutsam unter Kontrolle zu bringen und hindern Sie ihn daran, etwas zu tun, was er als angenehmer empfindet. Halten Sie ihn aus Situationen heraus, in denen er nicht auf Sie hört, bis er besser erzogen ist. Wenn es beispielsweise für Ihren Hund wichtiger ist, eine neue Bekanntschaft zu schließen, anstatt zu Ihnen zurückzukommen, sollten Sie mehr für seine Bindung an Sie tun und sich selbst interessanter und begehrenswerter machen als andere Hunde.

Wenn Sie ärgerlich werden und Ihre Stimme einen scharfen Ton annimmt, wird das in der Regel nicht zum gewünschten Ergebnis führen.

Keine Perfektion erwarten

Erwarten Sie keine Perfektion, aber versuchen Sie, Ihren Labrador zu einem möglichst zuverlässig reagierenden Hund zu erziehen. Denken Sie daran, dass auch Sie nicht perfekt sind. Wenn Sie immer alles hundertprozentig richtig machen, erwarten Sie das wahrscheinlich auch von Ihrem Hund. Arbeiten Sie an sich und Ihrem Hund!

Fehler nicht zweimal machen

Wenn Ihr Labrador aus der Haustür läuft, weil sie nicht ordnungsgemäß verschlossen war, war das ein Fehler, der zwar nicht hätte passieren sollen, aber nun einmal passiert ist. Wenn das noch einmal passiert, weil vielleicht das Schloss nicht richtig schließt, kann das schlimme Folgen für Sie und den Hund haben. Ihr Hund wird lernen, dass er bei offener Tür herausspazieren kann und dabei vielleicht eines Tages überfahren werden.

Korrigieren Sie Ihre Fehler sofort. Wenn Sie das Schloss nicht reparieren können, verriegeln Sie die Tür auf andere Weise und beauftragen Sie einen Handwerker.

Körperliche Zwangmittel vermeiden

Viele Hundetrainer und Hundeverhaltensberater sind von der alten Erziehungsmethode abgekommen, bei der ein Hund für ein richtiges Verhalten gelobt und durch einen Ruck an einem Würgehalsband korrigiert wurde, wenn das Verhalten falsch war. Leider haben manche Hundetrainer Schwierigkeiten, die körperliche Bestrafung aufzugeben. Das heißt nicht, dass diese Trainer schlechte Menschen sind, die gerne Hunde bestrafen. Es sind lediglich Hundetrainer, die mit ihrer Methode, Hunde durch körperlichen Zwang zu unterwerfen, Erfolg gehabt haben.

Begabte Hundetrainer nehmen jedoch Abstand von dieser Erziehungsmethode. Auch Sie sollten keinen Trainer wählen, der noch mit diesen körperlichen Zwangmitteln arbeitet. Auch wenn diese Methoden bei manchen Hunden Erfolg versprechend sind, so besteht doch stets die Gefahr, dass Sie damit die Beziehung zu Ihrem Hund aufs Spiel setzen und andere große Probleme, wie Angst und Aggressivität, schaffen. Dieses Buch will Ihnen dabei helfen, Ihren Labrador mit viel positiver Bestärkung zu erziehen und nicht in die Bestrafungsfalle zu tappen.

Zehn Tipps für die Wahl des richtigen Hundetrainers

19

In diesem Kapitel

- Den richtigen Hundetrainer finden
- Positive Veränderungen erkennen lernen
- Die Erziehungsmethoden vom Trainer erklären lassen
- Selbst zum Experten werden

Dieses Kapitel enthält zehn einfache Wege, um Ihren Hund mit professioneller Hilfe gut zu erziehen.

Den richtigen Hundetrainer finden

Ihnen werden eine ganze Reihe unterschiedlicher Hundetrainer begegnen. Einige sind noch ganz neu im Geschäft, andere verfügen über jahrelange Erfahrung, Manche Hundetrainer haben sich darauf spezialisiert, den Haltern die Grundbegriffe der Welpenerziehung beizubringen, andere wiederum kümmern sich nur um Problemhunde. Die meisten Hundetrainer behandeln kein aggressives Verhalten, doch einige konzentrieren sich auf bestimmte Verhaltensprobleme.

Wenn Sie herausfinden wollen, welcher Trainer der richtige für Sie ist, müssen Sie zunächst überlegen, welche Art von Erziehungstraining notwendig ist. Wollen Sie nur einfache Kommandos lernen? Wenn Sie lernen wollen, wie Sie Ihrem Welpen gängige Kommandos beibringen, die Ihnen den Umgang mit ihm erleichtern, sollten Sie eine Welpenspielgruppe besuchen, in der mit Klickertraining und viel Belohnung erste Erziehungserfolge erzielt werden können. Suchen Sie Hilfe bei Problemen wie Stubenreinheit, Annagen oder Hochspringen? Wenn das die Verhaltensweisen sind, an denen gearbeitet werden muss, dann sollten Sie vielleicht eine Privatstunde bei einem Hundetrainer nehmen, der im Umgang mit diesen Verhaltensweisen erfahren ist und bereits Erfolge verzeichnet hat.

Erziehungskurse in Hundeschulen belegen

Welpenspielgruppe, Junghundegruppe und Erziehungskurse in Hundeschulen bieten eine günstige Möglichkeit, um sich bei einem Hundetrainer Erziehungstipps zu holen. Der Vorteil ist, dass Sie sich die Trainerstunde mit anderen teilen und Sie und Ihr Welpe Kontakt zu anderen

Hunden und Hundebesitzern bekommen. Der Nachteil ist, dass in einem solchen Kurs nicht auf Ihre individuellen Bedürfnisse eingegangen werden kann.

Privatstunden nehmen

Privatstunden in den eigenen vier Wänden sind natürlich eine feine Sache. Der Hundetrainer befragt Sie, um herauszufinden, welche Erziehungsziele Sie verfolgen und an welchen Verhaltensweisen gearbeitet werden muss. Während der Ausbildung konzentriert sich der Hundetrainer ausschließlich auf Sie und Ihre Familie. Diese Option ist natürlich sehr viel kostspieliger als das Training in einer großen Gruppe.

Den Hund ins Internat schicken

Für Menschen, die wenig Zeit haben, scheint dies ein verlockendes Konzept zu sein. Sie schicken Ihren Labrador aufs Hundeinternat und er kommt als wohl erzogener Hund zurück. Das wäre eine feine Sache, oder?

Das Problem dabei ist, dass Hunde in der Regel nur für die Person arbeiten und auf die Person hören, die sie erzogen hat. Eigentlich muss nämlich der Hundebesitzer ausgebildet werden und nicht der Hund. Die Idee, wenn Sie zwar Geld, aber wenig Zeit haben, jemanden zu bezahlen, der Ihren Welpen in einen perfekten Labrador verwandelt, ist nicht realistisch.

Es mag jedoch Umstände geben, bei denen diese Möglichkeit dennoch in Betracht gezogen werden kann. Joel bekam einmal einen Anruf von einer Lehrerin, die ihre Deutsche Dogge zu ihm in die Schule schicken wollte. Der Hund hatte sie verletzt und ließ sich schlecht führen, weil der Hund sehr viel größer und stärker war als sie. Da sich die Frau am Arm verletzt hatte und daher nicht mit ihrer Dogge arbeiten konnte, nahm Joel den Hund für ein paar Wochen zu sich und arbeitete mit ihr. Nachdem die Lehrerin von ihrer Verletzung genesen war, setzte er die Ausbildung bei ihr zu Hause fort und zeigte ihr, wie sie den Hund zu erziehen hatte. Wenn Sie bereits mit einem Hundetrainer arbeiten und Sie möchten, dass Ihr Hund seine Ausbildung fortsetzt, während Sie einen Urlaub ohne Hund machen, ist es keine schlechte Idee, den Hundetrainer zu bitten, ob er Ihren Hund während Ihrer Abwesenheit zu sich nehmen und weiter mit ihm arbeiten kann. Es ist aber unabdingbar, dass Sie sich anschließend unter Traineraufsicht wieder mit dem Hund einarbeiten.

Menschliche Trainer von nicht ganz so menschlichen unterscheiden

Manche Trainer besuchen Seminare und Fortbildungen und versuchen, sich die effektivsten und humansten (gewaltfreien) Methoden zur Hundeerziehung anzueignen. Sie sehen in jedem neuen Hund und dessen Besitzer eine neue Möglichkeit, sich weiterzubilden, denn sie bilden nicht nur den Besitzer und seinen Hund aus, sondern versuchen auch, von ihnen zu lernen. Sie versuchen herauszufinden, was funktioniert und was nicht, und was für den Hund und dessen Besitzer am einfachsten ist. Andere Trainer wiederum haben jahrelang Hunde mit traditionelleren (brutaleren) Methoden ausgebildet, waren damit erfolgreich und sehen keinen Grund, warum sie etwas Neues lernen sollten.

Wenn Sie den Hundetrainer fragen, welche Ausrüstung Sie brauchen, können Sie anhand der Antwort bereits erkennen, ob er eher zur menschlichen oder nicht ganz so menschlichen Sorte gehört. Wird Ihnen gesagt, dass Sie ein Würgehalsband, ein Stachelhalsband oder Ähnliches mitbringen sollen, können Sie davon ausgehen, dass dieser Hundetrainer eher zu den nicht ganz so menschlichen zählt. Sagt der Hundetrainer, dass er nicht mit Futtergaben arbeitet, ist das ein entscheidender Hinweis darauf, dass er die stärkste Belohnung für die meisten Welpen und Junghunde nicht einsetzt.

Wenn der Hundetrainer Ihnen erzählt, dass er Sie und Ihren Labrador so ausbilden kann, dass Ihr Hund absolut zuverlässig aufs Wort folgt, indem er ihn nur bestraft, wenn er Fehler macht oder ungehorsam ist, dann müssen Sie sich darauf einstellen, dass Sie, solange Ihr Hund lebt, jeden Fehler und jedes Versehen bestrafen müssen!

Den Hundetrainer nach seinen Methoden fragen

Gute Hundetrainer können erklären, warum sie eine bestimmte Aktion ausführen. Wenn Sie nicht verstehen, warum Sie eine bestimmte Übung ausführen sollen, fragen Sie den Trainer!

Auf Verbesserung des Verhaltens achten

Gute Hundetrainer geben aufgrund ihrer Erfahrungen und der Beobachtung Ihres Hundes eine möglichst gute und ehrliche Empfehlung aus. Manche Verhaltenseigenschaften brauchen etwas länger, bis sie sich ändern (hierzu zählt das spielerische Beißen). Wenn Sie jedoch die Ratschläge des Hundetrainers befolgen und sich keine Verbesserung einstellt oder das Verhalten sich noch verschlechtert, sollten Sie sofort Ihren Trainer aufsuchen und um Rat fragen.

Den Trainer wissen lassen, wenn's nicht funktioniert

Joel achtet immer darauf, dass seine Kunden auch wissen, was sie zwischen zwei Trainingsstunden mit ihren Hunden zu Hause üben sollen. Er sagt ihnen, dass es einige Tage dauert, bis sich eine Verbesserung im Verhalten zeigt. Sollte sich keine Verbesserung einstellen, sollen seine Kunden ihn sofort anrufen und nicht bis zum nächsten Termin warten. Die meisten Trainer gehen davon aus, dass alles in Ordnung ist, wenn sie von ihren Kunden nichts hören.

Wenn Sie eine Woche später in die Übungsstunde kommen und erst dann sagen, dass es nicht geklappt hat, haben Sie eine ganze Woche verloren, in der Sie und Ihr Hunde hätten Fortschritte machen können.

Sich eine Empfehlung vom Trainer geben lassen

Gute Hundetrainer empfehlen Ihnen gerne andere Experten, bei denen Sie sich zusätzlichen Rat oder eine zweite Meinung holen können. Wenn Ihr Trainer Ihnen vorschlägt, Ihren Hund vom Tierarzt auf mögliche medizinische oder körperliche Gründe für seine Verhaltensauffälligkeit untersuchen zu lassen, sollten Sie das unbedingt tun! Wenn Ihr Trainer Ihnen vorschlägt, dass Sie sich einen Rat bei einem Hundetrainer holen sollen, der auf ängstliches oder aggressives Verhalten spezialisiert ist, sollten Sie auch das tun!

Nicht vergessen, dass Sie der eigentliche Experte sind

Sie sollten immer daran denken, dass Sie der Experte sind, wenn es um Ihren Hund geht. Sie leben mit ihm, der Trainer sieht ihn nur ein oder zwei Stunden pro Woche. Achten Sie darauf, dass Sie über alles Buch führen, was passiert und wann.

Wenn der Hundetrainer Ihnen etwas vorschlägt, von dem Sie nicht überzeugt sind, sagen Sie es und erklären Sie ihm, warum Sie dieser Meinung sind. Der Trainer überzeugt Sie dann von der Richtigkeit seines Vorschlags oder er ändert seine Meinung aufgrund der zusätzlichen Informationen, die Sie ihm gegeben haben.

Tun Sie Ihrem Hund niemals etwas an, was nicht fair oder positiv ist. Folgen Sie Ihrem gesunden Menschenverstand. Wenn Sie etwas nicht richtig finden, dann lassen Sie es sein.

Zehn Möglichkeiten, wie Ihr Labrador zum Helfer des Menschen wird

20

In diesem Kapitel

- Labrador Retriever, die Behinderten helfen, und wie Sie sich einbringen können
- Mit Ihrem Labrador anderen Menschen eine Freude machen
- Von Rettungshunden und Polizeihunden inspiriert werden

Labrador Retriever werden häufiger als andere Hunderassen als Blindenführhunde eingesetzt (zwischen 60 und 70 Prozent dieser Hunde sind Labradore). Sie werden auch zu Behindertenbegleithunden und Gehörlosenhunden ausgebildet. Labrador Retriever eignen sich außerdem hervorragend als Therapiehunde, die Menschen in Altersheimen oder Krankenhäusern erfreuen. Viele kommen auch als Rettungshunde zum Einsatz, die unter Lawinen nach Verschütteten oder in unwegsamem Gelände nach Vermissten suchen. Labrador Retriever eignen sich auch als Spürhunde für Sprengstoff und Rauschgift. Was würden wir nur ohne sie tun?

Der Labrador als Blindenführhund

Blindenführhunde werden die Augen für ihre sehbehinderten Besitzer und müssen besonders sensibel auf deren Bewegungen und Bedürfnisse reagieren. Die strenge Ausbildung für diese Hunde umfasst das Umgehen einer Vielzahl von Hindernissen – angefangen von Treppen und verkehrsreichen Straßen bis hin zu Hindernissen in Kopfhöhe, die die menschliche Hälfte des Teams verletzen könnten. Blindenführhunde müssen außerdem sehr diszipliniert sein und dürfen sich durch nichts von ihrer Aufgabe abbringen lassen.

Es gibt sehr viele Führhundeschulen, die Blindenführhunde ausbilden. Vielfach werden hier auch Deutsche Schäferhunde und Golden Retriever ausgebildet, aber die Mehrheit bilden eindeutig die Labrador Retriever.

Das Temperament und die Intelligenz des Labradors machen ihn zu einem idealen Blindenführhund. Sie können sich auf unglaubliche Weise auf den Menschen einstellen und sind groß genug, um ihn mit der nötigen Autorität zu führen. Gleichzeitig sind sie selbst willig, die erforderlichen Kommandos zu erlernen und diese freudig auszuführen. Viele Menschen behaupten, dass Labrador Retriever mehr als nur Blindenführhunde sind: Sie sind beste Freunde, Vertraute und Begleiter und mitunter so im Einklang mit ihrem Besitzer, dass nach ein paar Jahren Kommandos überhaupt nicht mehr erforderlich sind.

Blindenführhunde ausbilden

Die Ausbildung zum Blindenführhunde-Ausbilder ist bis heute in Deutschland nicht gesetzlich geregelt. Seit Anfang 1993 bietet der DVBM e.V. (Deutscher Verein für Blindenführhunde und Mobilitätshilfen) allen in Deutschland ausliefernden Blindenführhundeschulen an, ihre Führhunde freiwillig und kostenlos einer Qualitäts- und Leistungsprüfung für fertig ausgebildete Blindenführhunde zu unterziehen. Diese Prüfungen werden von speziell ausgebildeten, erfahrenen blinden Prüfexperten durchgeführt.

Vor der Erziehung zum Blindenführhund steht jedoch zunächst die Auswahl des geeigneten Hundes. Der Hund muss gesund sein, über kreative Intelligenz verfügen, damit er mit unübersichtlichen Situationen und Hindernissen fertig wird, er muss ein gesundes Umweltinteresse haben und darf nicht schreckhaft oder leicht ablenkbar sein. Friedfertigkeit, Ausdauer, Charakterstärke und Disziplin gehören ebenfalls zu den entscheidenden Wesensmerkmalen.

Ist die Wahl gefallen, wird die Junghunderziehung durch ehrenamtliche Patenfamilien übernommen, die natürlich unter regelmäßiger und sorgfältiger Anleitung einer Führhundeschule stehen müssen, damit Erziehungsfehler weitgehend vermieden werden können. In diesen Patenfamilien bleiben die Hunde, bis sie etwa 15 Monate alt sind. Wer sich für diese Aufgabe interessiert, kann beim DVBM e.V. Adressen von Führhundeschulen bekommen (siehe Anhang).

Der Labrador als Gehörlosenhund

Labrador Retriever eignen sich auch für stark hörgeschädigte oder taube Menschen. *Gehörlosenhunde* werden dazu ausgebildet, ihre Besitzer auf wichtige Geräusche aufmerksam zu machen, beispielsweise auf die Türklingel, das Klingeln des Telefons, den Alarm eines Rauchmelders und schreiende Babys. Labradore sind nicht die einzige Rasse, die als Gehörlosenhunde eingesetzt werden, aber sie eignen sich aufgrund ihres freundlichen, hilfsbereiten und willigen Wesens gut für diese Aufgabe.

Der Labrador als Behindertenbegleithund

Behindertenbegleithunde müssen lernen, ihren zumeist an den Rollstuhl gefesselten Besitzern bei ihren alltäglichen Aufgaben zu helfen. Sie können Gegenstände aufheben, die ihren Besitzern herunterfallen, Türen öffnen und schließen, Packtaschen tragen und sogar einen Rollstuhl ziehen oder schieben helfen (siehe Abbildung 20.1). Viele behinderte Menschen können nur deshalb alleine leben, weil ihnen ihre Begleithunde die nötige Unabhängigkeit ermöglichen. Natürlich sind diese Hunde auch gleichzeitig Begleiter, Freunde und Seelentröster.

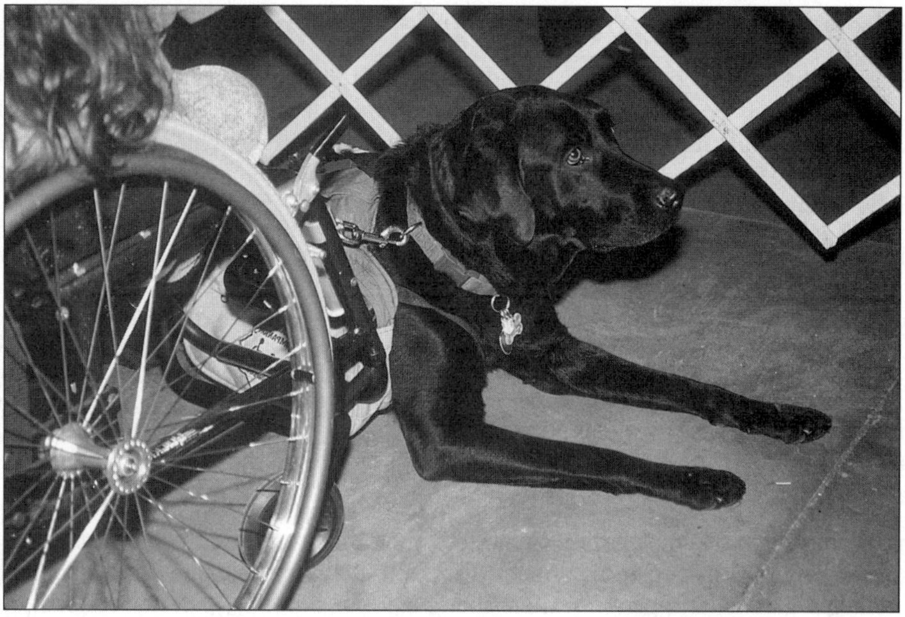

Abbildung 20.1: Ein Labrador als treuer Behindertenbegleithund

Auch wenn viele andere Rassen zu Behindertenbegleithunden ausgebildet werden, so gelten doch Labrador Retriever als ideal für diese Aufgabe. Ihre Größe und Kraft ermöglicht ihnen, ihre Besitzer auch körperlich zu unterstützen. Labradore können beispielsweise Türklinken herunterdrücken, ihren Besitzern helfen, sich wieder in den Rollstuhl zu setzen, und schwere Gegenstände wie Bücher apportieren. Diese Fähigkeiten machen ihn zusammen mit seiner freundlichen und sanften Art zu einem der beliebtesten Gehörlosen- und Behindertenbegleithunde.

Eignet sich Ihr Labrador für diese Aufgaben?

Ist die Arbeit als Therapiehund das Richtige für Ihren Labrador? Bestimmte Charaktereigenschaften sind für einen erfolgreichen Therapiehund förderlich. Wenn Ihr Labrador weiß, dass man an Menschen nicht hochspringt, sich gerne knuddeln und so lange streicheln lässt, wie ein Mensch das will, er keine Angst vor Fremden hat, nicht leicht schreckhaft ist und gerne neue Leute kennen lernt, dann ist er wahrscheinlich der perfekte Therapiehund.

Der Labrador als Therapie- oder Besucherhund

Das Leben in einem Pflegeheim kann sehr einsam sein. Studien zufolge bekommen mehr als die Hälfte der Heiminsassen niemals Besuch. Einige mitfühlende Hundebesitzer und deren Hunde möchten der Einsamkeit in Pflegeheimen ein Ende bereiten. Sie möchten auch den Patienten in Kinderkrankenhäusern, in psychiatrischen Kliniken und ähnlichen Einrichtungen helfen, die ein freundliches Haustier zum Streicheln brauchen.

Wenn Sie einen Labrador Retriever haben (oder sich einen anschaffen wollen), können Sie sich auf diese ehrenamtliche Tätigkeit in Schulungen vorbereiten, die meist von speziellen Vereinen für Therapiehunde angeboten werden. Der angehende *Therapie- oder Besuchshund* muss schließlich lernen, ungewöhnliche Bewegungen, Geräusche, Gerüche, Berührungen, diverse Hilfsmittel, verschiedene Behinderungserscheinungen und Therapiemittel zu tolerieren.

Das freundliche Gesicht eines Labradors beruhigt sofort die Patienten und auch wenn der Labrador ein großer Hund ist, so ist er doch nicht so furchteinflößend wie manch andere große Rasse.

Wenn Ihr Hund sich für diese Arbeit eignet und auch Sie Spaß daran haben, zusammen mit Ihrem Hund etwas Gutes zu tun, dann ist dies sicherlich die geeignete Tätigkeit für Sie. In vielen Städten gibt es Gruppen, in denen Therapiehunde und ihre Besitzer organisiert sind. Sicherlich finden Sie auch eine in Ihrer Nähe.

Der Labrador als Epilepsiehund

Dass Hunde epileptische Anfälle anzeigen können, wurde eher zufällig entdeckt. Epilepsiepatienten, die einen Hund hatten, schilderten, dass sich das Verhalten des Hundes änderte, bevor sie einen Anfall bekamen. Je länger diese Patienten mit ihren Hunden zusammenlebten, desto früher konnten sie am Verhalten ihres Hundes feststellen, dass sich ein Anfall ankündigte. Seit einigen Jahren wird nun dieses Phänomen untersucht. Vor allem in den USA – immer mehr aber auch in Europa – werden seitdem Hunde ausgebildet, die bei Epilepsiepatienten leben und diesen einen nahenden Anfall signalisieren sollen. Zu den Aufgaben eines *Epilepsiehundes* gehört beispielsweise

- ✔ den Kranken vor dem Anfall zu warnen.
- ✔ bei einem Anfall zu Hause die Alarmklingel betätigen.
- ✔ bei einem Anfall draußen Hilfe zu holen.
- ✔ nach einem Anfall den Besitzer nach Hause zu führen.

Der Labrador als Rettungshund

Manche Labrador Retriever sind zu aktiv, um gute Begleit- oder Therapiehunde zu sein. Diese Hunde eignen sich jedoch unter Umständen als Rettungshunde. Athletische, gut trainierte Hunde, die gerne in der freien Natur sind, sind die idealen *Rettungshunde* und viele Menschen, die in den Bergen leben (wo Menschen sich häufiger verirren), bilden ihre Hunde für diese wichtige Aufgabe aus. Häufig werden Labrador Retriever als Rettungshunde eingesetzt. Sie eignen sich schließlich hervorragend zum Auffinden von Wild, warum sollen sie also nicht auch einen Vermissten finden?

Rettungshunde müssen wie ihre Besitzer hohe Anforderungen erfüllen, denn diese Teams müssen in der Lage sein, bei Wind und Wetter zu arbeiten. Die Hundeführer müssen über Kenntnisse in erster Hilfe für Mensch und Tier verfügen und gute Bergsteiger oder für den Einsatz im Schnee gute Skifahrer sein. Rettungshunde müssen »wetterfest«, intelligent, willig und zuverlässig sein. Meistens werden sie für bestimmte Einsatzgebiete ausgebildet: als Lawinenspürhund, zur Suche von Verschütteten nach Erdbeben oder anderen Naturkatastrophen.

Am einfachsten beginnen Sie mit der Ausbildung als Rettungshund bereits im Welpenalter, denn dort legen Sie den Grundstein für eine gute Sozialisierung und Erziehung. Warten Sie aber mit körperlichen Belastungen unbedingt, bis Ihr Hund mit einem Jahr geröntgt ist und alle Gelenke für einwandfrei befunden wurden. Ältere Hunde müssen bestimmte ungeeignete Verhaltensweise erst wieder verlernen, was aber nicht heißt, dass sie nicht erfolgreich für die Rettungsarbeit ausgebildet werden können. Wenn Sie einen älteren Hund ausbilden, hat dies den Vorteil, dass Sie eventuelle gesundheitliche Schäden bereits ausschließen können.

Viele Hunderassen eignen sich als Rettungshunde, aber viele Eigenschaften des Labradors prädestinieren ihn geradezu für diese Aufgabe:

- ✔ Labrador Retriever haben eine dichte Unterwolle, die sie warm hält und ihr Fell wasserabweisend macht. Sie eignen sich daher hervorragend für den Einsatz bei jedem Wetter und niedrigen bis mittleren Temperaturen, also weniger im tropischen Bereich.
- ✔ Ein Labrador ist groß genug, um sich in unwegsamem Gelände zu bewegen, und doch klein genug, um auch in kleinere Spalte kriechen zu können. Außerdem ist er nicht so schwer, dass sein Besitzer ihn nicht unter Umständen auch in einen Hubschrauber heben könnte.
- ✔ Labrador Retriever sind Hunde, die gezüchtet wurden, um sich in der freien Natur zu orientieren und zu bewegen, und nicht als Haus- oder Schoßhunde.
- ✔ Labrador Retriever sind sehr lernwillig und lassen sich hervorragend ausbilden.
- ✔ Sie sind im Allgemeinen gesund und kräftig und werden daher eher selten selbst erste Hilfe benötigen.
- ✔ Ein Labrador hat einen angeborenen Such- und Apportiertrieb, so dass das Aufspüren von Menschen und Gegenständen für ihn ganz natürlich ist.

Wenn Sie meinen, dass Sie und Ihr Labrador ein gutes Rettungsteam bilden könnten, sollten Sie sich beim Deutschen Roten Kreuz, Malteser-Hilfsdienst, Arbeiter-Samariter-Bund, Technischen Hilfswerk (um nur einige Hilfsorganisationen zu nennen) oder beim Bundesverband Rettungsstaffeln bzw. beim Deutschen Rettungshundeverein nach deren Rettungshundestaffeln erkundigen. Dort erhalten Sie dann die entsprechenden Informationen zu Ausbildung und Anforderungen.

Der Labrador im öffentlichen Dienst

Die meisten Menschen glauben, dass bei der Polizei oder der Bundeswehr immer nur Deutsche Schäferhunde zum Einsatz kommen, doch auch Labrador Retriever eignen sich für diese Aufgaben. Alle Hunde haben einen guten Spürsinn und die Fähigkeit, Gerüche wahrzunehmen, gehört zum Apportieren. Hunde können dazu ausgebildet werden, verschiedene Gerüche zu erkennen. Außerdem sind einige Labrador Retriever zum Aufspüren von Gasleitungsleckagen oder von Schimmelpilzen in Wohnungen oder Strommasten im Einsatz. Spezialausbildungen, die meistens Diensthunden vorbehalten sind, gibt es auch als Fährtenhunde, als Leichensuchhunde oder zum Aufspüren von Sprengstoff (siehe nächsten Abschnitt).

Der Labrador als Sprengstoffspürhund

Sprengstoffspürhunde werden von Polizei, Bundesgrenzschutz und anderen Behörden eingesetzt, um an Flughäfen oder anderen öffentlichen Gebäuden nach Sprengstoff zu suchen.

Der Labrador als Drogenspürhund

Drogenspürhunde können bereits sehr kleine Mengen Rauschgift aufspüren, selbst wenn diese verschlossen aufbewahrt sind. Viele dieser Hunde sind Labrador Retriever, deren bereitwillige Mitarbeit, Intelligenz und Lernfähigkeit sie zu idealen Drogenspürhunden macht.

Der Labrador als guter Freund und Nachbar

Selbst wenn Ihr Labrador nichts weiter tut, als sich gut zu benehmen, ein guter Nachbar und ein Freund vieler Kinder zu sein, leistet er doch einen großen Dienst für die Gemeinschaft, indem er eine positive Einstellung und gute Erfahrungen im Umgang mit Hunden vermittelt. Wie vielen Kindern hat Ihr Labrador bereits durch seine sanfte Art die Angst vor großen Hunden genommen? Sehen Sie! Betrachten Sie ihn also einen Botschafter für die Verständigung zwischen Mensch und Hund.

Wichtige Informationen rund um den Labrador Retriever

A

In diesem Anhang finden Sie Informationen zu Labradorclubs, Hundesportvereinen, Büchern und Magazinen.

Labrador Retriever Clubs

Labrador Club Deutschland e.V. (LCD)
Geschäftsstelle:
Markenweg 2
48653 Coesfeld
Telefon: 02541/9260974
Telefax: 02541/9260975
E-Mail: lcd-geschaeftsstelle@labrador.de
Internet: www.labrador.de

Deutscher Retriever Club e.V.
Dörnhagener Str. 13
34302 Guxhagen
Telefon: 05665/2774
Telefax: 05665/1718
E-Mail: Office@drc-online.org
Internet: www.drc-online.org

Labrador-Nothilfeorganisationen

Retriever in Not e.V.
Gutenbergweg 17
59519 Möhnesee
Telefon: 02924/974300
E-Mail: info@retriever-in-not.de
Internet: www.labrador-in-not.de

Nationale und internationale Organisationen rund um den Hund

Verband für das Deutsche Hundewesen (VDH) e.V.
Westfalendamm 174
44141 Dortmund
Telefon: 0231/56500-0
Telefax: 0231/592440
E-Mail: info@vdh.de
Internet: www.vdh.de

Fédération Cynologique Internationale
F.C.I. Generalsekretariat
Place Albert 1er, 13
B-6530 THUIN
BELGIQUE
Telefon: ++32.71.59.12.38
Telefax: ++32.71.59.22.29
E-Mail: info@fci.be
Internet: www.fci.be

Deutscher Tierschutzbund
Baumschulallee 15
53115 Bonn
Telefon: 0228/60496-0
Telefax: 0228/6049640
E-Mail: www.tierschutzbund.de/kontakt.html
Internet: www.tierschutzbund.de

Informationen rund um den Hundesport

Agility

www.agility.de

www.agilityfreunde-kl.de

www.tarigon.de/agility

Flyball

www.flyball.de

Dog Dancing

www.dogdance.de

www.dog-dancing.de

www.dogdancing.de

Obedience

www.ig-obedience.de

Sonstige wichtige Adressen

Deutscher Verein für Blindenführhunde und Mobilitätshilfen e.V. (DVBM)
Vereinssitz München
Pidinger Straße 10
81379 München
Telefon: 089/7849755
E-Mail: info@dvbm.de
Internet: www.dvbm.de

Search and Rescue Dogs International
Dipl. Psych. Ines Thanel
Hauptstraße 14
91614 Mönchsroth
Telefon: 09853/389478
Telefax: 09853/389479
E-Mail: info@search-and-rescue-dogs.de
Internet: www.search-and-rescue-dogs.de

RH-Network, St. Richter
Dorfstraße 2
56329 St. Goar
Telefon: 06741/9210-0
E-Mail: redaktion@rettungshund-info.de
Internet: www.rettungshund.de und www.rettungshund-info.de

Interessengemeinschaft unabhängiger Hundeschulen: `www.ig-hundeschulen.de`

Informationen rund um die Themen Hunde im Urlaub und Reisen mit dem Hund: `doggle.de/hunde-im-urlaub/`

Das österreichische Online-Hundemagazin: `www.hundewelt.at`

Hundesittervermittlung: `www.tiersitterboerse.de`

Zeitschriften über Labrador Retriever

Unser Labrador
Club-Zeitschrift des Labrador Club Deutschland e.V.

Der Retriever
Offizielles Mitteilungsorgan des Deutschen Retriever Club e.V.

Unser Rassehund
Offizielles Verbandsorgan des Verbandes für das Deutsche Hundewesen e.V.

Das Deutsche Hundemagazin
Sieglers Symposion Tierzeitschriften, Stuttgart

Interessante Bücher über Labrador Retriever und Hunde im Allgemeinen

Wir freuen uns natürlich sehr, dass Sie unser Buch gewählt haben, aber wir gestehen, dass es noch eine ganze Reihe anderer Bücher über Labrador Retriever und damit verwandte Themen gibt. Wir haben im Folgenden eine kleine Auswahl an Büchern zusammengestellt, die in den letzten Jahren auf dem Markt erschienen sind.

Über Labrador Retriever

Glebe, Dirk (2002): *Labrador Retriever*, Edition Hundewissen, BoD GmbH

Harms, Maike (2004): *Wir wollen einen Labrador Retriever*, Bede

Hinrichsen, Klaus (2000): *Mein erster Labrador Retriever*, BoD GmbH

Maroty von, Robert (2004): *Praxis Ratgeber Labrador Retriever*, Bede

Rauth-Widmann, Brigitte (2000): *Labrador Retriever*, Franckh-Kosmos

Wild, Rosemarie (2004): *Labrador Retriever*, Müller Rüschlikon

Wiles-Fone, Heather (1997): *Das große Labrador Retriever-Buch*, Kynos

Über Hundeerziehung

Hoefs, Nicole und Führmann, Petra (1999): *Das Kosmos Erziehungsprogramm für Hunde*, Franckh-Kosmos

Hoefs, Nicole und Führmann, Petra (2002): *Erziehungsspiele für Hunde*, Franckh-Kosmos

Volhard, Jack und Wendy (2004): *Hunde erziehen für Dummies*, Wiley-VCH

Winkler, Sabine (2000): *Hundeerziehung*, Franckh-Kosmos

Über Hundegesundheit

Blümchen, Katrin (2003): *Hundemassage*, Blümchen

Zink, Christine Dr. (2004): *Hundegesundheit und -ernährung für Dummies*, Wiley-VCH

Über Rettungshunde

Ochsenbein, Urs (1997): *Vom gehorsamen Begleiter bis zum Dienst- und Rettungshund*, Müller Rüschlikon

Wegmann, Angela und Heines, Wilfried (1989): *Such und Hilf!*, Kynos

Über Hundeausstellungen

Beyersdorf, Peter (1993): *Dein Hund auf Ausstellungen*, Parey

Stichwortverzeichnis

A

B

C

D

E

F

I

J

K

L

M

T

U

V

W

Z

ISBN 3-527-70157-5

Grunderziehung

In diesem Kapitel

- Klein anfangen
- Die Grundkommandos lehren: Sitz, Bleib, Komm
- Kein Anspringen mehr
- Tischmanieren

Fast jeder Hundebesitzer fragt uns: »Wie kann ich es meinem Hund abgewöhnen, Leute anzuspringen?«

Hund springen Menschen an, um sie zu begrüßen. Das ist ihre Art zu sagen: »Hallo, schön dich zu sehen!« Schon nach kürzester Trennung vom Besitzer, vielleicht nach fünf Minuten, kann das aus Hundesicht angebracht sein.

Hunde haben unterschiedliche Begrüßungsrituale. Bean, unser Labrador Retriever, startete wie eine Rakete auf uns zu, wenn er sich freute, uns zu sehen.

Hunde zeigen mit ihrem Anspringen ihre Zuneigung, es ist als freundliche Geste zu verstehen. Sie können Ihrem Hund aber beibringen, dass er sich in einer weniger rabiaten Form freut.

So nervig das Anspringen auch sein mag, wir sollten nicht vergessen, dass es als ein Zeichen der Zuneigung gemeint ist. Man sollte daher nicht versuchen, dieses Verhalten zu bestrafen, sondern lediglich zu modifizieren.

Noch unangenehmer ist es uns, wenn der Hund mit Vorliebe an den Körperstellen eines Menschen schnüffelt, an denen es uns etwas peinlich ist. Vor allem, wenn er es ausgiebig an unseren Gästen praktiziert. Für den Hund ist dieses Verhalten völlig normal, kann er doch darüber Rang, Geschlecht und Alter anderer Hunde erkennen. Trotzdem sollten wir versuchen, dass er dies beim Menschen auf eine weniger lästige Art und Weise macht.

Bringen Sie Buddy das Sitz- und Bleib-Kommando bei. Er kann niemanden anspringen, wenn er sitzt. Das schließt sich sozusagen gegenseitig aus. Und dann müssen Sie ihm auch ein »Erlösungskommando« beibringen, damit er weiß, wann er sich wieder regen darf. Sonst überlegt er sich nämlich selbst, wann es ihm reicht. Wir nutzen dazu den Befehl »OK«, damit Buddy weiß, dass er sich jetzt wieder bewegen darf.

Platz! und Komm! sind die nächsten Kommandos, die Sie üben müssen. Denn damit schonen Sie Ihre Nerven und erhöhen Buddys Sicherheit. Mit Platz! stellen Sie sicher, dass Sie in Ruhe essen können, ohne sich mit einem kläffenden, bettelnden Hund beschäftigen zu müssen. Und über Komm! halten Sie Ihren Hund davon ab, Autos und andere Fahrzeuge apportieren zu wollen – daran wagt man kaum zu denken!

Die Grundkommandos

Sitz! und Bleib! sind die beiden einfachsten und doch nützlichsten Befehle, die Sie Ihrem Hund beibringen können. Die wichtigsten Befehle sind

- ✔ Sitz!
- ✔ Bleib!
- ✔ OK!
- ✔ Platz!
- ✔ Komm!

Bei diesen Übungen arbeitet man nicht mit Leinenruck. Trotzdem sollte Buddy ein Halsband anhaben, das fest genug ist, dass er sich nicht herauswinden kann. (Mehr zum Leinenruck finden Sie in Kapitel 1.)

Sitz!

Die Wichtigkeit der Kommandos Sitz! und Bleib! kann man nicht oft genug betonen. Nicht nur, dass er die Großmutter nicht anspringt, wenn sie zu Besuch kommt, er kann auch nicht der Nachbarskatze hinterherjagen, wenn er weiß, dass er sitzen soll.

Nutzen Sie dieses Kommando, wenn Sie wollen, dass Ihr Hund ruhig für einige Zeit an einer Stelle verweilt. Kaiser, ein Deutscher Schäferhund, war beispielsweise immer so aufgeregt, wenn es ans Füttern ging, dass er seinem Frauchen glatt den Napf aus der Hand fegte. Sobald er Sitz! und Bleib! gelernt hatte, saß er brav wie ein Gentleman und wartete so lange, bis sie ihm den Napf hingestellt hatte.

Den Hund sitzen lassen - der einfache Teil

Den Hund auf Befehl sitzen zu lassen, ist eigentlich recht einfach. Versuchen Sie es so:

Ihr Hund kann zwar schon sitzen, aber er muss lernen zu verstehen, was Sie von ihm wollen, wenn Sie »Sitz!« sagen. Er muss lernen, Ihr Kommando immer und direkt auszuführen.

Zeigen Sie Ihrem Hund ein Leckerchen und halten Sie es ihm vor die Augen, kurz über dem Kopf. Sagen Sie: »Sitz!«, und heben Sie Ihre Hand leicht hoch, hinter den Kopf des Hundes. Ihr Hund wird dem Leckerchen mit den Augen folgen und sich automatisch setzen. Wenn er sitzt, dann geben Sie ihm seine Belohnung und loben Sie ihn, zum Beispiel mit den Worten »guter Hund«. Aber loben Sie ihn, ohne ihn dabei zu streicheln, denn wenn Sie ihn berühren, steht er wahrscheinlich wieder auf, aber Sie wollen ja, dass er sitzt. Loben Sie ihn nur verbal mit angenehmer Stimme.

Bei dieser Methode ist es ausgesprochen wichtig, die Hand in korrekter Position zum Kopf des Hundes zu halten. Wenn Sie Ihre Hand mitsamt der Belohnung zu hoch über seinem Kopf halten, dann wird der Hund danach springen. Wenn die Hand zu niedrig ist, wird er sich nicht setzen. Probieren Sie es aus, damit Sie die richtige Position finden und üben können.

Wenn Ihr Hund sich nicht von selber bei dieser Übung setzt, dann können Sie es auch wie folgt versuchen:

Sagen Sie: »Sitz!«, und legen Sie dann Ihre eine Hand auf die Brust des Hundes und die andere unterhalb des Schwanzes, hinter die Knie. Drücken Sie ihn vorsichtig in eine sitzende Position, halten Sie ihn dort für fünf Sekunden und geben Sie ihm dann seine Belohnung.

Üben Sie circa fünfmal hintereinander, ungefähr fünf Tage lang. Manche Hunde verstehen diese Übung so schnell, dass sie sich sofort hinsetzen, sobald sie von ihrem Besitzer ein Leckerchen haben wollen.

Den Hund sitzen lassen – der schwierige Teil

Den Hund sitzen zu lassen, wenn man eine Belohnung für ihn in der Hand hält, ist nur ein Teil der Aufgabe. Letztlich soll der Hund auch ohne Leckerchen auf Kommando sitzen. Trotzdem ist es richtig und wichtig, so zu beginnen, denn der Hund assoziiert schnell den Befehl Sitz! mit seiner Bewegung.

Sie können ein Kommando nicht nur verbal geben, sondern gleichzeitig auch ein Sichtzeichen einführen. Das bedeutet, dass Sie für jedes Kommando nicht nur ein Wort haben, sondern auch eine Handbewegung. Hunde kommunizieren über Körperhaltung und Mimik miteinander. Ein Sichtzeichen ist daher für den Hund leichter zu verstehen als ein gesprochener Befehl. Heben Sie ermahnend den Zeigefinger, wenn Buddy sich setzen soll, zeigen Sie mit der Handfläche zum Boden, wenn er sich legen soll, und so weiter. Was Sie machen, ist egal, wichtig ist nur, dass Sie immer das gleiche Sichtzeichen für den gleichen Befehl nehmen. Nehmen Sie beispielsweise bei Sitz! das Leckerchen zwischen Daumen und Mittelfinger, dann können Sie gleichzeitig mit dem Zeigefinger nach oben zeigen. Buddys Blick wird auf das Leckerchen fixiert sein, aber gleichzeitig verknüpft er den erhobenen Zeigefinger mit dem Sitz-Kommando.

Wenn er erst mal verstanden hat, was Sitz! bedeutet, dann können Sie anfangen, die Belohnung das ein oder andere Mal wegzulassen und ihn nur verbal zu loben. Wenn er zuverlässig Ihr Kommando befolgt, dann geben Sie ihm nur noch unregelmäßig den Hundekeks oder ein anderes Häppchen. Damit machen Sie es für den Hund viel interessanter, denn wie sagt man so schön: »Die Hoffnung gibt man niemals auf.«

Der Lerntheorie zufolge sind zahlreiche Wiederholungen nötig, damit ein Kommando wie Sitz! wirklich dauerhaft verankert ist. Wiederholen Sie die Übungen immer wieder ein paar Mal, damit sich das Gelernte auch wirklich festsetzen kann.

Bleib!

Das Bleib-Kommando bringen Sie Buddy am besten bei, während er auf sein Essen wartet. Wenn Sie ihm seine Futterschüssel bringen, dann lassen Sie ihn sitzen und sagen Sie: »Bleib!« Stellen Sie die Schüssel ab und sobald Ihr Hund sich darauf stürzen will, heben Sie den Napf schnell wieder hoch (bevor er auch nur einen Happen bekommen konnte) und fangen mit den beiden Befehlen von vorne an. Erst wenn er ruhig sitzen bleibt, lassen Sie die Schüssel stehen, zählen bis fünf und sagen »OK«. Dann darf er in Ruhe fressen, er hat es sich wirklich verdient.

Erfolgreiche Erziehung hängt auch davon ab, wer ausdauernder ist: Sie oder Ihr Hund.

Nach mehreren Tagen sollte Ihr Hund so weit sein, dass er sich schon von alleine hinsetzt, wenn er sieht, dass Sie ihm sein Futter bringen, und er erst auf Ihr OK zum Napf läuft. Das ist doch wirklich viel netter als ein Hund, der einem den Napf fast aus der Hand schlagen will.

Wenn Buddy jetzt gezeigt hat, dass er Sitz! und Bleib! auf Kommando beherrscht, solange sein Futter als Belohnung lockt, dann gehen wir dazu über, dies auch in anderen Situationen auszuprobieren, zum Beispiel beim Klingeln an der Tür. Die meisten Hunde stimmen ein aufgeregtes Gebell an, sobald es an der Tür klingelt oder klopft. Auch wenn Sie es eigentlich gut finden, dass Ihr Hund wachsam ist, so wollen Sie doch bestimmt auch, dass er mit dem Bellen wieder aufhört, sich setzt, bleibt und Sie dann in Ruhe die Tür öffnen können.

Um das zu üben, brauchen Sie am besten die Hilfe eines Freundes oder eines Nachbarn. Nehmen Sie Buddy für diese Übung auch im Haus an eine kurze Leine, damit Sie ihn unter Kontrolle haben. Wenn es klingelt und Ihr Hund verrückt spielt, dann führen Sie ihn wieder von der Tür weg und lassen ihn sich hinsetzen. Wenn Sie die Tür öffnen wollen, wird er wahrscheinlich wieder aufstehen – packen Sie ihn und lassen Sie ihn erneut sitzen. Sobald Buddy sitzt, öffnen Sie die Tür. Bewegt sich Buddy jedoch wieder und macht Anstalten, aufzustehen, dann schließen Sie sofort wieder die Tür. Buddy soll als Verknüpfung herstellen: Ich sitze = Tür wird geöffnet.

Wenn Buddy ein Hund ist, der sich schnell aufregt, dann werden Sie dieses Spielchen wohl recht oft wiederholen müssen, bevor er es versteht. Andere Hunde mögen schneller sein und es bereits nach zwei oder drei Versuchen begriffen haben.

Wenn er sitzt und dort bleibt, dann gehen Sie zur Tür und lassen Ihren Besucher herein. Spätestens dann wird er wieder ankommen und den Gast begrüßen wollen. Aber er muss sich wieder setzen und dann darf Ihr Besuch sich mit ausgestreckter Hand dem Hund nähern, damit Buddy ihn beschnüffeln kann. Ansonsten soll Ihr Helfer den Hund ignorieren. Dabei stehen Sie am besten neben Ihrem Hund, damit Sie ihn eventuell direkt wieder sitzen lassen können, wenn er versucht, ohne Ihr OK aufzustehen.

Damit das Ganze auch wie im richtigen Leben zugeht, sollte Ihr Helfer auch nur einmal klingeln. Sagen Sie ihm, dass er vor der Türe warten soll, bis Sie öffnen, ohne dass er wiederholt klingelt oder klopft.

Bis Buddy diese schwierige Übung auch wirklich gelernt hat, müssen Sie immer wieder üben. Laut Lerntheorie sind zahlreiche Wiederholungen notwenig, wir erwähnten es schon zu Anfang des Kapitels.

Sitz und bleib!

Damit Ihr Hund wirklich gut ausgebildet ist, muss er die Sitz-und-bleib-Übung überall beherrschen, nicht nur zu Hause. Da er die Grundlagen dieser Übung schon kennen gelernt hat, wird er dies mit den folgenden Tipps sicher auch schnell lernen.

1. Ihr Hund sitzt neben Ihnen in der Fuß-Position.
2. Geben Sie Buddy das Kommando »Bleib!« und machen Sie gleichzeitig ein Sichtzeichen. Das kann zum Beispiel eine ausgestreckte Hand zum Hund sein oder Ähnliches.
3. Machen Sie einen Schritt zur Seite, zählen Sie bis zehn und treten Sie wieder zurück. Loben Sie Buddy und heben Sie Ihren Befehl dann mit einem OK wieder auf.
4. Als Nächstes geben Sie wieder Ihren Befehl, treten diesmal aber vor den Hund.

Wenn Sie merken, dass Ihr Hund kurz davor ist, sich zu bewegen, dann wiederholen Sie sofort Ihr Kommando und lenken Sie Buddys Aufmerksamkeit wieder auf sich.

Wenn diese noch leichte Übung funktioniert, dann können Sie dazu übergehen, die Sitz-Bleib-Übung etwas auszubauen. Verlängern Sie die Dauer, vergrößern Sie die Entfernung und nehmen Sie zusätzliche Umweltreize hinzu. Aber wichtig: Immer nur einen dieser Punkte hinzunehmen! Sonst überfordern Sie Buddy. Kann er zum Beispiel schon ein paar Minuten sitzen bleiben, dann vergrößern Sie die Entfernung, oder Sie gehen sogar kurz in ein anderes Zimmer. Und erst, wenn auch das kein Problem mehr ist, dann nehmen Sie Umweltreize hinzu, üben beispielsweise draußen, wo fremde Gerüche und Geräusche Buddys Konzentration nur allzu gerne ablenken würden.

Aufheben des Kommandos

OK ist die Aufhebung eines Befehls, den Sie Buddy gegeben haben. Ihr Hund weiß dann, dass er sich wieder regen darf und mehr oder weniger machen kann, wonach ihm nun ist. Machen Sie es sich zur festen Regel, jedes Kommando, das Sie gegeben haben, auch wieder mit einem OK aufzuheben. Denn sonst wird Buddy schnell selbst entscheiden, wie lange er Ihre Befehle befolgt und wann er einfach genug hat.

Stimme und Lautstärke

Geben Sie Ihre Kommandos mit normaler Stimme, aber denken Sie daran, dass es doch ein Befehl ist und keine Frage, die Sie stellen – also »Sitz!« und nicht »Sitz?«

Die Aufhebung durch OK können Sie mit einer etwas enthusiastischeren Stimmlage geben.

Ein Hund hört ausgezeichnet, es ist also nicht notwendig zu schreien. Ganz im Gegenteil – je leiser Sie Ihre Befehle geben, desto schneller lernt Ihr Hund, sich auf Sie zu konzentrieren und darauf zu achten, was Sie ihm sagen.

Wenn Sie ein neues Kommando einführen, dann kann es zunächst passieren, dass Sie das Kommando mehrmals wiederholen müssen, bis Ihr Hund verstanden hat, worum es eigentlich geht. Aber dann sollten Sie darauf pochen, dass der Befehl bereits nach dem ersten Kommando ausgeführt wird. Ausdauer ist hier der Schlüssel zum Erfolg.

Platz! und Geh ins Körbchen!

Soll Buddy an seinen Platz gehen, dann geben Sie ihm ein Kommando in der Art »Geh ins Körbchen«. Das ist nützlich, wenn Sie zum Beispiel essen oder Freunde zu Besuch kommen und Buddy nicht die ganze Zeit um alle herumrennen soll. Denken Sie auch hierbei daran, den Befehl anschließend unbedingt aufzuheben.

Platz! hingegen bedeutet, dass sich der Hund genau hier und jetzt hinlegen soll, bis Sie das Kommando wieder auflösen.

Wie man sich hinlegt, das weiß Buddy natürlich schon von selbst. Die folgenden Tipps zeigen Ihnen, wie er es lernt, sich auf Kommando hinzulegen.

1. **Der Hund steht vor Ihnen. Halten Sie ein Leckerchen in der Hand bereit.**
2. **Geben Sie Ihr Kommando Platz! und schieben Sie nun das Leckerchen an der Nase des Hundes vorbei zu seiner Brust. »Drücken« Sie mit dem Leckerchen sozusagen durch den Hund hindurch, sodass er nach hinten ausweicht, um an das Leckerchen zu kommen und sich dabei von selbst hinlegt.**

Es braucht etwas Übung, bis man die richtige Position findet, mit der man das Leckerchen führen muss. Der häufigste Fehler ist der, dass man das Leckerchen an der Nase vorbei nach unten führt. Dann passiert nämlich nicht viel, der Hund folgt nur mit dem Kopf. Zieht man es zu sich heran, dann folgt der Hund mit den Vorderpfoten. Probieren Sie es einfach aus, wann Buddy »zusammenklappt«, um an die Belohnung zu gelangen.

Vergessen Sie nicht die Lerntheorie: Üben Sie immer wieder, damit sich das Erlernte auch wirklich festigen kann!

Hat Buddy die Übung einmal verstanden und legt er sich auch ohne den Reiz des Leckerchens zuverlässig hin, dann können Sie die nächste Stufe anvisieren.

Lassen Sie ihn immer länger liegen, bis Sie das Kommando wieder aufheben. Das kann zunächst an einer für ihn angenehmen Stelle sein, beispielsweise auf seiner Decke oder neben Ihnen. Denken Sie daran, die Dauer nur langsam und schrittweise zu steigern.

Sie müssen das Kommando Platz! unbedingt am Ende wieder aufheben, denn sonst entscheidet Buddy selbst, wie lange es ihm genehm ist, liegen zu bleiben, und das ist ja nicht das, was Sie wollen!

Wenn Buddy weiß, dass er irgendwo so lange liegen soll, wie Sie es wollen, dann können Sie ihm auch beibringen, sich auf Befehl in sein Körbchen zu legen oder an seinen Platz zu gehen.

Geben Sie ihm ein Kommando, beispielsweise »Geh ins Körbchen« und führen Sie Buddy anfangs noch zu der Stelle hin. Aber nach einigen Wiederholungen wird er verstanden haben, was Sie von ihm wollen.

Während der Befehl Sitz-bleib! in der Regel nur über eine kurze Zeitspanne eingesetzt wird, kann man den Befehl Platz-bleib! länger dauern lassen.

Üben Sie daran, dass Buddy den Befehl auch auf eine große Entfernung zuverlässig ausführt. Das kann besonders hilfreich sein, zum Beispiel wenn ein Fahrradfahrer angerast kommt und Sie Angst haben, die beiden würden kollidieren. Sie können so Buddy an Ort und Stelle stoppen und abliegen lassen, sodass keine Gefahr mehr droht. Ganz schön praktisch!

Kommen ohne Wenn und Aber

Es macht einfach besonders viel Spaß, mit dem Hund auf dem Feld oder im Wald spazieren zu gehen, ihn dort umherrennen zu lassen und zu wissen: Er kommt wieder, wenn ich rufe.

Dieses Kapitel enthält ein paar erprobte Tipps, damit Sie und Buddy merken, wie wichtig es ist, zu kommen, wenn gerufen wird.

Regel Nr. 1: Laufen, laufen und noch mal laufen

Viele Hunde kommen auf Zuruf nicht zurück, weil sie einfach zu wenige Bewegung haben. Sie nutzen jede Gelegenheit, davonzurennen, und genießen dann die Freiheit, einfach umherzustreifen und stundenlang wegzubleiben.

Denken Sie daran, wofür Ihr Hund gezüchtet wurde, denn dies sagt Ihnen auch, wie viel Bewegung er braucht. Es reicht nicht aus, ihn nur in den Garten zu lassen, Sie müssen schon mitmachen. Bewegung ist nicht nur für Ihren Hund gut, sondern auch für Sie!

Regel Nr. 2: Seien Sie immer freundlich, wenn Ihr Hund zu Ihnen kommt

Ein Hund lernt garantiert NICHT zu kommen, wenn er danach bestraft wird oder er etwas für ihn Unangenehmes machen muss. Die meisten Hunde hassen es, wenn sie eine Tablette einnehmen sollen oder gebadet werden müssen. Rufen Sie Buddy dann nicht zu sich, sondern gehen Sie zu ihm hin und holen Sie ihn. Er soll sein Kommen auf Zuruf nicht mit etwas Unerfreulichem verbinden.

Es ist auch äußerst ungeschickt, erst mit dem Hund wild durch den Park zu tollen und ihn dann zu sich zu rufen, um nach Hause zu gehen. Wenn Sie das ein paar Mal gemacht haben, dann weiß Buddy genau, dass die Party jetzt zu Ende ist. Er wird nicht kommen wollen, weil er lieber weiterspielen möchte.

Dieser Art unbeabsichtigten Trainings können Sie entgegenwirken, wenn Sie ihn während Ihres Spazierengehens und Spielens ab und zu zu sich rufen. Geben Sie ihm dann ein Leckerchen, das nächste Mal streicheln Sie ihn nur und dann schicken Sie ihn wieder los.

Regel Nr. 3: Üben Sie vom ersten Tag an

Im Idealfall haben Sie Ihren Hund bereits als Welpen bekommen. Trainieren Sie bereits am ersten Tag, dass er auf Rufen zu Ihnen kommt. Aber bedenken Sie: Irgendwann im Alter von vier bis acht Monaten entdeckt Buddy, dass es da draußen ja eine so interessante Welt gibt …

Während dieser Phase ist es besser, wenn Sie ihn an der Leine lassen, damit er es sich nicht angewöhnt, Ihr Rufen zu ignorieren.

Regel Nr. 4: Lassen Sie ihn im Zweifelsfall an der Leine

Sie müssen es einschätzen lernen, ob Ihr Hund kommen wird oder nicht, wenn er gerufen wird. Wahrscheinlich fordern Sie das Schicksal heraus, wenn Sie versuchen, ihn zu sich zu rufen, während er einer Katze hinterherjagt, einen anderen Hund sieht oder Jogger erschreckt.

Lassen Sie Ihren Hund nicht von der Leine, wenn Sie wissen, dass es dort zu viel Ablenkung gibt und er nicht gehorchen wird.

Machen Sie sich nicht lächerlich, indem Sie tausend Mal »Komm!« rufen. Je öfter Sie rufen, desto schneller lernt Buddy, dass er Sie ohne Leine ignorieren kann. Gehen Sie stattdessen zu ihm und leinen Sie ihn an. Zeigen Sie nicht Ihren Ärger und schimpfen Sie nicht mit ihm, wenn Sie ihn eingefangen haben, denn sonst wird er Ihnen beim nächsten Mal davonlaufen.

Nutzen Sie eine Hundepfeife, um Buddy zu sich zu rufen. Denn damit schließen Sie jede emotionale Regung aus. Das gleich bleibende, emotionslose Pfeifen hilft Ihnen, auch dann ruhig zu bleiben, wenn es mal so gar nicht klappen will. Und egal wer die Pfeife nutzt, es klingt immer gleich.

Regel Nr. 5: Lassen Sie ihn ganz herankommen

Bringen Sie Buddy bei, so nah an Sie heranzukommen, dass Sie sein Halsband jedes Mal berühren können. Erst dann bekommt er sein Leckerchen. So umgehen Sie das häufige Problem, dass der Hund zwar zu Ihnen kommt, aber gerade kurz vorher abdreht, um mit Ihnen ein lustiges Fangenspiel zu beginnen.

Und so klappt's garantiert

Sie brauchen zwei Menschen, einen hungrigen Hund, eine zehn Meter lange Leine, viele Leckerchen und zwei Hundepfeifen (geht auch ohne).

Beginnen Sie zunächst im Haus oder in der Wohnung und legen Sie Buddy an eine dünne Leine. Dann setzten Sie und Ihr Helfer sich in einem Abstand von etwa zwei Metern auf den Boden. Buddy steht zwischen Ihnen beiden.

1. **Rufen Sie Buddy zu sich, zum Beispiel mit »Buddy, komm!«, und ziehen Sie ihn vorsichtig mit Hilfe der Leine zu sich.**

2. **Wenn er zu Ihnen kommt, dann berühren Sie zunächst sein Halsband, geben ihm dann sein Leckerchen und loben ihn schließlich überschwänglich.**

   Streicheln und loben Sie Buddy und zeigen Sie ihm, wie sehr Sie sich freuen, dass er zu Ihnen gekommen ist. Das ist hierbei kein Problem, denn anders als bei der Sitz-Übung muss der Hund ja nicht an einer Stelle bleiben – dort würde ein Streicheln den Hund wahrscheinlich dazu animieren, aufzustehen.

   Einige Hunde machen sich einen Spaß daraus, nur so weit heranzukommen, dass sie um ihr Herrchen oder Frauchen wild herumspringen können. Schieben Sie dem Ganzen direkt einen Riegel vor, indem Sie Buddy beibringen, dass Sie immer erst sein Halsband berühren, bevor er seine Belohnung bekommt.

3. **Jetzt halten Sie Buddy einen Augenblick zurück und übergeben das Ende der Leine an Ihren Helfer. Dieser ruft nun mit dem gleichen Kommando Buddy zu sich und führt ihn mit der Leine langsam zu sich. Dann berührt er das Halsband und belohnt den Hund mit Leckerchen und Streicheln.**

   Üben Sie das Ganze so lange, bis Buddy schließlich keine Unterstützung durch die Leine mehr braucht.

4. **Wiederholen Sie die Übung nun mit einer größeren Distanz und schließlich ganz ohne Leine.**

5. **Im nächsten Schritt hält Ihr Partner Buddy am Halsband zurück, während Sie sich vor ihm in einem anderen Raum »verstecken«. Dann rufen Sie Buddy zu sich.**
6. **Halsband berühren, Leckerchen, loben ...**
7. **Jetzt ist Ihr Helfer dran und versteckt sich. Üben Sie immer wieder, bis Buddy Sie oder Ihren Partner überall im Haus findet.**

Nun geht es nach draußen. Suchen Sie sich einen sicheren Ort, zum Beispiel den Garten, einen abgezäunten Park etc. Wiederholen Sie die Schritte 1 bis 3. Buddy ist dabei immer an der Leine.

Wenn das gut funktioniert, dann sollten Sie Buddy an eine lange Schleppleine legen. Diese hat zwei Vorteile: Buddy zieht sie hinter sich her, er hat also das Gefühl, immer noch an der Leine zu sein, und Sie haben die Möglichkeit, eine solch lange Leine zu fassen und Buddy zu sich zu ziehen oder auch im Notfall schnell draufzutreten, wenn Sie sehen, dass Buddy in Richtung Straße rennt.

Üben Sie das Herankommen immer wieder, es ist schließlich die wichtigste Übung, die Buddy beherrschen muss, bevor er sein Hundeleben ohne Leine genießen kann. Sobald er sich zu weit von Ihnen entfernt oder er sich nicht mehr nach Ihnen umsieht, rufen Sie ihn ran. Machen Sie ihm klar, dass es nur einen bestimmten Radius gibt, innerhalb dessen er sich von Ihnen entfernen darf. Kommt Buddy zuverlässig heran, ohne dass Sie ihn immer mal wieder zu sich ziehen müssen, dann können Sie die Schleppleine Stückchen für Stücken verkürzen, indem Sie einfach einen Teil abschneiden. Das letzte Stück, das dann etwa bis zur Brust reicht, bleibt dran. Damit überlisten Sie Buddy, der sich immer noch unter Ihrem Einfluss wähnt.

Vordrängeln gilt nicht

Mindestens genauso nervend wie das Anspringen zur Begrüßung, dabei aber auch noch gefährlich, ist die dumme Angewohnheit der Hunde, sich durch offene Türen zu quetschen, Treppen hoch- und runterzustürmen und ohne Erlaubnis aus dem Auto zu springen.

Das alles ist für den Hund gefährlich, denn schnell kann sich Buddy nach so einer Aktion mitten auf der Straße wiederfinden und dann unters Auto kommen. Und die Treppenrennerei ist vor allem für Sie und Ihre Familie gefährlich – über die kleinen Hunde stolpert man, die großen schubsen einen einfach zur Seite.

Einfach, aber wirkungsvoll: Bringen Sie Buddy bei, nur auf Kommando durch Türen zu gehen oder ins Auto ein- und auszusteigen. Auch Sitz und Bleib! ist hierbei von großem Nutzen, wenn wir beispielsweise erst die schweren Einkaufstüten in den Wagen packen wollen, bevor sich ein aufgeregter Hund hineindrängelt.

Beginnen Sie zunächst, indem Sie Buddy in der Wohnung vor der geschlossenen Wohnungstür sitzen lassen. Sobald Sie die Tür öffnen, wird er sich wahrscheinlich nach draußen stürzen wollen, weil er einen Spaziergang erwartet. Geben Sie ihm den Befehl Bleib! und öffnen Sie die

Türe. Sobald Buddy aufsteht, schließen Sie die Tür wieder. Bringen Sie Buddy an die Ausgangsposition zurück, sagen Sie wieder: »Bleib!«, und fangen Sie von vorne an. Nach drei bis vier Wiederholungen hat er verstanden, worum es geht, und er wird sitzen bleiben. Üben Sie so lange, bis Sie die Türe komplett öffnen und auch wieder schließen können, ohne dass sich Buddy erhebt. Von nun an lassen Sie Ihren Hund immer erst sitzen, bevor es nach einem OK nach draußen geht.

Üben Sie auch an anderen Türen, dass Buddy erst auf Kommando hindurchgeht. Manchmal ist es sinnvoll, wenn wir zuerst durch eine Tür gehen, ein anderes Mal ist es praktischer, Buddy vorauszuschicken. Weiß Buddy, dass er auf ein Kommando warten muss, dann ist beides kein Problem.

Und genauso verfahren Sie beim Hinauf- und Hinuntergehen von Treppen.

Irgendwann weiß Buddy, dass es immer ein OK gibt, wenn Sie zum Beispiel oben ankommen, und er wird voller Erwartung, endlich mit zu dürfen, schon von selbst losgehen. Greifen Sie sofort ein und zeigen Sie Buddy, dass er nicht selbst entscheiden kann, wann es weitergeht. Führen Sie ihn an die Ausgangsstelle zurück. Konsequenz ist hierbei enorm wichtig.

Gute Tischmanieren

Es liegt einzig und allein an Ihnen, ob sich Buddy bei Tisch zu benehmen weiß. Und dabei ist nur eine einzige Regel zu befolgen: Der Hund bekommt nichts vom Tisch. Basta!

Das hört sich allerdings leichter an, als es in Wirklichkeit ist, vor allem in einem Vielpersonenhaushalt. Und unterschätzen Sie nicht die Tricks, die Ihr Hund auffährt, um Sie doch noch umzustimmen.

Jedes Mal, wenn Buddy doch »ausnahmsweise« etwas vom Tisch bekommt, zeigen Sie ihm, dass er ein Nein eigentlich nicht ernst nehmen muss.

Als Buddy noch ein Welpe war, dachte sich wahrscheinlich keiner etwas dabei, wenn man mal etwas vom Tisch »fallen« ließ. Aber jetzt, fast ausgewachsen, fängt er an, am Tisch zu betteln. Da es nervt und auch bei Gästen ein bisschen peinlich ist, den sabbernden Hund neben sich sitzen zu haben, entscheidet die Familie, dass dem nun ein Ende zu setzen ist.

Zuerst glaubt Buddy nicht, dass es wirklich ernst damit ist, schließlich haben Sie damit ja angefangen. Er versucht es noch ein wenig dreister oder geschickter, seine Bettelei durchzusetzen. Buddy setzt sich hin, stößt Sie an, gibt Pfötchen und weint so, als stände er kurz vor dem Verhungern. Ganz sicher hat Töchterchen Anna Mitleid mit ihm und steckt ihm heimlich etwas zu.

Wenn das immer wieder geschieht, dann trainieren Sie Buddy geradezu darauf, niemals aufzugeben. Ein ausdauerndes Verhalten macht sich für ihn schließlich doch bezahlt und Sie unterstützen genau das, was Sie ihm eigentlich abgewöhnen wollen.

Nur, wenn Sie Ihrem Hund absolut NICHTS geben, wird sein Betteln aufhören.

Sie können es sich und Ihrer Familie auch leichter machen, indem Sie Buddy während Ihres Essens an seinem Lieblingsplatz liegen lassen, bis Sie fertig sind. Hat er dort brav gewartet, können Sie ihn mit einem Leckerchen belohnen.

FÜR DUMMIES®

COMPUTERGRUNDLAGEN / BETRIEBSSYSTEME

3-527-70069-2

3-527-70127-3

3-527-70150-8

Außerdem erhältlich:

Mac OS „Tiger" für Dummies
ISBN 3-527-70182-6

PC Troubleshooting für Dummies
ISBN 3-527-70104-4

Unix für Dummies
ISBN 3-527-70039-0

SuSE Linux 9.x für Dummies
ISBN 3-527-70142-7

Windows 2000 Professional für Dummies
ISBN 3-527-70018-8

Windows XP für Dummies
ISBN 3-527-70173-7

OFFICE

3-527-70115-X

3-527-70117-6

3-527-70128-1

Außerdem erhältlich:

Access 2000 für Dummies
ISBN 3-527-70008-0

Access 2002 für Dummies
ISBN 3-527-70049-8

Access 2003 für Dummies
ISBN 3-527-70116-8

Excel 2000 für Dummies
ISBN 3-527- 70007-2

Excel 2002 für Dummies
ISBN 3-527-70052-8

Microsoft Project 2000 für Dummies
ISBN 3-527-70027-7

Office XP für Dummies
ISBN 3-527-70051-X

Office 97 für Dummies
ISBN 3-527-70004-8

Office 2000 für Dummies
ISBN 3-527-70009-9

Powerpoint 2000 für Dummies
ISBN 3-527- 70017-X

PowerPoint 2003 für Dummies
ISBN 3-527-70119-2

Word 2000 für Dummies
ISBN 3-527-70006-4

Word 2002 für Dummies
ISBN 3-527-70050-1

DATENBANKEN / BÜROSOFTWARE

3-527-70054-4

3-527-70088-9

3-527-70064-1

Außerdem erhältlich:

Crystal Reports 9 für Dummies
ISBN 3-527-70076-5

SQL für Dummies
ISBN 3-527-70168-0

Webdatenbanken für Dummies
ISBN 3-527-70062-5

FÜR DUMMIES®

PROGRAMMIERUNG

3-527-70097-8

3-527-70112-5

3-527-70093-5

Außerdem erhältlich:

Programmieren für Dummies
ISBN 3-527-70124-9

C++ für Dummies
ISBN 3-527-70172-9

Objektorientierte Programmierung für Dummies
ISBN 3-52-70057-9

PHP 5 für Dummies
ISBN 3-527-70102-8

VBA für Dummies
ISBN 3-527-70167-2

Visual Basic 6 für Dummies
ISBN 3-527-70091-9

BUSINESS

3-527-70152-4

3-527-70048-X

3-527-70175-3

3-527-700171-0

3-527-70177-X

3-527-70108-7

Außerdem erhältlich:

Businessplan für Dummies
ISBN 3-527-70178-8

Coaching für Dummies
ISBN 3-527-70044-7

Consulting für Dummies
ISBN 3-527-70024-2

Controlling für Dummies
ISBN 3-527-70153-2

Erfolgreich führen für Dummies
ISBN 3-527-70090-0

Erfolgreich Verhandeln für Dummies
ISBN 3-527-70040-4

Erfolgreich Verkaufen für Dummies
ISBN 3-527-70041-2

Existenzgründung für Dummies
ISBN 3-527-70036-6

Management für Dummies
ISBN 3-527-70029-3

Mitarbeiter motivieren für Dummies
ISBN 3-527-70071-4

PR für Dummies
ISBN 3-527-70053-6

Six Sigma für Dummies
ISBN 3-527-70207-5

Statistik mit Excel für Dummies
ISBN 3-527-70169-9

TOEFL für Dummies
ISBN 3-527-70043-9

VWL für Dummies
ISBN 3-527-70213-X

Zeitmanagement für Dummies
ISBN 3-527-70092-7